中华
学术
译丛

沈括的

知识世界

一种闻见主义
的实践

左娅

—— 著/译 ——

中华书局

图书在版编目(CIP)数据

沈括的知识世界:一种闻见主义的实践/左娅著、译. —北京:中华书局,2024.8(2025.6重印)
(中华学术译丛)
书名原文:Shen Gua's Empiricism
ISBN 978-7-101-16426-8

Ⅰ.沈…　Ⅱ.左…　Ⅲ.沈括(1031~1095)-人物研究　Ⅳ.K826.1

中国国家版本馆 CIP 数据核字(2023)第 216813 号

北京市版权局登记号:图字:01-2024-4411

Shen Gua′s Empiricism by Ya Zuo was first published by the Harvard University Asia Center, Cambridge, Massachusetts, USA, in 2018. Copyright © 2018 by the President and Fellows of Harvard College. Translated and distributed by permission of the Harvard University Asia Center.

左娅著《沈括的知识世界:一种闻见主义的实践》一书,由美国马萨诸塞州剑桥市哈佛大学亚洲中心于 2018 年首次出版。版权归哈佛大学所有。经哈佛大学亚洲中心许可翻译并发行。

书　　名	沈括的知识世界:一种闻见主义的实践
著　　者	左　娅
译　　者	左　娅
丛 书 名	中华学术译丛
责任编辑	孟庆媛
装帧设计	人马艺术设计·储平
责任印制	陈丽娜
出版发行	中华书局
	(北京市丰台区太平桥西里 38 号　100073)
	http://www.zhbc.com.cn
	E-mail:zhbc@zhbc.com.cn
印　　刷	北京盛通印刷股份有限公司
版　　次	2024 年 8 月第 1 版
	2025 年 6 月第 2 次印刷
规　　格	开本/920×1250 毫米　1/32
	印张 12⅜　插页 2　字数 205 千字
印　　数	4001-7000 册
国际书号	ISBN 978-7-101-16426-8
定　　价	78.00 元

目　录

陈昊：以闻见之知讲述沈括的故事（代序）/1

弁　言 /1

第一章　彷徨于世（1051—1063）/29

第二章　苦心向学 /49

第三章　步量于世 /73

第四章　个体之物 /99

第五章　大有为于世（1071—1075）/129

第六章　折戟于世 /151

第七章　出入于统理 /175

第八章　隐世笔谈 /203

第九章　营造非统理 /227

第十章　分道扬镳 /267

第十一章　回响于世（1100—1800）/295

附录一 /319

附录二 /323

参考文献 /335

中文版后记 /379

以闻见之知讲述沈括的故事（代序）

北京大学科学技术与医学史系　陈昊

左娅的 *Shen Gua's Empiricism* 一书[1]，将以《沈括的知识世界：一种闻见主义的实践》为题，在北京的中华书局出版中译本。中译由左娅自己完成，并嘱我为序。我能呈现的，是一个读者的旅程，而旅途则是文本的演进和左娅关于沈括的思考的展开。这场旅程，从我阅读她2011年在普林斯顿大学东亚系完成的博士论文开始[2]，到 2018 年出版的英文著作以及她围绕相关问题所发表的论文[3]，再到现在中文译本的出版。而故

1　Zuo Ya, *Shen Gua's Empiricism*, Cambridge and London: Harvard University Asia Center, 2018.

2　Zuo Ya, "Capricious Destiny: Shen Gua (1031-1085) and His Age", Ph. D. Dissertation, The Department of East Asian Studies, Princeton University, 2011.

3　Zuo Ya, 'Ru' versus 'Li' : The Divergence between the Generalist and the Specialist in the Northern Song (960–1127)", *Journal of Song-Yuan Studies*, 44, 2014, pp. 83–137. Idem., "Zhang Zai's (1020–1077) Critique of the Senses", *Journal of Chinese History*, 3, 2019, pp. 83–111. Idem., "Keeping Your Ear to the Cosmos: Coherence as the Standard of Good Music in the Northern Song (960–1127) Music Reforms", Martin Hofmann, Joachim Kurtz, and Ari Daniel Levine eds., *Powerful Arguments: Standards of Validity in Late Imperial China*, Leiden: Brill, 2020, pp. 277–309.

事则需要从她遭遇沈括开始说起。

沈括是谁？在中文语境里，听起来是有些愚蠢的问题。这当然是因为沈括在中文世界里是"家喻户晓"的历史人物。但他是为何而家喻户晓？与回答沈括是谁一样，开启了在当代理解一个历史人物的种种可能。在研究的世界中，可能性也许无限，但理解的路径却受限于之前的研究传统。1926年，竺可桢在一本叫《科学》的杂志上发表了《宋沈括对于地学之贡献与纪述》，其中称："我国文学家之以科学著称者，在汉有张衡，在宋有沈括。……自来我国学子之能谈科学者，稀如凤毛麟角，而在当时能以近世之科学精神治科学者，则更少。……正当欧洲学术堕落时代，而我国乃有沈括其人，潜心研究科学，亦足为中国学术史增光。惜当时人君不知学术为何事。"[1]这段论述部分起源于竺可桢与《宋史》卷三三一《沈括传》的遭遇[2]，但似乎只有《沈括传》的最后一段对竺可桢有意义，即："（沈）括博学善文，于天文、方志、律历、音乐、医药、卜算，无所不通，皆有所论著。又纪平日与宾客言者为《笔谈》，多载朝廷故实、耆旧出处，传于世。"[3]而《沈括传》从开头对"沈括是谁"的回答："括字存中，以父任为沭阳主簿。……擢进士第，编校昭文书籍，为馆阁校勘，删定三司条例。……迁太子中允、检正中书刑房、提

---

1 竺可桢《北宋沈括对于地学之贡献与纪述》，《科学》第11卷第6期，1926年，792—807页，引文来自792页。

2 竺可桢在文章一开头引用的文献包括《四库全书总目》、《宋史·沈括传》和沈括的《答崔肇书》。

3 《宋史》卷三三一《沈括传》，北京：中华书局，1985年，10657页。

举司天监，日官皆市井庸贩，法象图器，大抵漫不知。……"[1]历官是叙述的主轴，他的知识兴趣则作为为官"业绩"的附庸散于（shattered）历官之下，但在竺可桢的视野之中，历官不再是关注的重点。现代写作者将沈括的知识取向赋予"科学"之名，却也将其与沈括的人生经历，特别是官仕生涯分隔开来。在这里，"科学"和"科学家"，作为一种赋名的方式，将一种时代错置的（anachronistic）历史叙述带入了沈括的世界中，将沈括描述成了一个割裂的个体，这种割裂既在他的知识兴趣与时代之间，也在这种知识兴趣与他在宋代社会中的身份角色之间。时代错置的叙述并非毫无意义，它一方面推进了关于中国古代官僚制度与科学发展之间关系的种种争论[2]，另一方面也使得对沈括的追问超越个体研究：沈括为何会在这个时代出现，是否意味着，这个时代发生了什么重大的历史变化？这样的历史变化是否可以构成沈括及其知识出现的背景？或者说，对沈括的讨论能否成为管窥中国历史变化的途径？[3]

---

1 《宋史》卷三三一《沈括传》，10653 页。

2 比如 Etienne Balazs, *Chinese Civilization and Bureaucracy; Variations on a Theme*, New Haven: Yale University Press, 1964, Translated by H. M. Wright, pp.13–27. 中译可参考余振华译《天朝的封建官僚机制》，桂林：广西师范大学出版社，2021 年。Joseph Needham, *The Grand Titration: Science and Society in East and West*, Routledge, 2005, pp.130–132. 中译可参考张卜天译《文明的滴定——东西方的科学与社会》，北京：商务印书馆，2016 年。

3 比如 Nathan Sivin, "Shen Kua (1031–1095)", *Dictionary of Scientific Biography*, XII, New York: Charles Scribner's Sons, 1975, pp. 369–393. Reprinted as "Shen Kua: A Preliminary Assessment of his Scientific Thought and Achievements", *Sung Studies*（转下页）

但是，在这些宏大的争论之下，如何理解沈括却依然是一个问题。席文（Nathan Sivin）在谈论沈括时将两组标签对立了起来：现代的（modern）、科学的理性—经验主义者（a scientific rationalist-empiricist）和与时代格格不入（out of time）、意外的起源（a genetic accident）[1]。时代错置带来的学术观察，处处彰显着沈括的格格不入，也使得用沈括作为例证来呈现宋代特征的研究，可能遭遇挫败。

在这样的学术脉络背景之下，左娅选择了一个看似依然是时代错置的切入方式，英文书名将沈括和empiricism的并置，似乎来自将沈括视为科学家的既有研究传统。但是左娅借由张载对"闻见之知"与"德性所知"的区别，将empiricism转化为了闻见主义。左娅认为，宋代的士人用这两个概念来描述物的双重性质所对应的两种认知方式，其背后则是认知之官的差异，即耳目与心的差异。个体的物，具有可以被耳目所感知的各种属性，即，色形声臭。这种感知只会停留在物的个体性的阶段，它是一种表面的交流，无法深入到表层的背后。而其背后的原因，是耳目不思，使得这种感知是"物交物"。德性所知借由"心"，可以深入到其背后，不仅理解到个体的物，也理解到物所构成的世界的关联与

（接上页）*Newsletter*, 13, 1977, pp. 331–356. 修订版发表在Nathan Sivin的网站上：http://ccat.sas.upenn.edu/~nsivin/shen.pdf。Nathan Sivin, "Editor's Introduction", Joseph Needham, *Science and Civilisation in China*, Volume 6 Biology and Biological Technology, Part VI: Medicine, with the collaboration of Lu Gwei-Djen, edited and with an introduction by Nathan Sivin, Cambridge University Press, 2004, pp. 1–37。

1 Nathan Sivin, "Shen Kua (1031–1095)", p. 34.

秩序。由此看来，闻见之知与empiricism确实呈现出可比较的相似之处。但，这不仅是找寻empiricism在中国历史和思想中的对应物，也并非强调宋代的士人或者沈括已经走向与欧洲近代相似的知识论，而是将其转化成了分析沈括以及宋代知识的概念工具。这个概念工具是建立在区别/连接之上的。一方面，左娅承认，闻见之知与empiricism的差异，是在宋代不存在rationalism-empiricism的相伴而行；另一方面，她也承认，沈括并未对闻见之知有直接论述。那么，要如何将闻见之知与沈括知识论立场的出发点相关联呢？

在这里，左娅将北宋描述为一个典型的system（左娅将其翻译为统理和棣通之观）的时代，北宋出现的"新学"鼓励每个有野心的士大夫去思考当时的重要议题以追寻道，发展出一套自己对整体秩序的理解，在条件允许时将这种理解用于政治实践。这是一个体系如雨后春笋般的出现，并在思想和实践上相互竞争的时代。这催生了一种新的"主流"，即，这个时代的体系建构者想要达到一个全面视野下的整体，这就是所谓"道"。这样一个体系建构者的谱系，最终在朱熹的理学中得到完满。这个体系竞逐的背景成为了理解沈括的关键。而沈括的独特性和重要性在于，他的闻见主义是与统理不同的，它展示了宋代思想深层而真正复杂的动力，及其所提供的复杂可能性。沈括的笔记《梦溪笔谈》是他建构非统理的关键文类；reliability（左娅译为信验性）和信验性的方法构成了非统理的核心。通过，将沈括描述为一个"例外"，闻见之知通过其与system的区别，不仅成为了分析沈括的工具，也成为了理解宋代的工具。统理和非统理的对比，使得对沈括知识论的分析不再局限于一个个体，而是构成对整个时代的知识论的分析，更多的士人被纳入到这个叙事中，王安石、邵雍、程颐、程颢等等。同时，她还将沈括提到的可靠的求知者，包括张衡、陆绩、张子信、僧一行、舒易简、毕升和喻皓等视为非系统的知识共同体（epistemic community）。这一论述将对知识论的观察进一步推到了身份的分析，这样的讨论基于之前对知识论的历史性观察，它比时代错置的"科学家"、或者"士人"与"工匠"的身份区分都更具有了一种历史性和反思性。

也就是说，empiricism—闻见之知之间关联的建立，一方面带有与欧洲近代感官经验知识的历史历程的比较，另一方面将"闻见"从张载的文本中带出，通过对张载论述的分析，不仅以比较的方式展示了"闻见之知"与来自感官的经验知识的异同，同时也建立起了宋代知识论语境中的一个概念结构，物—耳目—感官之知构成纵轴，闻见之知和德性所知又构成横轴。这个关系的分析，不仅为理解中国古代经验知识的传统提供了一种历史性的工具，也为讨论宋代士人不同的知识论取向埋下了伏笔。如果说对闻见之知的讨论，依然是试图在两个概念之间建立起对等性的关系，在对信验性的讨论中，左娅不再拘泥于这种一对一的关系。信验性囊括了沈括文本中多个重要的关键字汇，比如验和信。这些词汇显然有不同的意义，在进入沈括的文本之前也有各自的历史，左娅通过信验性这个概念统合了笔记中看似纷繁的叙述，以实现一个更为整合的叙述。在闻见之知、可靠性等分析的基础上，用于分析沈括的empiricism一词，显然已经与其原有的意涵和历史呈现出差异，既在宋代的历史和文本语境中获得根基，却又成为当下学术中的分析工具。

当中译本带着这个词汇回到中文语境时，左娅不将empiricism翻译为经验主义或实证主义，而创造了"闻见主义"的用法。闻见主义与经验主义的对比，进一步强化了她希望展开的问题：经验知识在中国古代知识建构中扮演着什么样的角色？中国古代是否存在一种基于经验知识的知识论和知识实践传统？一直都是中国古代科学史和医学史关注的问题。[1]"exprience/经验"这个词能否超越翻译和历史语境，在中国古代建立"对等关系的喻说"[2]？这个追寻"对等关系的喻说"的过程，也意味着，闻见主义对当下知识讨论中的"exprience/经验"提供了不同的思想资源。

左娅将自己的研究路径归于知识史，这一路径的自我界定的表述，与沈括在当代学术研究中的归属相关：沈括是科学史的话题，但却不出现在思想史之中。这样的讨论可以在更广泛的学术史背景中理解，马丁·穆索（Martin Mulsow）曾描述了一个宽泛并正在扩展中的知识史研究的图景。[3]乍看之下，左娅的研究属于穆索所描述的知识史分类的第一

---

1 比如Nathan Sivin, "On the Limits of Empirical Knowledge in the Traditional Chinese Sciences", J. T. Fraser et al. Eds., *Time, Science and Society in China and the West. The Study of Time V*, Amherst: The University of Massachusetts Press, pp. 151–169。

2 Judith Farquhar, *Knowing Practice: The Clinical Encounter of Chinese Medicine*, Boulder, San Francisco, Oxford: Westview Press, 1994. Sean Hsiang-lin Lei, "How Did Chinese Medicine Become Experiential? The Political Epistemology of *Jingyan*", *Positions: East Asian Cultures Critique*, 10–2, 2002, pp.333–364.

3 Martin Mulsow, "History of Knowledge", Marek Tamm and Peter Burke eds., *Debating New Approaches to History*, Bloomsbury Academic, 2018, pp. 159–173.

种类型，将公认的科学史实践扩展到狭义上不那么"科学"的对象。这种扩展不仅是研究对象范围的扩大，也是方法类型的扩大。在这一知识史中，一个需要特别强调的是基本科学概念的文化史。[1]而穆索显然已不满足于此，他将自己所实践的更宽泛的知识史赋予思想史的新视野（a new view of intellectual history）的头衔。[2]在洛林·达斯顿（Lorraine Daston）对穆索的评论中，她显然对这种宽泛的知识—思想史颇为担忧，她一方面强调历史中知识的参与者对知识的理解和界定，另一方面，依然坚持对不同语言的细致观察，可以构成理解知识层次的关键。[3]左娅的研究显然更接近达斯顿的期待，不过关键在于基本知识概念的选择。穆索试图用知识史超越科学理论和实践知识之间的边界，依然基于一系列的概念二分。用知识史超越历史中的分类范畴和边界，需要先将其历史化，闻见之知显然就扮演了这样的角色。而在这里，知识史也可能在这里找到与思想史的路径差异。

同时，左娅在书中以交错的章节呈现沈括的生命经历和知识论立场的演进，部分相互对应。比如，书中将沈括与王安石在统理和非统理上的差异，嵌入到了沈括生命历程的分析之中，将他的政治经历与知识论的演进过程勾连起来。同时，关于王沈二人的知识论差异的讨论，也为

---

1 Martin Mulsow, "History of Knowledge", p. 159.

2 Martin Mulsow, *Knowledge Lost: A New View of Early Modern Intellectual History*, Princeton University Press, 2022.

3 Lorraine Daston, "Comment", Marek Tamm and Peter Burke eds., *Debating New Approaches to History*, pp. 173–178.

理解新学和新法的关系，乃至宋代士人的"学"如何构成其政治实践的知识论基础，提供了新的可能。而更重要的是，experience不仅只是经验，也可以是经历。这意味着，生命历程是对事件的感知和理解。[1]对于闻见之知的梳理，提供了一种可能，即，使得历史性的知识论可以成为重新理解历史人物经历和政治史演进的基础。左娅在书中已经提供了物和事（affair）的讨论，那么下一步的问题是，在宋代，乃至中国古代的历史和知识语境中，affair如何成为event？对这个问题的回答，会给知识史和事件史带了新的交汇。此外，沈括的知识选择与他的命运沉浮之间的关系，也给知识的历史叙事带来了某种不确定性和灰暗的色调。[2]

同样作为研究者，我们可能都会好奇彼此的研究议题的缘起：为什么是沈括？在什么样的情况下，遭遇了沈括？遭遇这个词，意味着研究者与研究议题之间并非仅仅是选择与被选择的关系，而是在学术脉络中的相遇，既似偶然，又似命定。这是因为现代学术身份的建立，使得研究者的知识立场和研究历程，更加介入我们的日常生活，塑造着我们的经历。但是在阅读完本书之后，我们也许会收起这些疑问，去追问，左娅与沈括的这次遭遇，为我们这些读者带来了什么？为中文世界里，冠

---

1 Marek Tamm, "Introduction: Afterlife of Events: Perspectives on Mnemohistory", Marek Tamm ed., *Afterlife of Events: Perspectives on Mnemohistory*, Palgrave Macmillan, 2015, pp. 1–23.

2 Veena Das曾探索知识的黑暗面，见Veena Das, "Knowledge", Veena Das and Didier Fassin eds., *Words and Worlds: A Lexicon for Dark Times,* Duke University Press, 2021, pp. 19–38。

以"知识史"的头衔的研究带来了什么？这意味着，中文世界里，读者与沈括的故事继续延续，而左娅却终于可以与沈括作别。[1]

2023 年 7 月

于伊拉克利翁

---

1 左娅新的研究课题是眼泪的文化史，已有不少成果面世。Zuo Ya, "Whence Cometh Sad Tears?", Natalie Köhle and Shigehisa Kuriyama eds., *Fluid Matter(s): Flow and Transformation in the History of the Body*, Australian National University Press, 2020. (在线阅读的版本见：https://press-files.anu.edu.au/downloads/press/n7034/html/12-whence-cometh-sad-tears/index.html) Idem., "Male Tears in Song China (960–1279)", *Journal of Chinese Studies,* 73, 2021, pp. 33–79. Idem., "Collecting Tears: Lachrymation and Emotions in the Taiping Collectanea," *Oriens Extremus*, 59, 2022, pp. 225–279.

弁　言

　　沈括这个名字在中国科技史界耳熟能详、无人不知晓；他也是整个古代中国研究中的一个必修课题。沈氏所著《梦溪笔谈》是最知名的古籍之一，是传统中国文化修习者的一本必读书。沈括的博学多闻无疑为现代学者提供了丰富多样的研究路径，每一个不同的切入点都能揭示不同的风景。本书立足于思想文化史，旨在探讨沈括作为一个身体力行的"闻见主义者"在中国思想发展脉络中的地位。笔者欲向读者揭示，沈括在对闻见之知的终身钻研中形成了一套独特的对知识本质的看法；这个认识论系统，是他在现代广为称颂的"科学家"身份背后最为重要、不可忽视的哲学根基。

　　值得玩味的是，沈括最为闻名的时代是 20 世纪，所以本书先宕开一笔，从对当代的探索开始。

20 世纪的"科学巨星"

　　作为在当代中国最负盛名的古代人物之一，沈括被媒体广为传颂，被冠以"科学巨人"、"科学巨星"以及"发现并命名石油的古代科学家"等一系列充满现代气息的名号。[1]他甚至是多本童蒙读物的主人公。1977 年上海人民美术出版社出版了一套题为《中国古代科学家》的连环画,讲述了一系列以科学成就闻名的古人的故事,譬如名匠鲁班、天文学家张衡、名医李时珍,以及宋代科学家沈括。书中讲述了沈括多个令人瞩目的科学发明,譬如他观察到了陨石和铁之间的相似之处,该发现"比外国人早六百多年"[2]。他还是世界上第一个发现蒙气差现象的人,这个发现"在西方国家是五百年以后的事了"[3]。沈括还通过对雁荡山的考察,阐发了流水侵蚀对山体形成的影响,而这一见解"比欧洲地质学家早了六百多年"[4]。他代表宋廷出使契丹,回程后制作了一套三维立体的宋辽边境地图,"这一创举比西欧最早的地理模型(18 世纪瑞士制造)要早六百多年"[5]。更有意思的是,沈括被发配延州时,留意到当地一种地下开采出来的黑色液体可燃并有黑烟,遂命其名为"石油",沈本人在现代也因此获得了"石油之父"的美名。[6]除此之外,沈括还讨论过指南针、小孔成像和共振,以及一系列物理、化学、数

---

1 见王伟:《科学巨人,政治矮子——话说沈括其人》,《文史天地》2011 年第 4 期;李翠翠:《科学巨星——沈括》,长春:吉林出版社,2011 年;李华新:《沈括》,北京:石油工业出版社,1999 年。

2 李光羽、谢宝耿编文:《中国古代科学家·下集·沈括》,上海:上海人民出版社,1977 年,4 页。

3 同上,9 页。

4 同上,10 页。

5 同上,13 页。

6 同上,15 页。

图一：陈光隘绘画，李光羽、谢宝耿编文：《中国古代科学家·下集·沈括》，上海：上海人民出版社，1977年，4页

学、医学上的重要问题。[1]这本连环画在结尾处写到："外国一位专门研究中国科学发展史的科学家将沈括称为'中国科学史上的坐标'，不是没有道理的。"[2]

　　民间与媒体对沈括的兴趣事实上源于 20 世纪的一支学术研究脉络。中西学者对沈括均有浓厚兴趣。自 20 世纪初至 1970 年代，几代中国学者致力于揭示沈括的"科学发明"，旨在为现代科学找到在中国传统里

---

1 李光羽、谢宝耿编文：《中国古代科学家·下集·沈括》，19、21、23 页。

2 同上，25 页。这位"科学家"即李约瑟（Joseph Needham），他的原话是，沈括是"中国历史上最伟大的科学头脑之一"（one of the greatest scientific minds in Chinese history）。见 Joseph Needham, *The Grand Titration：Science and Society in East and West*（Toronto：University of Toronto Press，1969），27。

的对应。[1]上述连环画中提到的"外国一位专门研究中国科学发展史的科学家"事实上就是李约瑟（Joseph Needham）。李氏是在欧美汉学界创建中国科学史这一学科的第一人。20 世纪中叶，他在其著名的《中国科学技术史》中将沈括列为一个代表性人物，多处对他的科学贡献进行详尽讨论；李氏之西说又东渐，进一步推进了汉语学界对沈括的兴趣。从某种意义上来说，李约瑟等学者的关注正是沈括走入连环画、成为民间想象一部分的重要致因。沈括的盛名起于学者，兴于群众，是学术影响民间的一个有趣案例。

诚然，将一个宋代士人与现代科学直接挂钩的论点无疑是现代情愫驱动的产物。与其说它是对宋代史实的揭示，不如说它更是 20 世纪历史的一部分，必须要放在 20 世纪的语境中审慎、批判地理解。汉语学术界对沈括的兴趣与 20 世纪的两个重大风潮相关。一是自 19 世纪开始、于 20 世纪初进入高潮的西学东渐。在此风潮之下，来自欧美的科学技术不仅取代了传统中学的主导地位，还在精英和民间的普遍认知中成为了中国现代性的表征。[2]第二个结构性的变化来自于学界。最早的一

---

1 譬如，著名地质学家竺可桢曾以地学为框架讨论沈括的成就。见竺可桢：《北宋沈括对于地学之贡献与纪述》，《科学》第 11 卷第 6 期，1926 年。对这个时期沈括研究的全面综述，见 Nathan Sivin, "Shen Kua," in Sivin, *Science in Ancient China：Researches and Reflections*（Aldershot, UK：Variorum, 1995）, 49–52。

2 有关科学在 20 世纪中国的地位，参见 Jing Tsu and Benjamin A. Elman, "Introduction," in *Science and Technology in Modern China*, *1880s–1940s*, ed. Jing Tsu and Benjamin A. Elman（Leiden：Brill, 2014）, 1–14, 特别是 6–7。

批受西学训练的中国科学家携手崭露头角的科学史家，共同致力于书写一部能将煌煌中华文明与其现代命运紧密联系起来的科学史。[1]在这些学者的眼中，沈括的妙处就在于他既古又今，既能代表一千年前的中世，又能与现代科学认知挂钩。他的存在暗示了一种诱人的现代性展望，就是中国在现代化的过程中可以借力本土资源、保留自身特色，而不必接受西方殖民结构之下的西化压力。

史学界对沈括的青睐是一个长时段的现象，跨越了中国现代史上的两个政权，从中华民国到中华人民共和国，在不同的时代与当时的民族主义思潮息息相关。[2]譬如，在20世纪六七十年代，即"文革"期间，沈括研究达到了一个小高潮。在政府的大力鼓励和支持下，一大批自然科学家和技术工程师投身对沈括和《梦溪笔谈》的研究，产出了大量在自然科学学术期刊上发表的沈括专题研究，可谓中国科学史研究史上一个极富特色的时刻。[3]

---

1 有关中国本土第一代科学史学家的研究，见James Reardon-Anderson, *The Study of Change：Chemistry in China，1840–1949* (Cambridge：Cambridge University Press，1991），79–131；有关科学史编撰与中国现代性之间的关系，见Iwo Amelung，"Historiography of Science and Technology in China," in *Science and Technology in Modern China，1880s–1940s*，ed. Jing Tsu and Benjamin A. Elman (Leiden：Brill，2014），39–65。

2 Amelung, "Historiography of Science and Technology," 53–54.

3 比如，见中国科学技术大学、合肥钢铁公司《梦溪笔谈》译注组：《梦溪笔谈译注（自然科学部分）》，合肥：安徽科学技术出版社，1979年。对这些研究详尽的列举，见包伟民：《沈括研究论著索引（1926—1983年）》，载杭州大学宋史研究室编：《沈括研究》，杭州：浙江人民出版社，1985，325—333页。

在对沈括的研究中，中国与西方的对比无疑是一个中心话题。从 1977 年出版的连环画中就能看出，无论明言或暗示，对沈括的兴趣事实上一直以对西方的关注为背景，而沈括对西方的种种超越则顺理成章地成为民族身份想象的一部分。从这个意义上来说，沈括对 20 世纪的中国的确是至关重要的，也无怪乎他能走出史册、走入童蒙读物，成为一个时代依托于孩童的殷切愿望之一。

为沈括立传的考量

沈括在 20 世纪的成名毫无疑问是时代的际遇，作为一个 11 世纪的士大夫，他当然与现代西方科学没有什么必然联系。不过，即使卸下 20 世纪给他戴上的光环，沈括依然是一个值得关注的历史现象。沈括在现代的被青睐本身就说明了他本人的卓尔不群，毕竟，有几个古人能顺理成章地被塑造为现代科学的先驱呢？与中古精英的主流相比，沈括确实颇有特色，他广泛涉猎天文、光学、数学以及医学；他的确是蒙气差、流水侵蚀、石油以及活字印刷的最早（抑或是最知名）的记录者。这些新知中的任何一项对史学家来说都是极有研究价值的。而沈括的一生将这些一系列发现囊括在一个人的精神世界之中。这种包罗群艺的境界，称他为不世奇才，也不是夸大之词。

因此，对沈括的历史判断应当基于更加审慎的考察。从史学家的角度来说，无论多么超乎寻常的现象，终究归结于对基本因果的考察。正因为沈括的种种知识成就卓尔不群，以此推论之，造就这些知识成就背后的思想则必有特殊之处。从知识史的角度来说，异于常俗的发见，背后多有一种与众不同的知识论推动。

本书的重点即在于此。笔者重点考察的是沈括的知识论立场，及他认知实践背后的哲学底色。以沈括的生平为依托，本书欲深入观察他对知见条件的判断、对知见对象的捕捉、对认识过程的部署，以及总揽而论，他立足于闻见之知的认识论哲学。

必须要说明的是，本书的目的不在于为天才列传。诚然，沈括的人生和思想是本书的主要脉络，但是笔者关心的要点是他的认识论哲学在宋代历史——乃至于从上古到唐宋的整个思想传统之中——生发和形成的过程。沈括本人的思想固然值得注意，但造就他的思想的因缘更加有趣；这些历史性的成因远远不是沈括的个人才华能够囊括的，二者是不同维度上的问题。基于这些考虑，本书不会将沈括塑造为"万目交张，维纲之举"[1]的个人英雄，而是将他作为一盏探照灯，以光柱缓缓划过苍茫的时间宇宙，照亮并点明那些成就了他的认识哲学的因缘与际遇。

宋史中的沈括

研究沈括无疑也是深入探索宋史的一部分。在笔者看来，厘正沈括的历史地位至少能丰富和修订两条重大的史学研究脉络。其一是对宋代

---

1 李之仪：《姑溪居士全集》，《景印文渊阁四库全书》，台北：商务印书馆，1983—1986年，第12卷，2页。

的整体判断。有宋一代以史无前例的文化繁荣和社会变革而著称。宋代在西文教科书中时常被美誉为"当时世界文明中最发达之社会",又或是"中国的文化复兴时代"[1]。以此背景观之,沈括当然不是凛然孤身,他的博学也并不诡诞。从某种意义上来说,他应正是"文艺复兴"之时代风潮的一个个体具象。

就宋史的原有情境而言,沈括的历史身份首先是一名士人,是唐代贵族势力式微之后新起精英阶级的一员。[2]入宋以后,庶族士大夫彻底取代门阀士族成为帝王政治舞台上的新主角。为了招揽人才、推动政治新血液的再生,宋代君主尤其推崇科举制度,实施了一系列改革以加强选拔的公正性,并在知识导向上逐渐由诗赋取士向经义取士过渡。[3]对于一个 11 世纪的宋代男性而言,登科即可入仕,入仕则为士子。士人阶层以其背景的多样化和蓬勃的政治野心改写了政治精英的面貌。他们为 11 世纪的中国打造了特色鲜明的政治文化,促成了新学(譬如理学)的兴起,从而进一步为中古以降的历史变迁埋下了重要伏笔。

---

1 Patricia Ebrey, Anne Walthall, and James Palais, *East Asia: A Cultural, Social, and Political History* (Wadsworth: Cengage Learning, 2009), 128; Xiaobing Li, *China at War: An Encyclopedia* (Santa Barbara, CA: ABC-CLIO, 2012), 416.

2 有关士大夫阶层的兴起以及他们在 11 世纪的政治与思想作为,见 Peter Bol, *Neo-Confucianism in History* (Cambridge, MA: Harvard University Asia Center, 2008), 1–77。

3 宋代科举简史请见 John W. Chaffee, *The Thorny Gates of Learning in Sung China: A Social History of Examinations* (Cambridge: Cambridge University Press, 1985)。

　沈括的知识世界:
　　一种闻见主义的实践

沈氏的生平基本是北宋士人的标准一生。他文才斐然、博学好古且得意于场屋。在三十余载的官宦生涯里，沈括有相当一段时间身处主事之位，握有决策之权柄。从这个意义上说，北宋士大夫文化就是研究沈括最紧要的背景之一；沈括的思想就是北宋思想革新的百卉千葩中的一朵。

具体而言，沈括的生平与宋史有三个重要的交叉点。其一是王安石变法。王氏所主持的变法是宋士人最野心勃勃的政治试验之一；熙丰新政的出发点是对宋代国家机器的重新想象，所变之法深入意识形态、经济以及军事林林总总各个层面。沈括的大部分政治生涯都是在服务新法中度过的。因此，熙丰新法是沈括研究的基本出发点之一。

沈括的一生也巧逢思想的盛世。11 世纪的北宋是一个变革的年代，推陈出新是时代大势所趋。在门阀旧世界式微的基础之上，士大夫踊跃地创造新文化。在官僚和学者双重身份的驱动下，他们致力于展望天下的新秩序，意欲以文才治国。北宋士人之"学"，实为儒学、文章以及材能的复合体。[1]

儒家经典在场屋与庙堂中的核心地位为宋学带来了一种复古的面貌。11 世纪下半叶的"学"从本质上来说就是基于六经之文、圣人之说的对天下秩序的想象。所谓终极的秩序就是"道"；今人欲使圣人之道复明于世，则必自求索于经籍始。[2]驰骤于试场的学者，特别是进士科出身者，

1 有关对此新"学"之内容和风向的探讨，见Bol，*Neo-Confucianism in History*，43–77，以及Peter Bol，*This Culture of Ours：Intellectual Transitions in T'ang and Sung China*（Stanford，CA：Stanford University Press，1992）。

2 有关此复古面貌，见Bol，*Neo-Confucianism in History*，61–65。

尤专注于寄古述今，以圣人之旨为根柢阐发时事之想与治国之经略。[1]

这时代风潮中的一个微妙之处就是，复古的面貌之下恰恰是史无前例的创新。这种好古又求新的风尚鼓舞着每一个心怀抱负的士人以求道之名追寻一种"棣通之观"（total view），又或称为一种"统理"（system）。[2]熙丰变法就是一个最积极涉世且强势作为的统理。而放眼观之，11世纪显然并非只有王安石这一个声音，士人们纷纷立说，各有其棣通万物的看法；彼时也正可谓是一个"统理之世"。

在一个争鸣的年代，各人主张的统理在细节上各有不同；但汇总起来，人人参与对统理的辩议之精神却是一致的，一种席卷时代的风潮由此而起。在11世纪下半叶，议道者之间的共识已经很明显：人人都向往以典籍为根究的对天地人世万物的贯通之解；这种共识也预示了一种新的知识立场的形成。对统理的追求造极于朱熹以及集宋学之大成的理学。从王安石到朱熹这一百多年的"统理之世"，正是本书讨论沈括的另一个重要的文化背景。

沈括的有趣之处正在于他并不是一个统理建构者。他对追求棣通之观表达了明确的怀疑和抗拒，并因此成为从王安石到朱熹这段思想史上

---

1 有关北宋早中期科场科目的具体变化，见Chaffee, *The Thorny Gates of Learning*, 69–70。

2 笔者对统理的定义，受到Donald Kelly对史学研究中关于"system"的讨论的启发和影响。见Donald Kelly, "Between System and History," in *Historia：Empiricism and Erudition in Early Modern Europe*, ed. Gianna Pomata and Nancy G. Siraisi (Cambridge, MA：MIT Press, 2005), 224。

沈括的知识世界：
　　一种闻见主义的实践

的一个异类。他的闻见主义正是一个"非统理"（nonsystem）的立场。从这个意义上来说，沈括的存在尤其值得现代读者注意，因为他揭示了统理建构风潮之外更加丰富多样的哲学思想。思想史界很少讨论沈括，恰恰是因为他这种对主流的偏离，令他看似与思想史无关（事实上，是与思想史主流无关）。主流对思想史脉络的垄断是历史书写的常态，而着眼于反思的现代史家的一个重要任务就是打破这种垄断。宋学的思想生态显然要远远复杂于由王到朱的简单脉络，沈括正是一个很好的例子。

当然，沈括的重要性并不仅限于为思想史的谱系增添一个个案。事实上，他为宋代思想的研究带来了一个崭新的维度，一个着力于知识及其性质的新视角。无论是从整体哲学思路还是具体政策的制定，沈括都对主流议道颇有质疑。譬如，求道者何以知道自己求之有方？统理者何以知道其统之有理？沈往往倾向于要多问一层问题以求核实。从具体的政务而言，从旧闻延展至新知应由何路径？换言之，人知之所以知，导引何在？就"认知导引"（epistemic guide）这个问题，笔者首先要排除"依经据典"这样的简单回答。这个逻辑的缺陷是明显的：如果宋代的复古议道者仅仅是在重复圣人的不刊之言，也就无所谓革新，更遑论什么"文艺复兴"了。统理议道的主流的知识论立场，事实上是要求现代学者透过历史表述进一步厘清其概念和预设的。而研究一个质疑这些概念和预设的人，譬如沈括，正是一个厘清的好办法。所以，沈括研究的重要性不仅在敦促思想史研究向所谓小道末流拓展，也同时转换了角度，对大道主流的研究中含蓄未发之处做进一步探索。

在王安石新政和统理时代之外，宋史研究与沈括生平的第三个交叉点是科技的发展。在中国科学史的主流写法中，宋代一直是一粒明珠。席文（Nathan Sivin）氏有言："宋代的成就在科学与技术的每个领域都是斐然的。"[1]从 10 世纪到 14 世纪之间，算学、历法、医学中的新发见层出不穷。[2]与此同时，宋代以一系列技术发明而著称，譬如活字印刷、航海罗盘以及火药配方的成熟。[3]这些技术革新来自栖居于社会不同层面的人士，尤其是非精英的劳动阶层，他们彼此之间并没有多少知识共同体

1 Sivin，"Shen Kua,"31.

2 有关宋代数学发展之综述，见Needham，"Joseph and Wang Ling,"*Science and Civilisation in China*，*Volume 3*：*Mathematics and the Sciences of the Heavens and the Earth*（Cambridge：Cambridge University Press，1995），38–48。宋代天文历法发展之综述，见陈遵妫：《中国天文学史》，上海：上海人民出版社，1980，233—236 页。宋代医学发展之综述，见T. J. Hinrichs，"The Song and Jin Periods." In *Chinese Medicine and Healing*，edited by T. J. Hinrichs and Linda L. Barnes（Cambridge，MA：Belknap Press of Harvard University Press，2013）。

3 有关罗盘的研究，见Needham，Joseph，Wang Ling，and Kenneth Girdwood Robinson. *Science and Civilisation in China*，*Volume 4*：*Physics and Physical Technology*，*Part 1*：*Physics*（Cambridge：Cambridge University Press，1962），281—282。火药研究，见Wang Ling，"On the Invention and Use of Gunpowder and Firearms in China," in *Science and Technology in East Asia*，ed. Nathan Sivin（New York：Science History Publications，1977），以及Joseph Needham，Ho Ping-yü，Lu Gwei-djen，and Wang Ling，*Science and Civlisation in China*，*Volume 5*：*Chemistry and Chemical Technology*，*Part 7*：*Military Technology*；*The Gunpowder Epic*（Cambridge：Cambridge University Press，1986），117–126。这三个技术发明之所以特别著名是因为弗朗西斯·培根（Francis Bacon）曾称它们为定义现代世界的标志性发明，而李约瑟又特别强调了这些被西方视为定义自身现代性的科技成就其实来自古代中国。见Needham，*The Grand Titration*，11。

的互相认同，所以并不是一场系统的"科技革命"式的运动的成果；[1]但是这些发明创造本身的分量也足以让宋代扬名于科学史了。

在具体的物质成就之外，一种探索世间万物的热情也确实在宋代扬起。宋代国家对技术知识的扶持和投入是空前的。[2]譬如，政府投入大量资源支持天文观测和历法改革，并且官办药局，大力推动医典和农书的出版。[3]政府投入的另一面其实就是士大夫对技术知识的兴趣；他们本来就是这些政府出版物的主导推手和重要读者。对于士大夫而言，这些知识虽属小道末流，但也是"圣人存此"之说；所以，尽管他们不屑与所谓的医卜星相之流为伍，但依然对这些知识抱有兴趣，有的甚至乐于将其作为从属部分纳入精英话语体系（譬如统理求道的哲学理想）。[4]

宋代科技的兴盛无疑是沈括研究的重要背景之一。从某种意义上来说，时代的变迁是沈括之博学不可或缺的条件。大量出版的医、算、农书为沈括这样能断文识字的人提供阅读来源；而他在朝中的任职一度让他能够使用当世最大的图书馆藏——皇家馆阁的藏书。沈括曾就任司天监，故一度站在天文历法工作的前沿，享受国家提供的最先进的资源。

---

1 Sivin, "Science and Medicine," 54–55.

2 有关宋代国家对科技知识产出的投入，见Xiaochun Sun, "State and Science：Scientific Innovations in Northern Song China, 960–1127," PhD diss. (University of Pennsylvania, 2007)。

3 有关这些出版物的详细信息，见张秀民：《中国印刷史》，上海：上海人民出版社，1989，145—152 页。

4 一个显著的例子是北宋士人在官办的校正医书局中的活动，见范家伟的详细研究，范家伟：《北宋校正医书局新探》，香港：中华书局，2014 年。

与此同时，其他士大夫对技术知识日益浓厚的兴趣也为他提供了一些知识共同体的氛围和能彼此交流的同好。自 1970 年代始，科学史家反复考察了上述背景和沈括个人的知识行为之间的关联。[1]在过去几十年的学术研究中，沈括的科学成就和宋代的科技发达事实上成为了表里相依的两条话语线：前者为表，后者为里，彼此推动，互为验证。

现如今任何对沈括的新研究都深深受益于科学史家过去几十年的积累。但本书对沈括的考察，将不以科学史已有的主流脉络为依托。在科学史的视野里，沈括最显著的首先是他的科技成果，在此中心之外，才会进一步考虑将他与宋代社会文化的其他方面相联系；这是现代学科突出自身关照的一种写法。本书摒弃了从科学开始的立足点，而采用一种更加贴合历史概念的框架，以"学"为基础语境考察沈括的思想。"学"正是宋代士大夫思想知识追求的总称，既包括从儒经中求道，也包括钻研星历、浏览医书。学是宋人自己的概念，也是他们自有文化身份的历史框架。在学的共同体中，沈括与名臣王安石、词圣苏轼、易学家邵雍、理学二子程氏兄弟，以及"科学家"苏颂皆为侪辈。[2]以学为纲是以

---

1 自 1970 年代以来对沈括研究的综述，见 Nathan Sivin，"Books on Shen Kuo，"*East Asian Science，Technology，and Medicine* 40（2015）：93–102。

2 为了避免"科学家"这一现代词汇的带来的误解，席文建议以"polymath"（博学者）一词作为替代。见 Sivin，"Shen Kua，"31–32，以及氏著"A Multi-Dimensional Approach to Research on Ancient Science，"*East Asian Science，Technology，and Medicine* 23（2005）：10–25。笔者将在本书第九章详细讨论"博学"这个概念在宋代思想中的复杂性。

历史概念为依托将沈括整合入思想史，同时也是避免以今度古的一种方法上的警醒。

知识史上的沈括

为了更深入地探讨沈括和宋学主流之间的认识论分野，本书将进一步把视野扩展到知识史，并且是从先秦到唐宋的长时段的知识史。因为基本的认识论前设（epistemological assumptions）是长时段的心智习性（habits of mind），并不是一种会在短期内任意消长的现象。宋代的知识论的种种特征事实上不少都能追溯到先秦两汉思想。所以，由上古至中古的知识史，是本书铺陈分析的重要语境之一。

笔者所指的"知识史"并非一个单一学科，而是一个囊括了多学科的广谱研究视野。知识本身是一个海纳百川的概念，显然并不仅限于科学技术知识。本书的一大目标，是在对知识史的讨论中尽可能地忠于知识本身的丰富多元性。为了实现这个目标，笔者以"何以为知"为中心问题串联起一系列不同的具体语境，譬如政事、道德、格物以及宇宙论。

在知识史广阔的视野里，沈括研究提出了两个值得进一步探索的重要问题。其一，古代中国有一个一统的主流知识论（即"古代中国认知之道"）吗？在过去的几十年里，现代学者致力于将中国的认识论传统与以笛卡尔体系为中心的西方范式区别开来（即为中国认知论在西方语境中争取存在性）。值得注意的是，这里所讨论的"古代中国认知之道"

是一种"玄默之框架"（framework of taken-for-granted），是潜藏在具体的言、行、知识选择之下的深层结构。[1]它不见得发于言语，甚至也不明于志，但是却著于行，是求知者韬默的导引。这种玄默性也正是中国认识论的首要特色，它不是一个依赖言语与命题的理论，与笛卡尔知识论的面貌相去甚远。[2]

古代中国认知之道的第二个特色关乎它的一些基本概念导向。不少学者认为，实体（substance）、本质（essence）、属性（attribute）这些西方传统中的基础认识论概念在中国传统中并不重要；相反，关联（relation）和过程（process）才是更重要的理念。[3]从这个意义上来说，知识是以"游弋于关联、得益于关联、并在关联中求索洞然无疑"之面貌呈现的。[4]

第三个特色则是对"知见"这个行为的具体定义。学者们认为，它

---

1 有关framework of taken-for-granted的定义，见Charles Taylor, *A Secular Age* (Cambridge, MA：Harvard University Press, 2009), 13, 以及氏著*Sources of the Self：The Making of the Modern Identity* (Cambridge, MA：Harvard University Press, 1989), 8–11, 19–20, and 26–32。

2 持这个看法的学者众多，比如，Jana S. Rošker, *Searching for the Way* (Hong Kong：Chinese University Press, 2008), 4。

3 譬如，见Needham, *Science and Civilisation in China*, vol. 2, 281。

4 引文之原文乃是"how to be adept in relationships, and how, in optimizing the possibilities that these relations provide, to develop trust in their viability," 见David L. Hall and Roger T. Ames, *Thinking from the Han：Self, Truth, and Transcendence in Chinese and Western Culture* (Albany：State University of New York Press, 1998), 150。

沈括的知识世界：
　　一种闻见主义的实践

往往并不是狭义上的"认知"（cognition）。相反，知见这个行为常常包括"行"（participating）与"成"（realizing）的含义，故不光得诸心，也充诸身。[1]

第四个特色则是古代中国认识论与西方传统最大的区别：笛卡尔系中最关键的两个区分——主体（subject）客体（object）之分、对象（object）与该对象的观念（idea）之分——都在古代中国思想中存在感甚微。所以，从某种意义上来说，古代中国的知见是同一维度上的呈现（presentation），而不是跨维度的再现（representation）。[2]

上述的几个特色实属洞见，它们的不同排列组合对不同语境中的知见有着相当的诠释力。比如，第二和第三点能很好地阐释社会语境中的知见行为，即对人际关联的谙练，以及在此基础之上应对万事的圆融无

---

1 持此观点的学者，见 Hall and Ames，*Thinking from the Han*，168，以及 Roger T. Ames，"Meaning as Imaging：Prolegomena to a Confucian Epistemology，" in *Culture and Modernity：East-West Philosophic Perspectives*，ed. Eliot Deutsch（Honolulu：University of Hawai'i Press，1991），239。

2 持此观点的学者，见 Ames，"Meaning as Imaging，" 228；Hans Lenk，"Introduction：If Aristotle Had Spoken and Wittgenstein Known Chinese：Remarks Regarding Logic and Epistemology，A Comparison Between Classical Chinese and Some Western Approaches，" in *Epistemological Issues in Classical Chinese Philosophy*，ed. Hans Lenk and Paul Gregor（Albany：State University of New York Press，1993），11；Fraser，Chris. "Knowledge and Error in Early Chinese Thought." *Dao*：*A Journal of Comparative Philosophy* 10（2011）：127–148；以及 Barry Allen，*Vanishing into Things：Knowledge in Chinese Tradition*（Cambridge，MA：Harvard University Press，2015），103–104 and 197。

隙。在这个意义上，求知其实是一种行为上的"有关德性的、审慎的知识"（moral，prudential knowledge）。[1]

第二、三和四个特征联合起来描述的正是所谓"同类感应"思想（correlative thinking）。在这个系统中，万物（包括人）以"类"相联、相召，故彼此感应。所谓的"类"并不是孤立存在的，它们彼此互有系统性的关联（故此呼应第二个特征）。最常提起的类之关联莫过于阴阳五行了，万事万物正是以它们为基础结构而彼此感应的。且以阴阳为例，男性和太阳同属阳，女性和月亮同属阴；男性与太阳因此关联则会彼此感应，而男女之间则以阴阳之则相协。每一次基于类别的感应都构成了一个"相关"（correlation），世界正由无数相关分布流行而成。[2]每一个体都是这些关联身体力行的参与者而不是旁观者（见第三、四个特征）。在以西学理念为主导的现代学术中，"相关性"往往是与"因果性"（causality）对立的。[3]而这种对立往往也成为区分古代中国思想（或者更加宽泛的"前科学思想"）和现代科学思想的标杆之一。[4]正因为如

---

1 Christoph Harbsmeier，"Conceptions of Knowledge in Ancient China，" in *Epistemological Issues in Classical Chinese Philosophy*，14.

2 本书第四章讲详细深入讨论基于同类感应的关联思想。

3 已有学者对这种对立进行批判，譬如见 Willard J. Peterson，"What Causes This?" In *Interpreting Culture Through Translation*：*A Festschrift for D. C. Lau*，ed. Roger T. Ames，Chan Sin-wai，and Mau-sang Ng（Hong Kong：Chinese University Press，1991），185–205。

4 Angus C. Graham，*Disputers of the Tao*：*Philosophical Argument in Ancient China*（La Salle，IL：Open Court，1989），319–320.

此，有些学者在讨论以相关为主要特色的中国思想时，往往不免批判地认为它是"非理性"（irrational）的。[1]

就科学史和科学哲学的视野而言，古代中国认知之道的第三、四个特色说明了这个传统确实不执着于笛卡尔系的真理，从而也与现代西方认识论中以追求真理为终极目的展开的一系列问题保持了相当距离。在古代中国传统中，求知者并不试图以一个心生之念（idea）来精确对应真际（reality），所以她亦不执着这个对应的确定性（certainty）或者证伪性（justification）。而这些概念和问题恰恰也都是现代西方认识论的基本出发点。[2]

以上的四个特征是笔者从一系列的汉学研究著作中提炼出来的，这些研究其实不少是以上古中国的史料为基础的。但是这些基于上古的论述其实不少也相当契合中古、特别是宋代的情况。譬如，宋人也认为身体力行的参与往往是知见的一个要素，而在朱熹手中集大成的理学则鲜明地以关联为中心。而对于求道者来说，道并不是客体，人也不是主体；主客体之分在这个语境中是不适用的。

古代中国认知之道这个框架无疑是广泛好用的，不过适用性广泛背

---

1 Needham, *Science and Civilisation in China*, vol. 2, 281.

2 墨子刻（Thomas Metzger）称这个特色为"认知乐观主义"（epistemolo-gical optimism）。见 Metzger, *A Cloud across the Pacific*: *Essays on the Clash Between China and Western Political Theory Today*（Hong Kong：Chinese University of Hong Kong Press, 2005）, 21–31。对于这个说法的批评，见 Allen, *Vanishing into Things*, 7–9。

后的一个可能的陷阱是对普适性的迷信，学者当然要对其谨慎处理。沈括的个案研究其实为我们绕开这个陷阱提供了进一步思考的材料。譬如，他在探究万物的过程中对实体和本质的关注并不少于关联；知见对他来说常常是一个狭义的认知行为。沈括开始考虑把真际与念想从存有论的意义上分开，并开始接受对真际的再现这一行为的意义。沈括当然也不是笛卡尔系真理的信徒，但是他对知见的"信验性"（reliability）却颇有执着；这个信验性与确定性、证伪性是颇有相类之处的。除此之外，沈括甚至也开始明确讨论认知行为中主体与客体的分离。沈括这个个案确凿地提醒我们，中国古代认知有其主流框架真实不虚，但是以这个主流为基础构建一个普适性的中西之分当然不是严谨的学术所为。

进一步地说，沈括与古代中国认知主流之间的差异并不是孤案。纵观不同的知识阶层，诸多医、匠、工在他们的实践中也关注物质的实体和本质，也往往坚持自己的一套辨伪存真的标准以及对信验性的重视。在宋代，信验性作为一个认知理想也开始为不少士大夫所接受和推崇。从这个意义上来说，沈括为我们提供了一个立场鲜明、记录丰富的个案，通过这个个案，我们可以进一步了解古代中国认知主流结构之外种种旁出的支流。

闻见主义与经验主义

沈括研究在知识史的视野中提出的另一个概念性问题是，所谓的闻

沈括的知识世界：
一种闻见主义的实践

见主义与经验主义（empiricism）的关系究竟何如？[1]本书的英文原著确实是以经验主义为题的，而中文译本转译为闻见主义，因为笔者确实意图将中文中的闻见和西文中的经验主义联系起来。那么首先让我们考察一下哲学研究中对经验主义的定义。在欧洲传统中，经验主义与理性主义（rationalism）是一阴一阳、互为界定的。有研究者认为经验主义这个概念不适用于中国语境，因为"中国传统中没有一个相应的理性主义"[2]。欧洲传统是将经验（experience）与"内在理念"（innate knowledge）对立起来的，而一个古代中国的知见传统中没有严格的存有论意义上的先天内在理念。[3]所以，古代中国的认知具有"笃实的经验性"[4]。没有了理性主义，经验主义孤身无傍，故远远不如在欧洲传统中显赫。

---

1 一些汉学家已用"经验主义"这个概念来讨论沈括，比如坂出祥伸：《沈括の自然観について》；Sivin, "Shen Kua," 33；以及 Dagma Schäfer, *The Crafting of the 10, 000 Things: Knowledge and Technology in Seventeenth-Century China* (Chicago: University of Chicago Press, 2011), 133。但是以上学者均没有对该概念的哲学定义进行严格考察。本书的一个任务就是要在中国思想特定的概念和结构里较精确地讨论经验主义的可行性。

2 Allen, *Vanishing into Things*, 201.

3 与此同时，西学语境中的experience一词在古代中国思想里也没有一个好的对应。晚至20世纪"经验"才成为了experience的翻译。见雷祥麟的研究，Sean Hsiang-lin Lei, "How Did Chinese Medicine Become Experiential? The Political Epistemology of *Jingyan*." *Positions* 10.2（2002）：333–364；*Neither Donkey Nor Horse: Medicine in the Struggle over China's Modernity*（Chicago：University of Chicago Press，2014），91–93。

4 Ames, "Meaning as Imaging," 234.

经验主义在中国语境中带来的另一个问题关乎"知觉"（perception）。尽管欧陆和英美传统中就如何定义经验主义是一场旷日持久的混战，但各种不同的学派还是有一个共享的基本立场的，那就是经验主义必以知觉为重要的知识来源（source of knowledge）。西方思想史上以此为中心定义经验主义的例子举不胜举。譬如伊壁鸠鲁（Epicurus）说，知觉是知识不可动摇的基础。[1]16 世纪英国经验主义先驱，弗兰西斯·培根（Francis Bacon）有云："我辈知天事人胜于古人，正因我们以眼见为实，抑或至少以知觉为实，并以此为判知万物严格的准绳。"[2]同一学脉的洛克（John Locke）也附议道："知觉经验是一切知识的太初之源。"[3]

感官知觉在中国哲学中的地位却远远不如西方显著，也似乎从未引起复杂的哲学争议。比如西方传统中著名的"知觉之疑"（problem of

---

1 Elizabeth Asmis，"Epicurean Epistemology." In *The Cambridge History of Hellenistic Philosophy*，ed. Keimpt Algra，Jonathan Barnes，Jaap Mansfeld，and Malcolm Schofield（Cambridge：Cambridge University Press，1999），260–294.

2 Francis Bacon，*Francis Bacon：The New Organon*，compil. Lisa Jardine and Michael Silverthorne（Cambridge：Cambridge University Press，2000），21.有关培根经验主义的系统讨论，见Paolo Rossi，*Francis Bacon：From Magic to Science*，trans. Sacha Rabinovitch（Chicago：University of Chicago，1968）。

3 John Locke，*An Essay Concerning Human Understanding*，ed. Peter H. Nidditch（Oxford：Clarendon Press，1975），104.有关洛克经验主义的系统讨论，见Michael Ayers，*Locke：Epistemology and Ontology*（Oxford：Oxford University Press，1991），154–168。

perception）很少困扰中国哲人。[1]在欧洲传统中，一个经典的论点就是人不可以无条件地依赖感官知觉，因为它有可能产生伪见（illusion）或者妄见（hallucination）。这个质疑说明任何对知觉的讨论都必须谨慎地处理客体和感官之间的关系——值得强调的是，这并不是一个简单透明的关系。而古代中国传统中的知见者对待这个问题的态度在其西方同侪眼中看来就略显稚朴；对他们而言，感官知觉似乎就是个自然而然的事，是一种直白无碍的意识。并且，因为中国传统中的知见者没有把自身和周身环境在存有意义上严格地分割开来，他们也并不觉得自己的知觉行为就是"主观"（subjective）的，所以也没有什么理由要怀疑知觉是否能提供有关客体的客观认识。

　　但是，认为中国哲学传统完全不重视感官知识却是有失偏颇的；对知觉的哲学兴趣其实是从先秦至宋一直存在的。[2]最明显的一个例子就是"闻见之知"（或曰"闻见"），这个概念在宋代思想中十分常见，而"闻见"的重点正在于知觉。进一步说，对感官闻见的关注也促发了以知觉为基准的对知识的分类。譬如，与闻见之知相对的是"德性之知"，这

1　有关"知觉之疑"的相关论点，见William Fish, *Philosophy of Perception*（London：Routledge，2010），1–48。

2　譬如Jane Geaney就中国上古思想中的感官之知著有一本专著，不过她将"感官辨识"（sense discrimination）和"感官知觉"（sense perception）这两个概念分离开来。见Geaney, *On the Epistemology of the Senses in Early Chinese Thought*（Honolulu：University of Hawai'i Press，2002）。

二者构成了宋代思想中一对重要的概念。[1]尽管在现代读者眼中"德性"似乎专指道德，但是德性之知的范畴远远超过现代思想中狭义的道德伦理。为了避免误解，本书在分析中将以"模比"（modeling）一词作为替代，以此更加准确地阐述德性之知的认识论含义。闻见与模比/德性构成了一个两重的知识分类。对大多数宋人来说，闻见是一种境界狭小的知识，地位明确低于德性之知；对求道者而言，逐步模比的德性之知才是正道。所谓模比，是人以心探求宇宙微隐秩序（deep orders）的过程，与闻见是完全不同的认知行为。[2]从这个意义上来说，宋人还是真有自己的一种"知觉之疑"，虽然这种质疑的主要动力并非来自对妄见的担忧，而更多出于对深度的追求。

所以，闻见与模比的二分展现了一个与欧洲传统中的经验主义类似的结构语境：两种以知识来源为区分的知识种类中，其中一种是依赖感官为来源的。从这个意义上说，古代中国的闻见之知与欧洲的经验主义的地位和意义是有可比性的（尽管模比与理性主义非常不同，它既不依赖一个绝对意义上的内在理念，也不追求严格的超越性）。纵然欧洲意义上的理性主义与古代中国无关，古代中国的求知者也确实面临着

---

1 程颢、程颐：《河南程氏遗书》卷 25，载《二程集》，北京：中华书局，2004 年，317 页。早先张载称之为"德性所知"。见张载：《语录》，载《张载集》，北京：中华书局，2006 年，卷 7，24 页。

2 这个区分与亚里士多德的感官、智识二分是有相似之处的，尽管中国古代思想里不主张将人的感知与世界以及心分隔开来。见 Geaney, *On the Epistemology of the Senses*，13–14。这个论点不仅适用于上古思想，也适合宋代。

驱动理性主义产生的类似问题，万物之庞杂浩瀚，人类何以遨游其中而不迷失方向？这种对真确与秩序的向往促使人们考虑一些具有一统性的认识论方法，而且他们走出了一条不依赖于神灵或者超越性理想主义（transcendental idealism）的道路。

当然了，上述比较只是一个开始，还需要在具体的历史分析中不断细化。闻见与模拟的关系是需要进一步精确定义的。譬如，沈括所持的闻见主义并不等同于对德性之知的否定。事实上，绝大多数的宋人（包括沈括在内）都无意将闻见与德性分割开来。这二者往往是同一过程中的不同阶段，闻见之知是用功之初始，德性则是它的升华。所以，闻见和德性的区别在知识实践中往往体现在侧重点的不同。以沈括为例，他侧重于依赖闻见给他的认知导向，这个倾向性可能发生在他只行闻见的时候，也可能发生在他探求微隐秩序的时候（即德性）。理解沈括的闻见立场，必须要明了这个立场是两个不同认识论倾向在知识实践中不断博弈、商榷的结果，这一点是本书要在历史语境中详细说明和展开的。

除了哲学上的考量之外，本书对沈括闻见主义的考量也有与具体历史相关的两个特色。第一，沈括对闻见的兴趣并不仅仅意味着对目见耳闻感官活动的依赖，也包含对个体知见者的认知自主（epistemic autonomy）的重视；认知自主不仅包括感官认知，也包括一系列以增强信验性（reliability）为目的的思辨技巧。换言之，这些技巧涵盖的范围并不只局限于狭义上的感官认知。

第二点则与研究闻见主义的方法相关。与以上引述的欧洲经验主义哲学家相比，沈括是一个方法论上的沉默者。他并未系统地对闻见主义做一番哲学定义，给它一个现代意义上的"主义"的面貌，他甚至也没有对感官认知进行学理上的剖析。即使与他同时代的宋人思想家相比，沈括的沉默也是明显的：他不是一个靠恢弘论道立身的人，特别与诸多统理求道者相比，沈明显短于雄辩析理，而长于记录知识实践中的具体见识。

这种沉默，或者精确的说，"矩范立则之言"（normative articulation）的缺失使沈括的闻见主义看似不是哲学研究里最显而易见的对象，但从历史研究的角度看却别有趣味。笔者认为，沈括的闻见主义是一个经验主义的立场（empirical stance），这个立场涵盖的是认知态度、倾向和具体手段；它与一个立足于论点和命题的哲学论点是性质不同的。[1]沈括的闻见主义立场是通过对具体知识实践的叙述体现的。事实上，这个特色在诸多不同文化传统的经验主义中都有体现，一个重要的原因是经验主义很难有先验的哲学定义。比如，学者普遍认同近世欧洲语境中的经验主义（historia）也常常暗含在实践行为之中，并不总明示于矩范立则之命题或论点之间。[2]这种基于知识实践的研究方法当然不仅限于经验主

---

1 事实上，笔者对作为立场而不是论点的闻见主义的定义来自于一个哲学家的启发。Bas Van Fraassen选择以"立场"来定义经验主义，因为这个概念很难有先验意义上的哲学定义。见Van Fraassen, *The Empirical Stance*（New Haven, CT: Yale University Press, 2008）, 31–63。

2 Chiara Crisciani, "Histories, Stories, Exempla, and Anecdotes: Michele Savonarola from Latin to Vernacular," in *Historia: Empiricism and Erudition in Early Modern Europe*, ed. Gianna Pomata and Nancy G. Siraisi（Cambridge, MA: MIT Press, 2005）, 298.

义。认识论研究本身就是一个极具包容性的场域，有数种不同的学科及研究方法参与其中。哲学家可以侧重分析命题，历史学家也可以专注历史文化语境中具体的知识生产行为。所以本书的方法也可以称之为"历史性的知识论"（historical epistemology）。[1]

基于这些考虑，本书的重点不在于将沈括的闻见主义分解为抽象命题来做分析，因为他本志不在此。笔者的分析框架将主要由宋代思想的历史概念构成，譬如学、道，当然还有闻见与德性之知。在这个基础上，本书将深入讨论沈括的知识实践行为。并且，笔者会尤其注重挖掘他实践行为之下的认识论前设（epistemological assumptions）。比如，第四章讨论沈括的闻见主义的存有论意义，第十章探究他在追求信验性的过程中开始对主客体进行分离。这些讨论都将对理解沈括的闻见主义有重要的意义。从某种意义上来说，本书致力于对沈括思想的"玄默之框架"的揭示，从而能将他的思想与古代中国认识论主流做一次深度对比。

给读者的阅读导航

本书同时是一个人物和一个哲学理念的"传记"，所以采用了花开

---

1 几个"历史性的知识论"的著名实践例子，见Mary Poovey, *A History of the Modern Fact：Problems of Knowledge in the Sciences of Wealth and Society*（Chicago：University of Chicago Press, 1998）；Lorraine Daston and Peter Galison. *Objectivity*（Brooklyn：Zone Books, 2007）；Hans-Jörg Rheinberger, *On Historicizing Epistemology：An Essay*, trans. David Fernbach（Stanford, CA：Stanford University Press, 2010）。

两朵、各表一枝的结构。本书的第一条主线是沈括的生平，包括第一、三、五、六和八章；第二条主线则是对他的闻见主义立场的分析，分布在二、四、七、九、十章。第一条主线中的每一章在第二条主线中都有一个对应。每一章思想分析都是基于对应的生平章节，其分析的重点都来自于沈括生平具体语境中的概念，并将这些概念投射到更广阔的背景中讨论。这个安排的目的有二：一是为分析沈括的思想留出大量的空间，因为一本评传的重点终究还是归于系统的"评"；二是为了本书能在结构上以小见大，能从沈括的个案延伸到整个古代中国思想文化的框架中去。笔者希望读者不仅能看到沈括这盏探照灯，也能看到被其光柱划过的广袤思想天地。

第一章　彷徨于世（1051—1063）

公元 1076 年，沈括四十六岁。这一年，他擢升翰林学士，成为宋神宗身边的一名要员。他因此进呈《除翰林学士谢宣召表》以感激神宗的知遇之恩：

> 伏念臣起身至微，涉德未几。无良质以受学，从下习以日污。一纪从师，讫无一业之仅就；十年试吏，邻于三黜而偶全。未能捽茹苟生，归老圹埌之下；尚将疊浴自励，起观礼乐之兴。[1]

沈括谦卑的语气固然是官书措辞的特色，但是他对往时今日的回顾却是颇露真情的。站在事业巅峰之际，他对早年的困顿难免感慨万千。幼年的沈括出生于官宦家庭，天资聪颖，但 1051 年父亲去世成为他一生的转折点。从那年开始，沈括的人生进入了长达十多年的沉滞，生计困顿，仕途上举足惟艰（正如表中所述，"十年试吏，邻于三黜而偶全"）。在他对往事的

---

1 沈括：《除翰林学士谢宣召表》，《沈氏三先生集·长兴集》，杭州：浙江书局，1896 年，卷 23，5 页 A—6 页 A。

回顾里，一个不断浮现的主题就是丧父前后的强烈对比：他在身为一个底层官僚的寒微日常中挣扎时，最怀念的就是父亲在世时优裕的士人生活。

本章关注的是沈括的家庭和早年生活以及在此背景之下他对士大夫身份的理解和考量。沈括的家庭给他种下了最初的作为士人的理想，而这个理想在他自己头十年艰难困顿的职业生涯中经历了反复的考验。本章的叙述和分析就是以此为中心展开的。

士人之子

沈括自述中常常提及他早年生活的优越富足。沈家是一个中等官僚家庭，虽然不是钟鼎之家，但沈括从小耳濡目染，对读书入仕很早就有坚定的信仰。士大夫的社会文化身份自他幼年起就成为一生探索的目标。沈家没有士族背景，但鉴于门阀在宋初已经全面衰落，这点似乎并未给他们带来任何困扰。沈括出身钱塘沈氏，号称是武康沈氏的一支。[1] 吴兴武康沈氏兴于汉代，虽然不属于门阀大姓，但也算是出过诸多衣冠人物的通世大族。[2] 沈括在他父亲沈周去世之后，携兄弟沈披求王安石为

---

1 王安石：《南京沈公墓志铭》，《临川先生文集》，北京：中华书局，1959 年，卷98，1013 页。

2 有关门阀士族的介绍及研究，见 Ebrey, *The Aristocratic Families of Early Imperial China: A Case Study of the Po-ling Ts'ui Family* (Cambridge：Cambridge University Press, 1978), 1–14 以及 Nicolas Tackett, *The Destruction of the Medieval Chinese Aristocracy* (Cambridge, MA：Harvard University Asia Center, 2014), 27–69。

先父撰写墓志。[1]王不吝于溢美之词，称武康之族"尤独显于天下"[2]。

但沈括本人却似乎并不以为然。在为沈起所撰的墓志中，他特别提到武康沈氏的成员来源各有尊卑，譬如"凡沈国三绝，有出于茅姓者。自汉以后居武康者为大族。齐郡、丹阳、下邳皆沈望，其人微不足称，自以其望卑，稍折而入于武康"，所以，"武康之沈，亦不坚知其所出"[3]。沈这番话可能有其他具体原因（譬如贬褒沈氏的某一支），但他对一味美化家族史缺乏兴趣也是明显的。9世纪之后，门第观念随着士族的式微也渐渐衰落。[4]对于沈括和他的父辈而言，科举场屋得意从而入仕朝廷才是正路。从这个角度来说，历史上门第的高卑远远不如直系亲属的政治地位以及个人材能来得重要。

沈家上溯三代最近的经历正是沈括以问学入仕为个人理想的基础。他的曾祖父沈承庆是五代时期吴越国的一个底层官僚，也是沈家近几代里第一个做官的人。[5]在沈承庆之后，沈家三代男丁中都有入仕之辈，而且品级逐步升高。其中成就最大的是沈遘。[6]沈遘其实是沈括的侄子，但

---

1 王安石：《南京沈公墓志铭》，《临川先生文集》，卷98，1013页。

2 同上。

3 沈括：《故天章阁待制沈兴宗墓志铭》，《长兴集》，卷30，6页B。

4 Beverly J. Bossler, *Powerful Relations：Kinship，Status，and the State in Sung China（960–1279）*（Cambridge，MA：Harvard University Council on East Asian Studies，1998），特别是她对唐、宋墓志的对比研究，13–14。

5 周生春，《沈括亲属考》，载《沈括研究》，50页。

6 同上，50—52页。

是他年长六岁且比沈括早十年进入官场。后代人将沈遘、沈括以及沈辽合在一起尊称为"沈氏三先生",且将沈遘放在第一位,事实上是误解了他们之间的辈分排行。[1]

沈遘在沈家的地位举足轻重,是几代人中第一个进入朝廷权力高层的人。倘若不是英年早逝,他当是北宋政坛上的又一颗明星。沈遘年仅二十就及第进士,之后不久奏《本治论》十篇,受到仁宗的嘉赏,世称文学治才俱佳。[2]后来他进入皇家馆阁,升任龙图阁直学士;此时,沈遘离核心权力仅一步之遥,而他尚未满四十。在北宋官僚系统里,他的上升速度是引人瞩目的;[3]特别与沈括相比,后者虽然也进入了馆阁,但是耗时甚长,升迁过程艰难得多。事馆阁八年之后,沈遘被其父所累,于1061年被贬越州,后又出任杭州知州。宋英宗继位之后,旋刻召沈遘返京并权知开封府,后又任翰林学士,遘再一次进入权力中心。1067年,沈遘在为母居丧期间身亡,结束了仅四十三岁的一生。[4]

沈遘与沈括之间的境遇对比是颇有趣的。他们的职业生涯在时间上有重合,而且各有各的起伏,但是一个人的起似乎总和另一个人的伏重叠在一起。沈遘事馆阁的八年(1054—1061)正逢沈括在地方基层上苦

---

1 《宋史》卷 311《沈遘传》,10653 页。

2 同上,10651 页,10660 页。

3 有关馆阁在宋代政治中的重要性,见李更:《宋代馆阁校勘研究》,南京:凤凰出版社,2006 年,以及本书第三章。

4 以上沈遘生平事迹见王安石:《内翰沈公墓志铭》,《临川先生文集》,卷 98,961—962 页。

苦挣扎；而沈遘被贬离开京城之后，沈括却高中进士喜获升迁。由此可见，沈遘对沈括的影响更多是间接而不是直接的。沈遘早年的成功固然给沈括带来希冀和某些帮助，但在科举日益称隆的 11 世纪，沈括靠自己试场努力得来的进士出身似乎远比这一层关系来得有用。

对沈括影响最大之人应当是他的父亲沈周。沈周是一个典型的北宋中级官僚。他早年丧父，寒窗苦读，在三十七岁那年（1015）登进士科。[1]自登第之后，沈周遂迁转而居，度过了一段游历四方的人生。在他三十年的为官生涯里，沈周的足迹踏遍宋代的几大区域：他初仕于东南，后供事于西南，最终升迁到北方。[2]沈周首先出任大理丞监苏州酒务，随后他离开了长江下游地带，来到了四川盆地知简州平泉县。据说沈周在平泉的政绩颇得民心，离任时当地的老百姓为他立碑颂德。1039年他回到了吴地出任润州知州；一年以后，沈周又到福建地区权知泉州。[3]除了在第一任上主营酒务，沈周二十余年间基本是一个全面掌管各项吏事的地方官僚。

1043 年，沈周长于吏事的声望为他带来了一个新的职业转折点：调任开封。对大多数北宋士人来说，汴京是政治文化的不二中心，又是物

1　王安石：《南京沈公墓志铭》，《临川先生文集》，卷 98，1013 页。

2　对宋代这三个地区的划分与总结，见 Peter Golas, "Rural China in the Song," *Journal of Asian Studies* 39.2 (1980)：292—295。

3　王安石：《南京沈公墓志铭》，《临川先生文集》，卷 98，1013 页。

质繁华的大都市，在京都做官是他们一生的梦想。[1]在做了五年开封府判官以后，沈周大约因健康抱恙之故，以古稀之龄离开了京都，回到了祖籍地出任江南东路安察使。三年之后，他告老致仕，在家乡钱塘去世。[2]

沈周一生致力于地方行政，以吏才立身，以宽和柔善的作风闻名。[3]在知泉州时，他任内讼案特别少，有些纠纷在他看来可以简化时，会先以道理调停之，令诉讼双方先自我反省，往往就免去了正式的刑狱处罚。[4]沈周宽厚的名声正是擢升开封府判官的重要原因之一。[5]其一生尽管并无耀眼过人之处，但却数十年如一日的循良有信。沈括一直以父亲为荣，在日后，他常常提起父亲，以父亲为自己的官场生涯里的榜样。

沈括的家庭不仅让他早早对宦仕生涯熟悉于心，也让他接受了良好的基础教育。沈括的启蒙老师是他的母亲许氏。[6]许氏出身苏州一个官宦

---

1 宋史研究的一个著名论点就是北宋士人向往汴京，从五湖四海聚集在都城，形成了一个"国家导向"（nationally oriented）的官僚集团。见Robert Hartwell, "Demographic, Political, and Social Transformations of China, 750–1550," *Harvard Journal of Asiatic Studies* 42.2（1982）：365–442；以及Robert P. Hymes, *Statesmen and Gentlemen：The Elite of Fu-chou，Chiang-hsi，in Northern Song and Southern Song*（Cambridge：Cambridge University Press，1986）。

2 王安石：《南京沈公墓志铭》，《临川先生文集》，卷98，1013页。

3 曾巩：《寿昌县太君许氏墓志铭》，《曾巩集》，北京：中华书局，1984年，卷45，611页。

4 王安石：《南京沈公墓志铭》，《临川先生文集》，卷98，1013页。

5 欧阳修：《沈周可开封府判官制》，《文忠集》，卷79，《景印文渊阁四库全书》，11页。

6 曾巩：《寿昌县太君许氏墓志铭》，《曾巩集》，卷45，611页。

人家，自小就喜读书且博识强记。[1]与许多精英阶层的妇女一样，许氏以教育子女为己任。[2]沈括或许也通过母亲受到许家其他亲戚的影响。许氏的哥哥许洞是一个文武兼通的能人。[3]他进士出身，精通《春秋左氏传》，且对兵家颇有研究，著有一部《虎钤经》，后成为宋代兵书中重要的一种。[4]沈括出生在许洞过世之后，但似乎也受到了些许这位母舅的影响。他对《春秋》颇有兴趣，撰写了篇幅可观的《春秋》传；对兵法也颇有钻研，未尝不与幼年就能翻阅到《虎钤经》的经历有关。[5]总的来说，沈括双亲的家学分别在他的成长中提供了丰富的资源和养分。

在这样的环境中成长，沈括自然对士大夫的身份和地位有着充分的了解。他目睹了父亲的宦仕生涯，也时有耳闻家中曾祖、祖父、舅、侄的为官经历。他在母亲的指点下诵读经书，也为侄子沈遘的中第而欢欣鼓舞。在沈括的私人经验里，宦仕和为学的荣耀是毋庸置疑且无处不在

---

1 有关许氏家史，见周生春：《沈括亲属考》，载《沈括研究》，53—56 页。

2 有关宋代女性在子女教育中起到的重要作用，见Patricia B. Ebrey, *The Inner Quarters：Marriage and the Lives of Chinese Women in the Sung Period* (Berkeley：University of California Press，1993)，183–187。

3 有关许洞的生平事迹，见胡道静：《沈括军事思想探源——论沈括与其舅父许洞的师承关系》，《沈括研究》，121—122 页。

4 周生春：《沈括亲属考》，《沈括研究》，54 页。

5 有关许洞对沈括的影响，见胡道静：《沈括军事思想探源——论沈括与其舅父许洞的师承关系》，《沈括研究》，122—123 页。有关沈括自己对《春秋》的研究，见本书第二章。沈括在给另一位母舅的配偶所做的墓志里提到了自己与母亲娘家亲属的密切关系，见沈括：《故夏侯夫人墓志铭》，《长兴集》，卷 26，1 页A—2 页B。

的，也正是他幼小心灵中春笋欲发的理想。

南人之子

在典型的宋代士大夫家庭经历之外，沈氏家族同时也具有鲜明的
地域特色。他们世代居住江南，沈括因此从小就被打上了南方文化的烙
印。沈周从江南到西南又到福建的职业生涯也使年幼的沈括见识到了南
方内部不同文化区域的面貌。从这个意义上来说，沈括的确是地道的南
方之子。

11 世纪的南方有着蒸蒸日上的活力，沈括身处的世界必然令他目不
暇接。在他的出生地江南，烧制青瓷的窑场烟火相望，生产贡罗的织房
中机杼声声相和。[1]幼年沈括或对西南蜀地也有些许印象，那里水道纵
横，稻香千里，绿茶在山谷的云雾中茁壮抽苗。[2]少年时代的沈括则来到
了东南沿海。泉州港往来贸易兴隆，海上商船凌波纵柂，贡使和外商济

---

1 有关宋代龙泉青瓷的研究，见 Suzanne G. Valenstein, *A Handbook of Chinese Ceramics*
  (New York：Metropolitan Museum of Art, 1988), 99。有关南方的丝织业发展研究，
  见 Dagmar Schäfer, "Silken Strands：Making Technology Work in China," in *Cultures
  of Knowledge：Technology in Chinese History*, ed. Dagmar Schäfer (Leiden：Brill,
  2011), 52。
2 贾大泉：《宋代四川经济述论》，成都：四川省社会科学院出版社，1985 年，7—8
  页，86—87 页。

济相聚。[1]对于一个少年来说，这必然是生机盎然、激动人心的图景。

作为南人的背景在彼时也有鲜明的政治意义。在沈括成长的年代，南方士人在科举考生和官僚集团中所占的比例仍是小于北方士人的。有宋一代建都开封，和唐及以前的诸多朝代一样，依然是以北方为中心的政权。赵氏皇族本身就是北人，历史与现实相照应之下，自然也更加偏好起用北方士人。[2]

当沈周于 1040 年代来到北地并供职于开封府时，新一代的南人已经开始扭转这种局面。越来越多的南方士人进入京都就职，有一些已经打入了最高权力层。[3]他们的到来令政治风向由北向南的过渡越来越明显。当十二岁的沈括站在开封城门外仰望这座彼时世界上最繁华的都市时，他恰好与最好的时代相逢；作为一个希冀着追寻父亲足迹在帝国心脏一展身手的新一代南人，此刻正是梦想可以成真的好时机。

---

1 有关宋代泉州贸易的研究，见Hugh R. Clark, "Overseas Trade and Social Change," in *The Emporium of the World*, *Maritime Quanzhou*, *1000–1400*, ed. Angela Schottenhammer (Leiden：Brill，2001）。

2 有关 1050 年代以前南方士人在科举中的情况，见John W. Chaffee, *The Thorny Gates of Learning in Sung China*：*A Social History of Examinations* (Cambridge：Cambridge University Press，1985），129–134 页。有关南人出身官僚在北宋的系统讨论，见吉冈義信：《北宋初期における南人官僚の進出》，鈴峰女子短大研究集報 2 期，1955 年，24—37 页，以及青山定雄的一系列研究，比如《宋代における華南官僚の系譜にいつて：特に揚子江流域お中心として》，中央大学文学部紀要 72 期，1974 年，51—76 页。

3 Bossler, *Powerful Relationships*, 43.

十年为吏

不幸的是，沈括的美好愿望很快就撞上了坚硬的现实。自 1051 年后的整整十年，他都以小吏自居，冗务缠身，郁郁寡欢，离昔日的士大夫梦想渐行渐远。[1]尽管在这十年里沈括也有些许进步，譬如积累了不少实干经验，也获得了汴京周边的任职，但是总的来说，这是他清贫困顿、职业上彷徨不前的一段漫长岁月。

1051 年无疑是沈家最艰难的一年。这一年沈周去世，身后留下许氏和两个年轻的儿子。即使是在沈周在世时，沈家也不是大富之家，沈周身后似乎也未留下多少积累的财富。对沈括来说，丧父和失去家庭稳定收入是迎头一击，他和兄弟沈披的当务之急就是要扛起家中生计了。因为沈周是当朝去世的官员，沈括两兄弟很快就通过荫补入仕。宋代的恩

---

1 在北宋语境里，"吏"至少有三重涵义。最普遍地讲，它指代官僚系统中的一员。同时，它也是"胥吏"的简称，指的是官僚系统之下的胥吏阶层，与身为精英的士大夫有质的不同。第三层涵义是对一个有治理专长的士大夫官员的指称。在本书的英文版里，笔者将沈括自述中的"吏"翻译为clerk，即取胥吏之义，因为沈括时常将"吏"与"士"对比起来，哀叹自己既而为吏，就不能再享受士大夫的尊严与荣光。有关"吏"的第二层意思的讨论，见 Liu Tzu-Chien, "The Sung Views on the Control of Government Clerks." *Journal of Economic and Social History of the Orient* 10（1967）：317–344。有关第三层意义的讨论，见笔者的研究，Ya Zuo, "*Ru* versus *Li*：The Divergence between the Generalist and the Specialist in the Northern Song（960–1127）." *Journal of Song-Yuan Studies* 44（2014）：83–137。

荫制度规定中高级官员的子弟可以绕开科举，由荫补得官。[1]沈括于是告别了学生生涯，出任位于江苏北部的沭阳主簿。[2]沈披也获得一职，赴今安徽境内的宁国出任县令。[3]这就是沈括自述"十年为吏"的开始。在沭阳主簿之后，1055 年他得官出任摄东海县令；[4]在此之后，他又经历了数个类似的低阶职位。于是乎从 1054 年到 1062 年，沈括辗转各方，却始终不得升迁，徘徊在最基层。

沈括反复以吏自居自然是一句怨言。从制度上严格来说，"吏"是与正式官员分离的一个阶层，是服务于后者的。吏通常没有受过正式教育，平日的职责也多是官员不涉足的饾饤琐屑之事，他们身处精英士大夫的阶层之外，属于官场边缘人士。[5]也就是说，沈括的职业生涯虽然始于官阶底层，但始终在正式官僚的范围之内，从来就不是真正制度或社会意义上的"吏"，更不用说他本来就出身中层官僚的精英阶层。

除开一些自怨自艾的成分，沈括在这十年里的感受确实反映了一部分北宋底层官僚所面临的现实：进入官场并不意味着立即名利双收。事

1　有关荫补的研究，见 Chaffee，*The Thorny Gates of Learning*，190，以及游彪：《宋代荫补制度研究》，北京：中国社会科学出版社，2001 年。

2　《宋史·沈括传》，卷 331，10653 页。

3　周生春：《沈括亲属考》，《沈括研究》，52 页。

4　沈括：《苍梧台记》，《长兴集》，卷 21，10 页 A。

5　有关胥吏与官员在社会地位和待遇上的不同，见 Liu，"The Sung Views on the Control of Government Clerks，"以及 Winston W. Lo，*An Introduction to the Civil Service of Sung China*（Honolulu：University of Hawai'i Press，1987），23–24。

实上，在沈括的这段经历里，富贵与发达基本与他无缘。首当其冲的问题就是，他长期身陷底层官阶，几乎找不到升迁的途径。这一点是以荫补入仕的一个特色。尽管绕过了科举，但是恩荫得官的人在升迁机会上不如科举出身的人。[1]北宋中低级官僚的磨勘升迁速度已经非常缓慢，而荫补出身者则更缓慢，受限制更加明显。所以，荫补作为特权的同时，也造成了一个玻璃天花板。对很多荫补入仕的人来说，如果他们不回到试场争取一个出身，可能一辈子都徘徊在官场的底层。这正是沈括的处境。

除了升迁缓慢，经济上的拮据也是北宋底层官僚所普遍面临的一个问题。宋代早年的官僚固然享有崇高的社会地位，但是经济收入却并不与之匹配。即使是在真宗和仁宗朝数次系统性的涨薪之后，底层官员的俸禄也不尽人意。[2]沈括的俸禄每月大致在六千到八千文之间。[3]而其时一斗米的价钱大致在七十到一百文之间，猪肉一斤六十文。[4]一支质量尚可的毛笔约一百文，而一方上好的砚台则可高达一万文。[5]沈括此时已经

1 Ebrey, "The Dynamics of Elite Domination," 504–505.

2 有关 1070 年代以前的俸禄系统研究，见衣川强：《宋代文官俸给制度》，郑樑生译，台北：商务印书馆，1977 年，2—13 页；以及苗书梅：《宋代官员选任和管理制度》，开封：河南大学出版社，1996 年，492—495 页。

3 《宋史》卷 171《职官志》，4109 页。宋代官僚俸禄里包括俸钱和禄米，但是在 1050 年代之后，禄米所占比例逐日渐小，所以笔者未将其包括在计算中。有关宋代俸禄的历史变迁，见苗书：《宋代官员选任和管理制度》，492—495 页。

4 程民生：《宋代物价研究》，北京：人民出版社，2008 年，136 页、170 页。

5 同上，402 页、407 页。

成家，需要供养他的第一任妻子、大儿子以及母亲。[1]他反复提及自己在经济上的捉襟见肘，情形似乎是非常艰难。正如他一次向朋友倾吐："至于衣服米盐，一日不得则无聊，某何以异于人？"[2]

除了经济上的困顿，沈括似乎也对他的日常工作感到厌倦，大量的琐务对他来说既无尊严也无新意。他曾经向一个叫崔肇的朋友倾诉，形容自己的工作"最贱且劳"，日程为"往还吊问，岁时腰腊，公私百役"所占满。为了完成工作，他疲于奔命，"乍而上下，乍而南北"，以至于"懵懵趹趹"，难以振作，"不知天地之为天地，而雪霜风雨之为晦明燠凉也"[3]。

沈括的现状与他过去生活在父亲羽翼之下的情形相去甚远；至少，与他记忆中的过往差别迥异。大抵现下越是沮丧，回忆就显得更加美好。沈括尤其怀念士大夫生活的尊严感，哀叹自己不复能"高视阔步"，[4]也不再享有与"天下士大夫"往来的风雅。[5]蜷缩在这个狭小困顿

---

1 现存史料中没有沈括长子沈博毅的生卒年信息，但是考虑到他的生母在 11 世纪五六十年代时去世，那么他的出生最迟就是在这十年间了。沈括于 1068 年再娶，我们知道在此之前他已是鳏居数年。见沈括：《祭张谏议文》，《永乐大典》卷 14046，15—16 页。对此材料的详细讨论见徐规：《沈括事迹编年》，《刘子健博士颂寿纪念宋史研究论集》，衣川强编，京都：同朋舍，1989 年，88 页。

2 沈括：《答同人书》，《长兴集》，卷 20，6 页 A。

3 沈括：《答崔肇书》，《长兴集》，卷 19，3 页 A。

4 同上。

5 沈括：《答陈辟秀才书》，《长兴集》，卷 20，4 页 B。

的角落里，他哀叹自己只能寄望"求于一官"而"尽于一身"。[1]

怨气之余，沈括在工作上还是尽职尽责，并努力适应"吏"之角色的。他自陈"及今为吏，则与乡人之为吏者校能絜艺，不能有以异也"[2]。"能"和"艺"是吏的特质，是他们在日常工作中处理各项大小事物赖以依靠的能力储备，可能涉及到一系列具有技术难度的任务，譬如治水利。沈括在这点上是言行一致的。他确实在具体技术上学得快、用得准，迅速脱颖而出；在日后的生涯里，这些具体的技艺也一直是他的知识视野和实践中的一部分。

沈括自小在江南长大，对河湖稻田有一种天然的熟悉和亲近，这大概也是他能首先在农田水利建设中崭露头角的缘故。在他看来，江南地区多山多水，可耕地多在低洼处，所以尤其需要在水利上下功夫。[3]他和弟弟沈披都喜欢钻研水利，并很快积累了不少实践经验；兄弟二人在官场起步时，对水利的洞见都成为了他们重要的职业资本。

在他官僚生涯的头十年里，沈括在胶东半岛即齐鲁沿海地区先后担任数职，把一个江南人对水的熟稔带到了北方。齐鲁地区邻近首都开封，所以其农业生产力不仅是当地人口生计的保证，在国家的层面上也是很重要的。[4]自赵宋建国，朝廷就一直在扶持齐鲁地区的水利建设。[5]

---

1 沈括：《答陈辟秀才书》，《长兴集》，卷20，4页B。

2 沈括：《答同人书》，《长兴集》，卷19，4页A。

3 沈括：《万春圩图记》，《长兴集》，卷21，1页A。

4 安作璋、王志民：《齐鲁文化通史：宋元卷》，北京：中华书局，2004年，4—5页。

5 同上。

沈括任沭阳主簿时，也贡献了一份自己的力量，曾经"疏水为百渠九堰"从而"得上田七千顷"，显著地扩张了可耕农田。[1]

随后，在1060年代初，沈括协助弟弟沈披开始在家乡江南地区建设水利。沈披时任宁国县令，在转运使张颙、判官谢景温的支持下，拟修复当地的一处防水堤万春圩。万春圩在10世纪晚期被洪水冲垮，已废弃了八十多年。沈披和张、谢二人仔细查看了地况，力排众议，驳斥了数条反对意见，终于令项目上马。修复后的万春圩运作良好，当地农民因此得以恢复了不少可耕良田。[2]在沈披进行这项工程时，沈括正好在他家小住，所以目睹了全过程并进行了详细的记录。[3]万春圩工程应当是沈披的功劳，不过就沈括记录的细致程度来看，他多少也有协助参考之功。

除了在水利方面的特长，沈括也努力学习治理技术。他以懂民情、顺民意为目标，立志要行仁政。根据沈括自陈，他获得从沭阳主簿到摄东海县令这一步小小升迁，正是因为他得当地民心之故，用他自己的话

---

1 《宋史》卷331《沈括传》，10653页。

2 沈括：《万春圩图记》，《长兴集》，卷21，1页A—5页B。

3 学界曾有一个长期的误解，认为沈括本人主持了这项工程，因为吴允嘉在整理《长兴集》1896年的版本时误把《万春圩图记》中沈披的名字改作沈括。邓广铭纠正了这个错误，认为沈括与此工程全无涉。见邓广铭：《不需要为沈括锦上添花——万春圩并非沈括兴建小考》，《沈括研究》。也有一些学者认为沈括起到了一些辅助作用，见刘尚恒：《也谈万春圩的兴建——试与邓广铭先生商榷》，《学术月刊》，8期，1979年，77—81页；以及祖慧：《沈括评传》，南京：南京大学出版社，2004，39—40页。

说，就是"民皆自附"。[1]沈括自谦自己并没有什么特殊的才能，但是颇为自豪自己能体恤民情，在制定政策时能根据当地民众需要而量体裁衣。

对沈括来说，具体工作中最大的挑战似乎是南北文化差异。在他看来，齐鲁一带的风俗与家乡江南相去甚远。在沈上任的头几年，他经常在琢磨当地的殊风异俗，也因此养成了细心观察的习惯。他形容齐鲁之民"天性陆梁倔强，平日居家常椎牛劙豕，蹶强挽满"，所以，作为当地官员，"未可以无术御也"[2]。沈认为，一个重要的治"术"就是巩固权威和简化指令机制。比如，当沈括刚刚到任沭阳时，当地被征集治理黄河的民众已经反抗起义两次。据他观察，其实这完全是当局指挥不当的问题。在他到任之前，主持治理的工程的官吏短时期内发布了二十一道指令，而且朝令夕改，"而号令不坚，分界不明，是所以促其乱也"[3]。沈括好观察的习惯始于他以南人身份适应北方文化的努力，后来他的足迹踏遍宋帝国的四方角落，但始终带着这双好奇敏锐的眼睛。

义利纠思

在日久淹留底层的烦恼中，沈括开始重新思考作为一个士大夫的理想和愿景。其中最令他纠结的似乎是所谓的义利之辩。义利之争是一个

---

1 沈括：《答崔肇书》，《长兴集》，卷19，2页B。

2 沈括：《上海州通判李郎中书》，《长兴集》，卷19，5页B。

3 同上。

老话题，而且自古以来的主流意见一般是扬义贬利、以利为义之贼。所以，一个士人如果太在意功名升迁，即逐利太过，就会被视为德性有亏；相反，一个淡泊名利的人则天然有一种道德优势，会被视作是以义为上。义利之辩自上古而来，在宋代引发了士人们新一轮的热议，而端正的义利观也成为了士大夫文化身份中一个重要因素。[1]

重义轻利虽然是主流观念，但是对于沈括这样一个底层官僚来说，要身体力行却不是一件容易的事。做官的俸禄是沈括唯一的财富来源，所以他自然很在乎官场上的升迁。但是这种"逐利"行为引来旁人侧目非议，反而会影响他在同侪中的声望（甚至升迁本身）。于是沈括在出仕这件事有些明显的纠结，一方面他在做官这个问题上没什么选择，是养家糊口的需要；另一方面，他似乎也为自己在同辈眼中争强好胜的名声而颇为沮丧。

沈括的纠结其实反映了一代人的问题。同时代的士人跟他一样，大都依赖俸禄解决基本的生计。正如沈括曾经向人感叹："某何以异于人？四年于兹，岂心之所欲？盖贫贱者固如是，不敢不安耳。"[2]言语之间对当时这份任职并没有什么热情，完全是因为温饱所迫才不得不勉强为之。北宋大多数士人是所谓的职业官僚，宦仕出身就是他们的立身之本，官俸是他们主要的收入来源。沈括也就此评论道："今之为士，无田亩以为之食，

---

1 有关宋代义利之辩的研究，见陈植锷：《北宋文化史述论》，北京：中国社会科学出版社，1992年，260—276页。

2 沈括：《答同人书》，《长兴集》，卷19，6页A。

无桑枲以为之衣，不可遂弃骨肉之养而死亡之是蹈。"所以，对他和大多数人来说，"不出于仕禄，则将何适而不枉?"[1]言语之中颇凄凉无奈。

这种不得已而为之的勉强其实与宋代士大夫的庶族出身相关。唐五代的士族凭借门阀继承财富和社会势力，不必依靠个人在官场打拼。而宋代的士大夫则不同，他们事实上需要依赖国家而生存。[2]这种境遇的不同正是沈括所指出的"古之士大夫有田有禄"[3]。在他看来，过去的士族地主进之有禄，退可耕田，这种经济上的余地却是当世士人无法享有的。从沈括自己的视角推断，门阀大族大致在义利之辨上会少一些纠结，因为他们在出仕的问题上是可以选择的。

沈括言语间对于他好利的风评颇为委屈。但是从他的回应来看，他的好胜心似乎的确受到了不少同僚的批评，所以这个问题应当不是他随口说说，而是已经对他的职业进展多少有些影响。[4]为了替自己辩护，沈括反复提出，职业上的进退不应该和德性挂钩。他一方面提醒自己的同侪，他们的共同命运是"士有不得已，而势必于仕"[5]；从这个角度来说，士人们本身就不应该在出仕这个问题上有什么道德包

1 沈括:《答徐秘校书》,《长兴集》, 卷 20, 5 页 A。

2 当然了，这个区别是沈括自己较粗疏的理解和概括，具体的历史当然更加复杂。比如谭凯（Nicolas Tackett）就指出唐代士族的田庄地产并不足以构成抗衡国家的实力。见 Tackett, *The Destruction of the Medieval Chinese Aristocracy*, 58—61。

3 沈括:《孟子解》,《长兴集》, 卷 32, 4 页 B。

4 比如，见沈括:《答李彦辅秀才书》,《长兴集》, 卷 19, 2 页 B—3 页 B;《答徐秘校书》,《长兴集》, 卷 20, 5 页;《答同人书》,《长兴集》, 卷 20, 5 页 B—6 页 B。

5 沈括:《答徐秘校书》,《长兴集》, 卷 20, 5 页 A。

袄。另一方面，沈括也建议，进退本身也不应被赋予什么鲜明的道德价值。他指出，"夫以进为近于利者，其退不过谓之廉"[1]，这个逻辑本身其实就过于简单。在现实中，许多人"退"一步其实是为了进，因为淡泊名利的表象能为个人争取更多道德砝码。他继而指出，"君子进退不居于斯二者"[2]，也就是说，君子的道德抉择，并不需要以两极化的进和退为评判框架。

沈括认为，真正的道德标准不在于任何教条，而在乎一个人的本心，即所谓的"度于心而安者则为之，不安者而去之"[3]。也就是说，人心本身才是更加准确的道德准绳。"心则不安而身行之，虽幸中于义，其为自贼。"[4]一个选择即使是表面看起来合乎理义，但令自己的心中不安，也不会是什么真正好的道德选择。

沈括的这番言论当然不是现代意义上的"听从我心"，其背后有一套儒家圆融的道德心理学逻辑。心之所以能成为道德标准是因为它与天的联系，而后者是一种"宇宙原力"（cosmic force）。正如孟子所言："尽其心者，知其性也。知其性，则知天矣。"[5]沈括非常重视孟子有关心的说法，他本人就给《孟子》写过详细的注疏。[6]根据孟子的这个观点，

---

1 沈括：《答同人书》，《长兴集》，卷 20，6 页 A。

2 同上。

3 同上。

4 同上。

5 《孟子·尽心上》。

6 沈括：《孟子解》，《长兴集》，卷 32，7 页 A。

心当然比成文的行为准则更准确，因为它是宇宙秩序的实时反应。[1] 所以，沈括的自辩其实是以儒家道德心理学的一个基本论点来驳斥教条主义。

尽管这番引经据典算得上有说服力，但沈括似乎并没有成功地为自己洗脱污名。事实上，在他日后的职业生涯里，即使是在脱离了底层进入了权力核心之后，沈括的人品似乎总是在遭受质疑。他早年的这一段经历，似乎预示了伴随他一生的声名欠佳的问题。

让我们回到本章初始所引的沈括的谢表，彼时四十六岁的他，在职业最辉煌的时刻，却忍不住回首早年惨淡的十年。他所谓"至微"的起身成为了一个自我回忆和自我叙述的重要元素。在这十年里，沈括第一次离开了父母的羽翼，勉强应付着底层官僚的生活，在挣扎中叹息着自己对士人生活的美好幻想之迷失。这也是他第一次离开了南方，开始探索帝国北地的人情习俗。在这十年里，困顿和羞耻始终相伴，但是沈括也兢兢业业，致力于磨练吏能与治才。在这一切之外，仍有一个问题亟须回答：艰难困顿之下，沈括究竟要如何为学呢？这将是笔者下一章讨论的重点。

---

1 Angus C. Graham, *Studies in Chinese Philosophy and Philosophical Literature* (Albany：State University of New York Press, 1986), 54–57.

第二章　苦心向学

对于身陷冗务的"底层小吏"沈括来说，为学之心是他抵抗虚无的一种强大安慰。为学既是宋代士大夫的理想，也是他们的人生；学海书涯里既有黄金利禄，也有道德节义。沈括的向学之心是非常强烈的，更重要的是，他也致力于逐步摸索适合他个人经历的为学之法。本章初始将讨论北宋思想世界中"学"的涵义，并进一步在学的框架中厘清"物"这个概念。物之于学是有重要的理论意义的。随后，笔者将讨论沈括对物的强烈兴趣，以及这爱物之心给他的为学之道带来的个人特色。

学之二柄

就求学而言，沈括生活在一个生机勃勃的时代。11 世纪之学有两个重要特色。一个是以明道为主旨。[1] 自 9 世纪开始，一些有意革新的士人

---

[1] 以道为求学主旨与"道学"不是一回事；前者是后者之发展的前史与背景。以二程为代表的道学家固然喜好论道，但是 11 世纪的其他士人、包括与二程意见明确相左的人，也都以道为终极目标。

开始批判学界主流对词章的过分偏爱，提议改弦更张，以"文以载道"为新的文化理想。这就是著名的古文运动。[1]在接下来的几个世纪里，对"道"的求索是每一个宋代思想家关心的核心问题，也因此促发了多种多样关于学的领悟和设想。

从它最基本的意义上讲，道是覆天载地、括极万物的理想秩序。葛瑞汉（Angus C. Graham）对"道"有一个很精辟的定义，就是道"为万物流布铺下了轨迹"[2]。道具有鲜明的存有论意义上的特色。其一，它不具备绝对意义上的超越性，所以不能与求道人的经历分离；正如程颐所述，"道之外无物，物之外无道"[3]。其二，道既不是一个物体（object），也不是一个以静止存在为主的实体（entity）。葛瑞汉的定义精确地指出道是一个过程（process）或者模态（modality）。这一点也是不少宋代思想家描述过的。譬如，张耒曾如此形容道："其动无迹，周万物之用而无定名，循万物之变而无定形。"[4]

11世纪的思想家们还对道有一个共识，那就是它的不可言说性。比如，王安石有云："盖道之所存，意有所不能致，而意之所至，言所有不

---

1 有关古文运动的概况，见Peter K. Bol, *This Culture of Ours: Intellectual Transitions in T'ang and Sung China* (Stanford, CA: Stanford University Press, 1992)；有关古文运动唐代领袖的代表性研究，见Charles Hartman, *Han Yü and the T'ang Search for Unity* (Princeton, NJ: Princeton University Press, 1986)。

2 Graham, *Studies in Chinese Philosophy*, 426.

3 程颢、程颐:《河南程氏遗书》卷4,《二程集》, 73页。

4 张耒:《说道》,《张耒集》, 卷47, 733页。

沈括的知识世界：
一种闻见主义的实践

能尽"[1]，以及，"道存乎虚无寂寞不可见之间"[2]。不少宋代思想家将道的这种特质称为不可"名"。沈括也曾议论，"道"这个词本身就是强加的，"道不可见，古人以谓强名之"[3]。苏轼则提出，强以名之不是求道正路，"故世之言道者，或即其所见而名之，或莫之见意之，皆求道之过也"[4]。程颐亦有相同看法，称道"大不足以名之"[5]。

虽然不可言、无以方，道却毫无疑问是士大夫为学的终极理想。对于宋人来说，得道即是圣人。[6]圣人的特长就是无需强作就能自然应万事、援万物。[7]所以，道是学的核心，也是学人志向所在。而为学在实际操作中是以经籍文字为基础的，所以，要以此有言之学致不可言说之道，宋人事实上是在道的名义下铺陈出一系列可言说的秩序，并主张以圣人为师来探寻这些秩序的。圣人即是行道先知，他们对于今人的意义，就是提供他们知行中所领悟的道，即"圣人之道"。所谓的圣人之

---

1 王安石：《答刘读秀才书》，《临川先生文集》，卷72，770页。

2 王安石：《大人论》，《临川先生文集》，卷66，706页。

3 沈括：《东京永安禅院敕赐崇圣智元殿记》，《长兴集》，卷23，6页B。

4 苏轼：《日喻》，《苏轼文集》，北京：中华书局，2004年，卷64，1981页。

5 程颢、程颐：《河南程氏遗书》卷2上，《二程集》，17页。

6 譬如王安石，见Peter Bol, "Reconceptualizing the Order of Things in Northern and Southern Sung," in *The Cambridge History of China Volume 5: Sung China, 960–1279 AD, Part 2*, ed. John W. Chaffee and Denis Twitchett (Cambridge: Cambridge University Press, 2015), 688.

7 有关宋人对无需强作的看法，见Bol, "Reconceptualizing the Order of Things," 700, 707, and 715.

道来自于文字记载，这正是宋人注重经典特别是儒家经典的原因。所以，宋人读经注经乃是求道之法。当然了，文字/经书在这里只是工具，而求索到高于文字的道才是最终的目的。

除了以道为核心之外，宋代为学的第二个特征是它的入世精神。士大夫们固然终日读书撰文，但是他们却有一个书斋之外的明确目标，就是以新秩序治理天下。[1]尤其是在北宋，士大夫们的共同志愿就是辅佐君王"厉精图治，将大有为"。这种入世态度的影响是深远的。比如，11世纪中期科举考试的几次变革事实上都是由这种入世精神所驱动的。欧阳修在四五十年代主张科举应当重策问、轻诗赋，而策问正是要求考生以经典为基础来议论当下时事。[2]年轻时代的沈括正好处在这个变革展开的过程中，他相信学的要义在于立足经典而大有为于世也是自然而然的事了。

物之二端

以上提到的为学的两个特色都与"物"这个概念相关，而宋代思想对物的关注也是空前盛大的。在历史语境中，物其实是"物体"

---

1 Peter Bol, *Neo-Confucianism in History* (Cambridge, MA：Harvard University Asia Center, 2008), 55–56.

2 刘子健：《欧阳修的治学与从政》，香港：新亚研究所，1963 年，173—174 页、229—230 页。

（objects）和"事体"（affairs）的合称。[1]所以，物泛指天地之间林林总总各类的现象，而"万物"则常常被用作指称天地之总和。[2]

万物这个概念在宋代思想中的地位得到了进一步提升。古文运动的倡导者们尤其致力于反驳佛教有关空性的概念。佛家认为，万物由因缘和合而生灭，所以本无自性，只有空性。人世间一切都是无常的，对任何名相的执着都是对智慧的偏离。9世纪以来的儒家学者则与这一观点针锋相对，他们急于从儒家入世的角度证明世界是真实不虚的，这也正是他们重视从哲学层面上讨论万物的原因。[3]

---

1 张载、邵雍以及程颐认为人也是物之一。见Kidder Smith and Don Wyatt, "Shao Yung and Number," in Kidder Smith et al., *Sung Dynasty Uses of the I Ching* (Princeton, NJ：Princeton University Press, 1990), 101；张载：《语录》，《张载集》，卷1，313页；余英时：《朱熹的历史世界：宋代士大夫政治文化的研究》，台北：允晨文化事业股份有限公司，2004年，185—186页。

2 有关宋代思想中物这个概念的研究，见Hoyt Cleveland Tillman, "The Idea and The Reality of the 'Thing' during the Sung：Philosophical Attitudes toward *Wu*," *Bulletin of Sung and Yuan Studies* 14 (1978)：68—82。有关物与万物在中国哲学中的涵义，见Franklin Perkins, "What Is a Thing (wu)?" in *Chinese Metaphysics and Its Problems*, ed. Chenyang Li and Franklin Perkins (Cambridge：Cambridge University Press, 2015)。

3 见Yü Ying-shih, "Intellectual Breakthroughs in the T'ang-Sung Transition," in *The Power of Culture：Studies in Chinese Cultural History*, ed. Willard J. Peterson, Andrew H. Plaks, and Ying-shih Yü (Hong Kong：Chinese University Press, 1994)；以及Daniel K. Gardner, *Chu Hsi and the Ta-hsueh：Neo-Confucian Reflection on the Confucian Canon* (Cambridge, MA：Harvard University Council on East Asian Studies, 1986), 14—15页。

物的定义有两个值得注意的特征。第一个是它对物体和事体的综合。事体的指代词也可以也是"事",所以物和事在这个语境下其实是可以互换的。[1]譬如程颐曾指出:"物者,凡遇事皆物也。"[2]物的第二个特征是它的两面性。一方面,物是有鲜明的存在边界的。一件物体/事体的存在是明确区分于其他物体/事体的。[3]从这个意义上来说,物本身具有一个在一定时间内相对稳定的真际和一个有界限的个体身份。这个个体化的物可以拥有一个相对独立的存在,一种本质(substance),以及一些可以辨识的特征,譬如形和色。对宋人来说,这一个体化的层面上的真际就是靠闻见获得的。

但是物显然不仅只有闻见层面上的真际;它更重要的一个身份,是对广大秩序中的一个所在(place)进行标记和摄持。以"所在所就"(placement)这个角度来定义的物,就直接与道所代表的终极理想秩序相关联了。宋代的思想家(特别是统理派)正是着力于将具体之物合理放置在统一的秩序之下,从而在万物的基础上构建出一个不虚而又可知的宇宙。

---

1 好几位学者都注意到了这个现象,比如Willard J. Peterson, "Fang I-chih: Western Learning and the 'Investigation of Things,'" in *The Unfolding of Neo-Confucianism*, ed. Wm. Theodore de Bary (New York: Columbia University Press, 1975), 377; Bol, *This Culture of Ours*, 260; 以及Benjamin A. Elman, *On Their Own Terms: Science in China, 1550–1900* (Cambridge, MA: Harvard University Press, 2005), 29–30。

2 程颢、程颐:《河南程氏遗书》卷4,《二程集》,372 页。

3 Perkins, "What Is a Thing?," 58.

物的两面性其实正与所谓的闻见之知和德性之知的区分挂钩。张载和程颐都就这个问题做过阐发。对张和程来说，严格意义上的闻见之知就是倚赖人的感官知觉能力来捕捉物第一层面上的真际。而德性之知则是对物的第二层面的真际的考察，是对它在浩瀚的关联性（relationality）中"所在"的探寻。这个第二层面显然对知见有更加深刻的要求。[1]

宋代思想家对物的"所在所就"是有深远和精密的哲学考量的。首先，他们用"本末"这个框架将物和道联系起来——道是本，物是末。正如王安石所言："道有本有末，本者万物之所以生也，末者万物之所以成也。"[2]道生万物，所以万物也归于道。这个"生"与"成"的过程，清楚地标记了道的原本性和物的枝胤性，以及二者之间次第性的关联。

不少宋人进一步阐发了这个由道至物的生发论，在道和物之间插入了更多的中间环节。一个著名的例子是邵雍。邵雍提出了两个版本的生发论，第一个是"太极，一也，不动；生二，二则神也。神生数，数生象，象生器"[3]；稍有区别的另一个版本是"阴阳生而分二仪，二仪交而生四象，四象交而生八卦，八卦交而生万物"[4]。这两个版本都来自于他基于《易经》的数学阐发。[5]这个看似复杂的说法其实和王安石的"道物生发"

---

1 对第二层知见的详细讨论见第七章。

2 王安石：《老子》，《临川先生文集》，卷 68，723 页。

3 邵雍：《皇极经世书》，卷 14，522 页。

4 同上。

5 准确地说，是基于《系辞传》的阐发。见Smith and Wyatt, "Shao Yung and Number," 112。

是一回事。首先，它们都始于道（此处邵雍所言之太极即道）；[1]其次，它们都终于物（邵雍在第一个版本里以"器"指代物）。将邵雍的两个说法合起来，就得到如下序列：

道→神→数→象→万物[2]

在道与物之间，邵雍设置了一系列中间环节，譬如神、数以及象，而每一环节都是一个"真际次第"（order of reality）。身处最本之道和最末之物之间，这几个真际次第依次远离根本，同时一个比一个更加可知。譬如，"神"是"无方"[3]，"不可言"[4]，也"不可致思"[5]的。而"数"则更加具体，譬如阴阳、五行都有可知的内容。象则指的是易学中的卦象和爻象，亦有可言之形态以供致思。

不少学者将以上这个宇宙论公式当作是邵雍奇门数学的独特说法，但其实它在其他宋人著作中常常出现，只是不见得每次都有这么完整系统的表述。这个宇宙生发论植根于易学，所以自然会引起广泛的兴趣。即使是一般印象里对五行数理甚少议论的王安石其实也是对此公式有所

---

1 邵雍：《皇极经世书》，卷 14，522 页。

2 有关这个生发序列的详细研究，见 Smith and Wyatt, "Shao Yung and Number," 105–35；以及 Alain Arrault, *Shao Yong*（*1012–1077*）：*Poète et Cosmologue*（Paris：Collège de France, Institut des Hautes Études Chinoises, 2002），315–322。

3 《周易·系辞上》。

4 刘牧：《易数钩隐图》，《景印文渊阁四库全书》，卷 1，17 页。

5 张载：《横渠易说》，《张载集》，188 页。

了解并赞同的。[1] 之前引到王氏讨论道和物的关系，事实上他对中间的真际次第也曾有所议论。譬如他曾说到：

> 盖五行之为物，其时，其位，其材，其气，其性，其形，其事，其情，其色，其声，其臭，其味，皆各有耦，推而散之。[2]

这其中提到的五行就是数的一种。而数生万物，每一个物都有其时、位、材、气、性、形、事、情、色、声、臭、味等林林总总能由闻见而捕捉的特征。

值得强调的是，这个宇宙生发公式是以关联性为出发点对世界的可分性做出的描述。它关注的不是物质的转化——譬如，原子构成分子、分子构成物质。神、数、象这些真际次第和道一样，是模态而不是物质；它们最主要的功能是表征世界的架构。譬如，数就是循数（值）以推演宇宙，而象则是以一些基本的图式来揭示具体事物之间的联系。[3]

---

1 表面上看来，王安石比起邵雍等人来说对宇宙论似乎没什么兴趣，学者已有一些论述，比如邓广铭：《北宋政治改革家王安石》，北京：人民出版社，1997 年，118–123 页；也见 Douglas E. Skonicki 的总结，Skonicki，"Cosmos，State，and Society：Song Dynasty Arguments Concerning the Creation of Political Order，" PhD diss.（Harvard University，2007），446–453。

2 王安石：《洪范传》，《临川先生文集》，卷 65，686 页。

3 Roger T. Ames，"Meaning as Imaging：Prolegomena to a Confucian Epistemology，" in *Culture and Modernity：East-West Philosophic Perspectives*，ed. Eliot Deutsch（Honolulu：University of Hawai'i Press，1991），特别是 233 页。

就物而言，这个生发公式所揭示的是它们在大的真际秩序中的所在与所就。这些真际秩序可能是数、象，或是其他。一个物体/事体在这些秩序中有一个合适的所在，而对这个所在的了解是深刻理解这个物体/事体的一个要求。当所有的物/事都在正确适宜的轨道上运行时，它们的轨迹就合成了道。所以，物和道之间的关系，其实也就是所谓的"所在所就各得其宜"（well-placed-ness）[1]。

值得注意的是，对"所在所就各得其宜"的追寻并不只限于数和象这样的"高阶"真际秩序。[2]在宋人眼里，数和象在这个宇宙生发论中离本源较近，且出现在万物之前，故在存有意义上是形而上的（但是不可以和现代意义上的"抽象"混淆）。在高阶秩序之下，其实对所在所就的追求深入到了存有的每一个层面，譬如道德、礼仪，这些都是万物出现以后的秩序，即"形而下"；它们从存有意义上来说是较"低阶"的，但在本质上却一致都是界定物的所在所就的框架。在本书第七章，笔者将以具体例子深入讨论这些低阶的真际秩序。

总的来说，物的存在是有两面性的。一件具体的物体/事体总有一个可以为闻见辨识的表象，这是第一层真际；与此同时，它在一个大的秩序中也有一个合宜的所在，这个是第二层真际。对于一个求道的为学

---

1 Chung-ying Cheng, "Categories of Creativity in Whitehead and Neo-Confucianism." *Journal of Chinese Philosophy* 6（1979）：262.

2 这个序列所呈现的时间先后应当理解为对微弱的本体优先性的一种比喻（微弱即指的是这种优先性没有造成本体世界的分离，比如造成绝对的超越性）。数在本体论上没有超越或者脱离万物。第四章将就此有更加详细的论述。

者来说，物的第二层真际总是更重要的，因为它引领着人们在道的框架中辨物识物。而第一层真际则只能算是小闻狭见，因为它无法反映一个物体/事体在自身之外与大秩序的关系。这正是闻见之知低于德性之知的根本原因。

物与为学

以上讨论的物之二端性并非只是存有意义上的哲思；这个观点对宋代的为学者影响深远，并且直接影响到了他们的知识实践。对于 11 世界的思想家来说，对为学的思考须臾不能离开对物的考虑。[1]之前笔者提到的学之二柄——明道和入世——其背景都是万物充盈的世界。这首先是因为天地万物正是儒家眼中真实不虚的世界，是他们极力反驳佛教空性观的中枢背景。儒家所谓的道，是万物流布的轨迹。其二，儒家所主张的入世，是在治天下的语境中对物/事的推究运营；物其实常常指的就是政治语境下的事与物。譬如，王安石就夸赞过神宗有"仁民爱物之意"[2]。这句夸奖再常见不过，可以说是一句场面话；[3]但是以"爱物"为治国的根本任务之一则充分说明了物与政治的紧密关系。

---

1 比如，包弼德就很准确地将他在剑桥史中讲述宋学的一章命名为 "Recon-ceptualizing the Order of Things in Northern and Southern Sung"（南北宋年间对万物的重组）。见Bol，"Reconceptualizing the Order of Things，"665。

2 王安石：《上仁宗皇帝言事书》，《临川先生文集》，卷 39，411 页。

3 事实上是对《孟子·尽心上》的一段著名论述的缩写。

物在为学过程中的重要性是毋庸置疑的；与此同时，求学者们也时刻警醒对物的处理要始终忠于对道的求索。因此，他们对物的二重真际有明确的区分：物在大秩序中的所在所就要远远重要于它个体化的特征。在这个意义上，闻见之知当然就只能屈居小知末流的地位。

而这个区分正说明了物在为学中的一个看似矛盾的地方：如上所述，它们有时很重要，但也常常被指责会扰乱人心、需要防备。这是因为物在其个体化、闻见层面上是一种对求道的干扰；在这个意义上，它们常常被称为"外物"。对外物的惕虑自古有之。最著名的例子就是孟子，他提醒人们当以心得物，而不是以耳目接物。耳目这些感知器官本身其实也是物；物接物会导致人偏离轨道。孟子有云：

> 耳目之官不思，而蔽于物。物交物，则引之而已矣。心之官则思，思则得之，不思则不得也。[1]

对外物的批评也常常见于宋人文章。比如王安石就曾附议孟子，将外物视为学之干扰；为了对抗这种干扰，他敦促世人要养性尽性。对于一个尽性至诚的人来说，则"天下之物不足以干吾之聪也"以及"天下之物不足以乱吾之明也"[2]苏轼也有类似的意见。他认为君子可以"寓物"，但不可以淹留于彼，因为"五色令人目盲，五音令人耳聋，五味

---

1 《孟子·告子上》。
2 王安石：《大人论》，《临川先生文集》，卷66，703页。

令人口爽"[1]。

王和苏的言论很好地说明了外物是如何在 11 世纪的思想中成为一个问题的，而当时的思想家们同时也提出了解决这个问题的方法，那就是在大的秩序中探寻物的所在所就。这个诉求正是宋代一系列著名的哲学论点的主旨所在，比如程颐的"格物"和邵雍的"观物"。无论是"格"还是"观"，这些思想家们无疑关注的都是物在超越自身的大次第中的位置。这些观点的差别则在于，不同的思想家选择的真际秩序不同，譬如程颐（以及后来的朱熹）选择的是"理"，而邵雍选择的是数。

总的来说，宋人对物的关注重点是落在它在大秩序中的所在所就，而不是它可闻可见的特征的。这个导向与他们的知识实践也相辅相成。士人们以研习经典、文本求学为主，而经典中正积累了大量有关源本秩序、次第、结构框架的讨论。这些由文献传承而来的智慧，正为宋人进一步格物制物提供了参考和基础。

当然了，需要强调的一点是，外物的问题并不意味着对闻见之知的全面否定。物的这两层真际在存有意义上是不能分离的，正如闻见与德性之知也是不能分离的。在一个人的知识实践中，这两者常常是共存且相互联系的，真正的差异来自于实践者导向上的偏重。一个好学者应当把重点放在考察物的所在所由上，而不是淹留于它们的形色声香，但同

---

1 苏轼：《宝绘堂记》，《苏轼文集》，卷 11，356 页。对这段文字的分析也见Ronald Egan, *Word, Image, and Deed in the Life of Su Shi* (Cambridge, MA：Harvard University Asia Center, 1994), 159, and Bol, *This Culture*, 277。

时，他也不能且不应该放弃闻见之知。通常意义上来说，当一个人已经对物在大秩序中的位置有所领悟时，他其实对它的闻见特色也当有所了解了，这是一个不可避免的常识。从这个角度来说，闻见之知是为更高阶的知见打下的基础；[1]而外物会造成困扰只因知见者在闻见这个阶段淹留太久。善学者不是在二者之间选其一，而是要有灵敏的态度、双管齐下但不失重点。

沈括之爱物

上述讨论的学之二柄、物之二端正是青年沈括所在思想世界中的重要风潮。现存文献中未见沈括对以上这些形而上的讨论有什么显著参与，但是他确确实实在实践中成为了一个爱物之人，并且他的爱物是一种对物体/事体具体而微的执着。沈括的这种风格，似乎是一种新的尝试，是一种在身体力行的接物探物中对意义的求索。青年沈括并未就自己的尝试在言语上阐发什么哲思，但他在知识实践中收获了不少实在的成果。

公允地说，沈括是一个好学生。在熬过了头十年困顿的"小吏生涯"之后，他科举及第，于1063年获得进士出身。沈括在繁忙的工作

---

1 比如张载就有类似论述，见张载：《语录》，《张载集》，卷1，313页。详细分析见 Stephen C. Angle and Justin Tiwald, *Neo-Confucianism：A Philosophical Introduction* (Cambridge：Polity，2017)，113–114。

之外挤出时间研习经典，勤勉笃学，撰写了不少注疏。虽然现存的沈括文集已残，但是记录在案的有《周易解》两卷、《春秋机括》两卷（或云三卷）、《左传记传》五十卷以及保留下来一卷的《孟子解》。[1]

尽管这些经注多半残佚，很难精确地断定年份，但不少证据间接表明沈括很可能是在青年时代完成这些工作的。他在《春秋》上下的诸多工夫，多半完成于早年而终止于 1060 年代。彼时他开始服务王安石及其新政运动，而王氏是出了名的不喜《春秋》，称其为"断烂朝报"，且将其除名考试科目之外。[2]沈括在早期为王安石所器重，是新政党的重要成员，而王氏以专断出名，沈括大抵不会在这样的事上忤逆他。而沈括残留的一卷《孟子解》中诸多说法与他早年在底层的经历和心绪相应和，或许也是断代上的一个间接证据。

必须要说，沈括十年为吏的生涯给他在求学上造成了很多客观障碍。他早年常常提起的一个烦恼就是琐事冗务令他无法专心向学。在给崔肇的信里他提到，"人之于学，不专则不能"；而进一步为自己感叹，"若某则不幸，所兼者多矣"。在他看来，哪怕是"至微"之事也需要专注，更何况是追求"君子之道"这样的终身理想。[3]

---

1 沈括对《孟子》的兴趣，时人似乎有目共睹。见胡道静，《关于沈括评传》，胡道静著，虞信棠、金良年编：《胡道静文集·沈括研究　科技史论》，上海：人民出版社，2011，145 页；以及乐爱国，《北宋儒学背景下沈括的科学研究》，《浙江师范大学学报》，32 期，6 号，2007 年，9—15 页。

2 对王此举动机的分析见 Bol，*This Culture of Ours*，228–229。

3 以上三处引文，均见沈括：《答崔肇书》，《长兴集》，卷 19，3 页 A。

值得注意的是，沈括是借助物这个概念来阐述这个问题的。他提到："然某少之时，其志于为学虽专，亦不能使外物不至也。"[1]而他接下来详细描述外物何以为扰，则是本书在第一章讨论过的情形，他奔忙于"往还吊问，岁时腰腊，公私百役"之间，"乍而上下，乍而南北"，而终日"慒慒跌跌"，等等。乍一看沈括的这段怨言似乎正是前文所讨论的外物问题，但细看下却有微妙不同。沈括此言是将外物和他吏事生涯中的冗务直接对应起来的。这些"物"包括物体与事体，比如治水利、治民（事体）以及堤坝、筐锹版筑、以及车仗仪卫（物体）。这些物之所以造成干扰是因为它们限制了他读书撰文的时间。沈括的这个烦恼首先是个实际问题——因为时间分配不过来；而其次是个智识层面上的问题，即从事这些琐事之时，沈括似乎感受不到它们有什么意义、与求道有什么关系。

但是沈括并没有因此进入一个对外物的形而上的批评，即前文所述的对外物的沉迷会阻断更高的知见追求。相反，他把整个反思都控制在一个形而下的框架里，也就只将它当作一个实际问题：倘若生活如此，冗事难以避免，那么何不尝试继续看看未来有什么新的可能？他引用孔子而自辩："夫子之求之也，其诸异乎人之求之与？"[2]这段文字里沈括未尝明言夫子究竟求之为何，但是其言下之意，正是所谓的求学，因为他紧接着自勉："虽实不能，愿学焉"，以及"某之不兢，不敢有希于是。

---

1 沈括：《答崔肇书》，《长兴集》，卷19，3页B。
2 《论语·学而》。

苟才之所及，敢不惟吾子之诏"[1]。最后，他诚恳地立下志愿，在为学路上，他意欲"审问之、慎思之、笃行之"[2]。倘若如此苦学尚不能明道，那么他也能问心无愧地接受这种命运，"不致则命也"。

青年时代的沈括实际上尚在摸索，并没有足够的信心或者清晰的概念来阐明一条别辟蹊径的为学之道。但是，他立足于一点不动摇，就是物是重要的，而他的为学之道很大部分要在接物之实践中实现。这也是为什么我们能在他的文集中找到大量对物的赞美。这种对物直白乐观的处理成为了他日后进一步深化思考的基石。

沈括以上的自勉之言事实上就反应了这种态度。其言看似简易，但暗示了多个经籍典故。譬如他提到为学之苦旅虽不至则"命"也，正与孟子的说法相合。在孟子著名的有关"命"的论题中，这个概念有两层含义，其一是命运之命（destiny），其二是天命之命（mandate）。孟子如此描述一个人立命的过程：首先尽其心，然后知性知天（即心中情理无碍的境界），终了才能立其命。这个"立命三部曲"（尽心→知性→立命）正是沈括此处所指。[3]

更重要的是，沈括把孟子对物的讨论融合到了这个立命的主题中。孟子有言"万物皆备于我矣"[4]。沈括于此处注曰："不能穷万物之理，则

---

1 沈括：《答崔肇书》，《长兴集》，卷19，3 页B。
2 同上。此引《中庸》语。
3 有关孟子"命"的分析，见Irene Bloom, "Mencian Arguments on Human Nature (Jen-hsing)."*Philosophy East and West* 44.1 (1994)：19–53.
4 《孟子·尽心上》。

不足择天下之义；不能尽己之性，则不足入天下之道德；穷理尽性以此。"[1]此处之"理"来自于《说卦》，其原文是"穷理尽性以至于命"[2]。《说卦》此言与孟子的"立命三部曲"在结构上是非常类似的（穷理→尽性→至命）。在沈括的注释里，他将《说卦》的"穷理"并入了孟子的三部曲，而且将"穷理"展开为"穷万物之理"，于是，就将物和立命联系起来。在这个命题里，物于是成为修己正心的道德程序中一个不可或缺的重要元素。

沈括还有更多颂物之言。譬如在《孟子解》中，他将物与"大人之道"联系在一起。他的原话是："有命，有义，正己而物正者，大人之道也。"[3]所谓的"大人"是指德性殊胜之人，位在君子之上。[4]"正己"是修己之意，而"正物"则被他视为是大人修己的过程和成果之一。沈括的这句话是对孟子的一句巧引。孟子有云："有大人者，正己而物正者。"这句话的背景是他提出的四种品德殊胜的人："有事君人者，事是君则为容悦者也。有安社稷臣者，以安社稷为悦者也。有天民者，达可行于天下而后行之者也。"最后一种，则是"有大人者，正己而物正者"[5]。孟

---

1 沈括：《孟子解》，《长兴集》，卷32，7页B。

2 《周易·说卦》。

3 沈括：《孟子解》，《长兴集》，卷32，8页A。

4 David L. Hall and Roger T. Ames, *Thinking from the Han: Self, Truth, and Transcendence in Chinese and Western Culture* (Albany: State University of New York Press, 1998), 300-301, n.41.

5 以上三段引文均见《孟子·尽心上》。

子在这段话里并没有表现出在这四者之间有明显的偏爱，当然了，以他的语气揣测，他自然认为后两者更加高尚。沈括对"大人"有自己的偏爱。根据他的行文立论，他的偏爱正来自于大人的正物之举。沈括将大人与老子和墨子相对比，认为后两者一个"块然无情于万物"，而另一个"皇皇忧天下之不治"。而大人则不然，他的道是在正己又正物的过程中实现的。于是沈括感叹道："行至于大人，尽矣。"[1]此处，他再次称颂物的重要性，并将其直接与道联系起来。

　　沈括对物的赞美当然不局限在对经典的注疏中。物在宋代思想中本是一个常见词汇，但沈括提到这个词的频率之高即使在这个背景之下依然引人注目。以下援引的例子来自他一生中不同阶段的作品，足可见沈括的颂物之心其实纵贯一生，不仅仅是早年的现象。他称羡同僚能"穷物理之妙"[2]；又或能"无所疑于物"[3]。他赞叹当时名重天下的欧阳修"政事大小无一物之失"[4]。在为池州新落成的鼓角门所作的记中，沈括展望曰"政有时期，物有位序，于此乎听"[5]；言下之意是将鼓角门这样的物视作政治权力的一个物理表述。在上书神宗议论王安石新政时，他颂赞道"方主上发号施令，作新万物，传之无穷"[6]。总的来说，通物、爱物在沈

1　以上两段引文均见沈括：《孟子解》，《长兴集》，卷32，8页A。

2　沈括：《贺枢密薛侍御启》，《长兴集》，卷18，3页A。

3　沈括：《大理评事司农寺院主簿贾君墓志铭》，《长兴集》，卷28，3页A。

4　沈括：《扬州重修平山堂记》，《长兴集》，卷21，7页A。

5　沈括：《池州新作鼓角门记》，《长兴集》，卷23，8页B。

6　沈括：《知制诰谢两府启》，《长兴集》，卷17，2页A。

括眼中既是值得称颂的个人才能，也是国家能治天下的重要表征之一。

沈括的颂物立场在哲学上是质朴的。事实上，以上所引这些观点不少都能在他的同辈学者的文字中看到，并没有特别呼应他个人经历的独特之处。比如，程颐和程颢便有将物和道联系起来的著名论述（见第十章）。而爱物、正物以及作新万物这样的说法，是任何一个批判道、佛的北宋思想家都不会反对的。

沈括确实也提及了物的两面性，尤其是在他的《孟子解》里中有一些只言片语的呼应，尽管言语间颇为含糊。比如他也提到了万物之理，但是没有进一步说明他的这个说法是否与程颐类似，是将理视为万物所栖的一个真迹次序。在晚年所作的《梦溪笔谈》里，沈括对理的诠释则完全离开了程氏的轨道，他的不同理解或许是经历过长期思考才慢慢成形的。沈括也顺应孟子有关心与耳目的说法，认为心可以择是非，所以大于耳目。[1]"是非"这样的用词体现了沈括对心的道德导向功能的重视。在讨论《孟子·公孙丑》时，沈括再次重申了心的是非辨别功能，并将其与"浩然之气"联系在一起。孟子所谓的浩然之气，正是一种道德能量。[2]沈括由此议论道："义集于身，则气充于心，尽其志而无所慊于天地之间者。"[3]这个论点尤其适用于他早年为自己的义利观的辩护，正

---

1 沈括：《孟子解》，《长兴集》，卷 32，6 页 B。对此句的解析，见寺地遵：《沈括の自然研究とその背景》，《広島大学文学部纪要》，27 期，1 号，1967 年，113 页。

2 Ivanhoe, *Confucian Moral Self Cultivation*, 20.

3 沈括：《孟子解》，《长兴集》，卷 32，2 页 B。

如第一章提到的，沈括认为听从于本心才能做出合适的道德选择。不过这种对心和耳目的区别对待，沈括似乎只在狭义的道德讨论中提起，而未曾在其他知见语境中重申。在其他的许多情境下，他无疑是一个相当依赖耳目的知见者，无论是探求闻见还是追索深层真际，耳目对他来说都是不可或缺的（见第四、九章的讨论）。这个特色是不能因以上的这一句议论而抹杀的。

沈括在这些形而上问题上的不置可否或许是因为他早年的游疑，也或许是他终生的一个特色。这个人一生似乎从来没有在义理大事上引起过争议，也几乎很少以注经、撰文的方式挑起敏感话题。然而在《梦溪笔谈》这样看似远离政治的语境里，他却常常流露出自己立场的不同，当然了，主要是知识立场的不同。在本书余下的部分里，笔者将着重讨论沈括那些看似游离于政治之外的言论和行为，它们似乎是能更好揭示他的思想的原材料。

作乐为物

在本章的最后一节，让我们来考察一个沈括早年为学的一个具体例子。沈括的同辈士人在政坛上崭露头角往往靠的是议论时事、上书进文（他的侄子沈遘就是一个典型的例子），而沈括本人走了一条不同的路。他选择了作物而不是作文：向朝廷进呈了自己改革雅乐的计划。

自古以来，雅乐都是国家礼仪重要的一部分，是宗庙社稷之事不可或缺的成分。[1]将雅乐仅仅视作仪式上的背景音乐其实是低估了它的重要性，雅乐本身就是天地同和的一个体现，是至治之世的一个重要表征。所以，对于掌社稷者来说，作乐本身就是彰显、巩固天命的一个手段。[2]北宋两百年间经历了六次乐制改革，不少变革的主持者都是因为懂乐理而被破格提拔的低层官僚。[3]而在这六次改革里，当朝皇帝都亲自接见主事者。毫无疑问，雅乐的这种政治意义为不少有志功名的士人提供了一条独辟蹊径的进取之路。

青年时代的沈括也开始考虑以音乐为进身之道。1050 年代，阮逸和胡瑗发起了有宋一代最大规模的乐制改革，[4]而与此同时，沈括正偏居帝国一隅，撰写他自己版本的《乐论》。书成之后，沈括进呈给一系列当

---

1 有关宋代雅乐的系统性介绍，见杨荫浏：《中国古代音乐史稿》，北京：人民音乐出版社，2004 年，380—405 页。

2 钱德梁（Erica Fox Brindley）在上古的语境中详细讨论了雅乐的宇宙论意义，其中不少理念由于其延续性依然适用于宋代。见 Brindley, *Music, Cosmology, and the Politics of Harmony in Early China* (Albany：State University of New York Press, 2013), 25–85 页。

3 有关北宋六次雅乐改革的系统研究，见胡劲茵：《从大安到大晟》，中山大学博士论文，2010 年；以及 Joseph S. C. Lam, "Huizong's Dashengyue, a Musical Performance of Emperorship and Officialdom," in *Emperor Huizong and Late Northern Song China：The Politics of Culture and the Culture of Politics*, ed. Patricia Buckley Ebrey and Maggie Bickford (Cambridge, MA：Harvard University Asia Center, 2006), 418–427。

4 《宋史》卷 79《律历志》，2960—2962 页。

朝要员，比如欧阳修、孙奭和蔡襄。[1]沈括意欲以乐理专长谋求升迁的愿望是很明确的。

《乐论》久已亡佚，今人只能通过历史书目略知其内容。根据《宋史·艺文志》，此书有《乐论》一卷、《乐器图》一卷、《三乐谱》一卷以及《乐律》一卷。[2]结合当时的背景，不难看出沈括作此书的意图就是期望能促成一场新的变革。北宋的六次乐制改革都以三个目的为核心：重定律准、重制乐器（以适应新律准），以及重作乐谱。[3]沈括《乐论》的几部分完全是扣准这几个主要任务的。

沈括着眼实践的迫切愿望与他爱物的视角是相辅相成的。因为雅乐的政治分量，大部分的士人多少都能在科场文字或者文书奏表中就这个话题发表一下宏论。但是沈括是真正关心制乐实践的，他对其"物"性的关注很明确：乐器的轻重、厚薄、长短，律准的高低，以及曲调的起承转合。他试图向当朝权威证明的也是自己动手、将林林总总之物协调到一个新的乐制体系中去的实操能力。

1　沈括：《上欧阳参政书》，《长兴集》，卷19，6页A—7页A；《与孙侍讲论乐书》，《长兴集》，卷20，3页A—4页A；《与蔡内翰论乐书》，《长兴集》，卷20，1—2页。

2　《宋史》卷202《艺文志》，5054页。王应麟认为此书当是《笔谈》中"乐律"一章的前身，见王应麟：《玉海》，南京：江苏古籍出版社；上海：上海书店，1987年，卷7，30页。但是沈括在《笔谈》中频频提到自己不愿赘述早年已经写过的内容（比如《笔谈》，103条，卷5，48页），所以笔者认为不宜轻易将他早年的著作和《笔谈》中类似的讨论相等同。

3　见胡劲茵在《从大安到大晟》中的研究。

沈括这种重物的倾向在进呈文书中体现得很明显。在给蔡襄的表中，他将雅乐的历史以物之流布的形式回溯出来。比如，他用枚举乐名的方式来追忆礼乐之盛世——西周，譬如《清庙》、《大明》、《武》、《象》、《南》、《矞》、《鱼丽》、《鹿鸣》、《关雎》以及《狸首》。他在描述盛世将衰时，又以乐工"抱其乐器"而离散的情景来说明。[1] 在给欧阳修的表中，他特别强调了物和制物在作乐中的重要性；"技巧器械、大小尺寸、黑黄苍赤"等种种物性不可或缺，而"百工、群有司、市井田野之人"这些造物人因此格外重要。[2] 而这也正是沈括自己意欲参与的重点所在。

《乐论》完成数年之后，沈括进士及第，立马获得了擢升，所以他最终并未用上制乐进官这条捷径。无论如何，沈括在为吏十年间的苦学终于为他带来了回报。在生活逐日缓和之时，他并没有忘记曾经艰难的岁月。他在职场起飞之后进一步深化了自己的爱物之心。下一章将详述他的这一段经历。

---

1 沈括：《与蔡内翰论乐书》，《长兴集》，卷20，1页A—1页B。
2 沈括：《上欧阳参政书》，《长兴集》，卷19，7页A。

第三章　步量于世

　　1063 年，沈括以苏州籍贯及进士第；[1]三十出头的他再一次站在了汴京壮美的城门前，而这一次，他靠的是自己的努力。在 1063 到 1075 这十余年间，沈括在京都任职于不同部门，从馆阁文士一直做到当朝要员。在这个人生的新阶段，他终于回到了魂牵梦萦的有尊严的士人生活，而在底层行政中磨炼出的技能和心态也让他在回归之时有了新的感受与展望。在这十年中，沈括主持了一系列测量工程，丈量堤坝、观测星度以及划分国土疆边界，故本章命名为"步量于世"。沈括能够完成这些工程，无疑是与他爱物又长于闻见相关的。本章首先介绍沈括在皇家馆阁中的经历，这是他迅速扩大社交圈和知识面的一个关键时期。随后，笔者将介绍他在治水利、掌司天监以及习边事三方面的工作。本章将着重考察沈括与测量相关的工作，他在同时期所作的一些其他工作将在第五章作为王安石新政的一部分来讨论。

1《钱塘县志》，《中国方志丛书》，台北：成文出版社，1976 年，401 页。

跃升馆阁

沈括在中进士后的第三年，凭着新获的出身、广阔之交游以及少许幸运，迎来了自己职业上的第一个小高峰——以新晋进士的身份出任扬州司理参军。彼时的扬州是一个生机盎然的机遇之地，它"节制淮南十一郡"，是淮南路的枢纽核心；[1]它同时也是联结帝国南北的中枢，是一个供给汴京的重要转运口岸。所以，扬州之于本路与天下都是举足轻重的。正如沈括自己所目睹，经扬州转运之供给"舟船南北，日夜灌输京师者，居天下十之七"[2]，其繁忙景象令人振奋。

沈括在扬州也遇到了一个改变他人生轨迹的重要人物：时任淮南转运使的张蒭。沈括第一次去拜访张蒭，两人就一见如故，"坐语终日"[3]。沈张二人有许多共通之处，譬如青年时代都经历过困苦挣扎，都对进学致知有强烈兴趣，且均在农事和财政上颇有才能。于是二人迅速建立了师友关系；"执手把衣袂，待以友朋"，亲密有加。[4]作为路一级的官员，张蒭有资格推荐青年官僚入京，且他自己做过十年的集贤修撰，于是推荐沈括进入昭文馆校书。[5]集贤院、昭文馆（以及秘阁与史馆）都是作为

---

1 沈括：《扬州重修平山堂记》，《长兴集》，卷21，5页B。

2 同上。

3 沈括：《张公墓志铭》，《长兴集》，卷29，8页B。

4 沈括：《祭张谏议文》，《永乐大典》，卷14046，16页A。

5 沈括：《张公墓志铭》，《长兴集》，卷29，9页A。

中央图书馆的馆阁的组成部分。[1]沈括就职昭文馆后第四年，张蒭将女儿嫁给了他[2]。沈括的原配在 1060 年代就已过世，他于是欣然再娶。

张家也是世代官仕的背景。据张蒭的自述，他的祖父是早年宋辽交战中代表宋朝冒死斡旋谈判的英雄人物。[3]而张蒭本人也是相当有成就的官僚。他和沈括相遇时，掌管的是从淮南向京城运输米粮的要务。在沈括娶张氏之后的十二年间，张蒭历任盐铁副使以及开封地区数个州的知州，转辗各地，持续发挥治理钱粮的才干。[4]1160 年代中到 1170 中这十年是沈括的事业关键期，而他的岳丈在开封以及周边地区颇有势力，确实能给他一些助力。除了沈括之外，张蒭另有四名女婿在朝中任职，其中有国子博士章元方和陕西转运使李稷。[5]这些姻亲都成为了沈括事业新扩张重要的人际基础。

1066 年，沈括入职皇家馆阁，这是他职业生涯的一次飞跃。宋代的

---

1 李更：《宋代馆阁校勘研究》，48 页。

2 沈括：《张公墓志铭》，《长兴集》，卷 29，10 页 A。

3 沈括：《张中允墓志铭》，《长兴集》，卷 25，2 页 B—4 页 A。此战役之后宋辽即缔结了著名的"澶渊之盟"。这段叙述是沈括为张蒭的父亲张牧所写。彼时张蒭已经有四位女婿，但是他将此重任交给了沈括，可见翁婿二人关系的紧密。

4 沈括：《祭张谏议文》，《永乐大典》，卷 14046，16 页 A；《张公墓志铭》，《长兴集》，卷 29，9 页 A。

5 沈括娶张氏时有三位连襟，张蒭去世前增加到了四位。沈括：《张中允墓志铭》，《长兴集》，卷 25，4 页 B；《张公墓志铭》，《长兴集》，卷 29，10 页 B。沈括在两个不同时段撰写的墓志里提到了当时几位连襟的官职，此处从较晚的记录，《张公墓志铭》，《长兴集》，卷 29，10 页 B。

馆阁位于皇城的核心地带，宋太宗将其选址在大庆门附近，由工匠们精心设计打造了一组美轮美奂的建筑，门上朱漆金钉，壁上龙凤飞云，为每一个由正门进入皇城的人所欣仰。[1]而馆阁之内皇家藏书的规模也在逐年扩展。沈括就职之时，馆藏已经超过三万六千多卷。[2]

沈括在馆阁内逐年稳步升迁，起初在昭文馆任编校，后升馆阁校勘，之后充史馆检讨，而后又迁集贤校理。在宋代，馆阁内的工作分配其实是非常宽松的。除了核心的管理职位，大部分校书的职位其实都不是常规任命的实务，而是所谓的"贴职"，是一种奖励人才的荣誉。所以，不少馆阁任职的官员在馆内工作的时间和性质都比较灵活，在校什么书的问题上，他们也有不少选择的自由。[3]

这种自由宽松当然令沈括欢欣鼓舞。帝国最庞大的图书馆藏给了他徜徉书海、广涉博览的机会，而身处京城又让他数次抓住机遇学以致用。比如，沈在1071和1072年间主持了南郊礼的改革，并将成果汇总成了一部新的礼典。[4]改革礼制要求他充分熟悉上古和前代的典故，而朝

---

1 笔者以傅熹年所作地图来复原馆阁当时的位置，见傅熹年：《山西省繁峙县岩山寺南殿金代壁画所绘建筑的初步分析》，载《中国古代建筑十论》，上海：复旦大学出版社，2004年，266页。装饰细节见孟元老著、伊永文笺注：《东京梦华录笺注》，北京：中华书局，2006年，卷1，40页。

2 《宋史》卷202《艺文志》，5032页。

3 有关宋代馆阁任职的系统研究，见梅原郁：《宋代官僚制度研究》，京都：同朋舍，1985年，329—422页。

4 包伟民：《沈括事迹献疑六则》，杭州大学历史系宋史研究室编：《宋史研究集刊》，杭州：浙江古籍出版社，1986年，307—308页。

廷的藏书正为他提供了最好的知识储备。他也在1072年启动了一场历时六年的历法改革，而据沈括自述，他正是在馆阁任职期间因为校书而自学了星历知识。[1] 有宋一代，有关星历的书籍文献是禁止民间流通的，所以身处馆阁为沈括提供了接触这些材料的绝佳机会。[2]

沈括所享受到的自由与精神滋养与馆阁在宋代政治上的地位是息息相关的。从君主的角度来说，馆阁是他"聚书养贤"之地；[3] 这里的"贤"指的就是宰辅人才，而所谓的"养"则是以馆阁优渥的待遇以及丰富的藏书来培养这些未来的核心人才。相当一部分进入馆阁的士人随后都进入了权力高层。对于不少人来说，这些校书、校勘的工作有时是半职，有时甚至是虚职；他们不见得终日在馆内校书，而往往忙于其他治国事务。[4] 沈括的经历也正是如此。在进入馆阁几年之后，他就离开了幽静的藏书楼，奔忙在京城的四方；而皇家馆阁的头衔则一直跟随着他，那是一个当朝杰出文士的身份象征，预示这个年轻人可期的未来。

丈量汴河

在昭文馆供职期间，沈括奉命主持了数项与计量相关的工程。1072

---

1 《梦溪笔谈》，129条，卷7，58—59页。

2 有关宋代馆阁中的星历文献之系统研究，见董煜宇、关增建：《宋代的天文学文献管理》，《自然科学史研究》，23卷，4期，2004年，345—355页。

3 蔡絛：《铁围山丛谈》，北京：中华书局，1983年，卷1，15页。

4 李更：《宋代馆阁校勘研究》，49页。

年，他被任命前去疏浚汴河。汴河是北宋都城的命脉，它南通淮河，北接黄河，是开封地区物资运输的要道。[1]在沈括的时代，开封地区许多大小水道都注入汴河，所以其水量也十分可观。但汴河常年有淤塞的问题，尽管北宋政府早年也进行了一些清淤工作，但这个问题始终没有得到实质性的改善。神宗即位时，汴河已经有二十年未清理，而河床因为淤泥堆积已高出地面一丈二尺有余。[2]

王安石在 1070 年代掌权之后开始考虑重启汴河治理。他对所谓的"淤田法"产生了兴趣，即安装斗门将汴河的淤水导引至开封郊区用于灌溉农田。[3]这个计划如果能成功执行，就是既可清淤又能肥田的一石二鸟之举。王安石任命沈括来主持这项工程。[4]尽管现存史料对沈括的具体工作只有零星记载，很难看出全貌和成果，但是从这些记录中能看出，沈括对汴河的周遭环境进行了详细的勘查，做了周密的部署。他在淤田法工程上的投入为他接下来一系列的汴河建设工作做好了铺垫。

一个例子是沈括受命将都城西面的洛水改疏入汴河。为了实现这个目的，他需要测量上善门和泗州之间的地势高度差。上善门在汴京附近，而泗州是汴水入淮的河口，这两个地点之间相距 840 里 130 步（399.37

---

1 有关宋早期运河的系统研究，见全汉昇：《唐宋帝国与运河》，重庆：商务印书馆，1944 年，93—113 页。

2 《梦溪笔谈》，457 条，卷 25，175—176 页。

3 按照沈括的说法，淤田法唐代即有之。《梦溪笔谈》，429 条，卷 24，557 页。

4 李焘：《续资治通鉴长编》，北京：中华书局，2004 年，卷 238，5796 页。以下简称《续长编》。

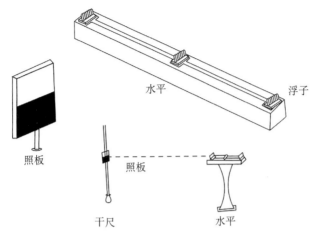

图二：水平，望尺（照板），干尺

（改绘于武汉水利电力学院《中国水利史稿》编写组：《中国水利史稿》，中册，北京：中国水利电力出版社，1987年，54页。绘制人：Kelly Maccioli）

公里），是一个不短的距离。而这两点之间的地势也高低不平，要实现准确的勘测不是易事。[1]沈括为了这个工程准备了水平、望尺以及干尺各一件。[2]如图二所示，水平由一条水槽和三个浮子组成；每一个浮子上都刻有立齿。当水平被放置在一个均平的表面上、并将水槽注满水之后，三

---

1 《梦溪笔谈》，457 条，卷25，176 页。宋代度量衡数值时有浮动，此处笔者取沈括自己的说法，换算成现代单位即 1 尺等同 31.68 厘米（以此类推，1 里=475.20米；1 步=158.40 厘米）。沈括的说法见《梦溪笔谈》，68 条，卷3，33 页。与现代数据的换算依据见吴慧：《宋元的度量衡》，《中国社会技术史研究》，1 期，1994 年，16—23，7 页。

2 《梦溪笔谈》，457 条，卷25，176 页。

个浮子的立齿上端在观测者的角度看来应该是平齐一线的。望尺是一块有手柄的长方形的照板。照板长 4 尺（1.27 米），以黑、白漆平分涂之。干尺是一把高两丈（6.34 米）、刻度精确到分（1000 分为一丈）的立尺。

在测量两地地势高低的过程中，这三件工具通常需要两名观测人员协作使用。观测员甲立好干尺，并手持望尺。观测员乙将水平安放在需要测量的地点 A，并保证其处在一个均平的平面上（三浮子平齐一线）。观测员甲于是逐渐调整望尺的位置，直到观测员乙能看到照板上的黑白分界线在干尺上的位置与水浮子形成的线重合，甲于是记下照板黑白分界线在干尺上所处的高度。这是第一轮测量的完成。随后，二人将三件工具移至 B 处，并重复以上过程，是为第二轮。两地得出的不同结果之差就是 A 和 B 之间的地势差别。[1]

上述的方法是一个常用的标准测量程序，它简单易操作，但是却不适用于沈括的洛水汴河工程。这个方法完全倚赖观测人员的视力，而上善门和泗州之间接近 400 公里的距离是无论如何也不可能靠裸眼完成的。所以，沈括对这个方法进行了灵活的改造。他在视察汴河的周边环境时，发现了不少过去修建堤坝时取土留下的沟渠，这些沟渠零散分布在汴河流域并与汴河相交。沈括逐一往这些沟渠中注水，并在每条渠中

---

1 以上方法叙述均来自于曾公亮、丁度：《武经总要》，《中国兵书集成》，3—5 册，北京：解放军出版社；沈阳：辽沈书社，1987 年，481—482 页。曾公亮与丁度的说法应来自于《太白阴经》。但是他们的文字描述与书中的配图不符，现代学者已经纠正他们的错误。

又筑一小拦水坝，所以就把它们变成了一系列蓄水池。这些蓄水池于是把 400 公里的距离分解成了许多小段，沈括然后分别测量每一段的地势差，最后总和起来就是需要的数据。这个结果的精确度超过了之前试过的诸种其他方法，为洛水汴河工程打下了坚实的基础。

步量苍穹

除了田圩河堤之外，沈括也将其丈量的视野投向了天空中的"物"。1072 年，沈括以在馆阁中勤恳学得的天文历法知识为依托，主持发起了一场历法改革。这场改历运动前后持续了六年，基本实现了他的两个主要目标：改造当时的天文历法主管机构，以及推出一部新历。与雅乐类似，历法是宋代一个变革频繁发生的领域。沈括推出的新历《奉元历》是九部宋历中的第六例。

在讨论沈括的具体工作之前，让笔者先澄清一下所谓的"改历"在古代中国语境中的具体含义。首先，常常被翻译为 calendar 的"历"，其实与该英文词汇的涵义颇有出入，中国古代的历其实是一个交食和行星位置的推算系统。[1]席文因此建议以"天文改革"来取代"历法改革"以

---

1 有关"历"之涵义的系统讨论，见 Nathan Sivin, *Granting the Seasons：The Chinese Astronomical Reform of 1280，with a Study of Its Many Dimensions and an Annotated Translation of Its Records*（New York：Springer，2008），38–40；以及 *The Foundations of Celestial Reckoning：Three Ancient Chinese Astronomical Systems*（Oxford：Taylor and Francis，2016），6–29。

避免翻译成现代语言之后可能造成的误解。[1]其二，中国传统的历法计算是一种代数计算法，而不是托勒密传统的几何计算法。其三，一部历法的准确性主要体现在它对交食的推算上。一个改历者通常需要搜集一些新的观测数据，再以这些数据来修正现有的计算法则。

当沈括 1072 年受命改革、兼提举司天监的时候，其实身处在巨大的政治漩涡中。彼时他已经是王安石新政的要员之一，而王安石正在与新政最强劲的异议者司马光争夺对天文历法的掌控权。沈括入主司天监自然体现的是王安石的胜利，而王若要乘胜追击，进一步深入对星历领域的控制，最好的方法莫过于发起一场改历运动，彻底除旧立新。[2]

在政治气氛剑拔弩张的同时，天文历法技术界内部也是挑战重重，人们对现行历法的批评不绝于耳。1068 年，因为现行的《明天历》在预报交食中出现严重误差，司天监只好启用一部老历《崇天历》，这显然是无奈之举，因为《崇天历》的准确性也很有问题。[3]一些现行的计算法则已经严重与时代脱节，比如朔法，使用的还是唐人一行的数据，几百

---

1 Sivin, *Granting the Seasons*, 39.

2 有关任命沈括的政治背景，见 Sun Xiaochun, "State and Science：Scientific Innovations in Northern Song China, 960–1127," PhD diss. (University of Pennsylvania, 2007), 62–63；以及董煜宇：《从〈奉元历〉改革看北宋天文管理的绩效》，《自然科学史研究》，27 卷，2 期，2008 年，205—206 页。

3 董煜宇：《从〈奉元历〉改革看北宋天文管理的绩效》，203—205 页。

年下来积累的误差已经很可观。[1]而在沈括看来，最亟须改革的是技术人员内部的玩忽职守。当时负责天文观测的机构其实有两家，一个是司天监下属的天文院，另一个则是翰林院下属的天文局。两局并存是宋廷有意为之的安排，希望它们可以互相校对以提高观测的准确性。[2]但事与愿违的是，两局历官反而互相抄袭观测结果。[3]沈括对此现象相当愤慨，他入职司天监后，曾因此免官六人，但是并未能根治舞弊行为。所以，一场深化的改革势在必行。

然而，沈括为这场改历运动选择的领军人物却充满了争议。他起用了卫朴，一个毫无官宦背景的平民，一个视力微弱（有可能已经失明）的民间星历爱好者。尽管如此，卫朴的历术却令沈括深深折服。据沈括称，卫朴的新法可以准确推算出《春秋》中所载的三十六次日食中的三十五次，相比之下，著名的唐代星历家一行才推出了二十九次。[4]卫朴因为视力微弱，所以主要依靠心算，"口诵乘除，不差一算"。他的助手

---

1 《梦溪笔谈》，116 条，卷 7，53 页。严敦杰认为"月法"事实上是"日法"之误，见严敦杰：《奉元历（复算）》，胡道静著，虞信棠、金良年编：《胡道静文集·沈括研究　科技史论》，167 页。

2 有关这两间机构的系统讨论，见 Sun Xiaochun and Han Yi, "The Northern Song State's Financial Support for Astronomy," *East Asian Science*, *Technology and Medicine* 38（2013）：19–20。

3 《梦溪笔谈》，149 条，卷 8，68 页。孙小淳认为此处沈括的批评也可能带有针对司马光旧党的偏见。见 Sun Xiaochun, "State and Science," 62–63。

4 《梦溪笔谈》，308 条，卷 18，130 页。当然了，沈括的赞誉之辞恐怕也带有夸张成分。

将历书逐行念给他听，他能听出计算错误并且立马纠正。卫朴以筹运算时，指法如飞，"人眼不能逐"，蔚为奇观。[1] 他所制的奉元历在沈括看来已经大大超过从古至今的各部历法，但是卫朴本人却认为它只体现了自己六七成的功力，待到新的观测数据到位之后，还可以继续精进。[2]

沈括改革的另一方面正是对整个观测系统的全面改造。在任职司天监期间，他向历官们反复重申观测的重要性，同时以身作则，计划在未来五年内系统地搜集观测数据以支持卫朴改进《奉元历》。为了这个五年计划，沈括重新设计打造了三件重要的天文观测仪器——浑仪、圭表和浮漏。他将自己的设计思路详细记录在了《浑仪议》、《景表议》和《浮漏议》这三篇长文之中。

首先是对浑仪的改造。浑仪是一种"象天之器"，主要用于演示天体的多重结构，比如黄道和赤道。沈括以唐代星历家李淳风的浑仪设计为基础、改良出了自己版本的新浑仪。[3]

沈的新浑仪有三重圆仪，这点与唐仪的结构是一致的。外层被沈

1 《梦溪笔谈》，308 条，卷 18，131 页；张耒：《明道杂志》，《全宋文》，第 2 编，7 册，郑州：大象出版社，2005 年，23 页。

2 《梦溪笔谈》，308 条，卷 18，131 页。

3 沈括对浑仪的发展史有一段基于他自身理解的陈述，见沈括：《浑仪议》，《长兴集》，卷 3，1 页 B—3 页 A。有关对这段陈述的讨论，见李志超：《〈浑仪议〉评注》，李志超：《天人古义——中国科学史论纲》，郑州：大象出版社，1998 年，195—210 页。李志超同时认为李淳风的浑仪在沈括的时代其实已经亡佚，所以沈括的重建应该是基于文本描述的。见李志超：《关于黄道游仪及熙宁浑仪的考证和复原》，《自然科学史研究》，1 期，1987 年。

括命名为"体"，包括了四层同心圈，即双层的经圈（子午圈以及穿过天顶和南北级的大圈）、一层纬圈（代表赤道平面的大圈）和一层纮圈（平设以象地体、标明东南西北的大圈）。四层铜圈层层环抱，固定在一个四角的趺之上。[1] 中层沈括称其为"象"，即代表天体纷繁万象的圈层，这一层的四重铜圈都是可以转动的。其中玑是一个经过冬至点和夏至点的双层圈，它可沿着南北极轴线旋转。黄道圈和赤道圈与玑圈相交，并可以分别绕着自己的圆心转动。黄道、赤道圈上均刻有刻度，并且这两个圈可以用铜钉在任意位置相连接。[2] 这个设计是为了照顾岁差（春分点退转）而做出的考虑。[3] 浑仪的最内层由所谓"玑衡"构成。[4] 衡是一个望筒，玑是一个南北极平面上的小圈。玑可以在子午面上旋转，而衡可以以玑的圆心为轴而转动。当观测者将望筒指向天空时，他能从浑仪上读出一些重要的数据，比如一个天体和天极之间的距离或者是它在黄、赤二道上的相对位置。

尽管基本结构相同，沈括的新浑仪与唐代的旧仪相比有了不少改

---

1 沈括：《浑仪制器》，《长兴集》，卷3，8 页B—9 页A。

2 现代读者需要留意的一点是早期和中古时代的"度"与现代西方意义上的度有系统上的不同，不能随意混淆。对古代中国星历中"度"的讨论，见Daniel Patrick Morgan, *Astral Sciences in Early Imperial China：Observation，Sagehood and Society* (Cambridge：Cambridge University Press，2017），82—85。对这个区别的忽视造成了现代学者对沈括星历工作的一些误读，下文将有具体事例讨论。

3 沈括：《浑仪制器》，《长兴集》，卷3，9 页A—9 页B。

4 沈括：《浑仪制器》，《长兴集》，卷3，9 页B—10 页A。

进。其中最重要的一个改良就是去除了所谓的白道环，即代表月球轨迹的铜环。李淳风版本的浑仪将白道环放在中层（与黄、赤道环在一重），而白道环和黄道环之间的关系无法固定，因为月球轨道和黄道的交点会定期退行。为此，李淳风不得不在黄道上钻了 249 个孔，这样才能每月调整白道环和黄道环的相联之处。[1]这个设计已经非常繁复，但依然无法准确地复原月球的运动轨迹。所以沈括干脆决定去掉了白道环，后代的浑仪沿袭了他的做法，再也没有复原过白道环。[2]

　　为了观测的精确，浑仪必须指向真北（即天球的北极），为此，沈括动了不少脑筋来确定真北精确的所在度，也就是他所谓的"天枢"的位置。对于裸眼观测者来说，天枢一般就是指北极星。北极星与天枢确实距离很近，但即使是从肉眼角度来说，这个近距离依然不是重合的。而且，这段距离还会随着地轴进动而变化。沈括注意到这个问题，是因为他发现极星有时会游离到（指向天枢的）望筒可视范围之外。他于是将望筒的直径加大到极星在三个月之内可以在窥管中"常见不隐"的程度。基于这个改造，沈也因此得出结论，认为极星和天枢的距离在三度左右。[3]

---

1 石云里：《中国古代科学技术史纲：天文卷》，沈阳：辽宁教育出版社，1997 年，169 页。

2 沈括：《浑仪议》，《长兴集》，卷 3，5 页 A—5 页 B；Sivin, "Shen Kua," 18。

3 《梦溪笔谈》，127 条，卷 7，57 页。有现代学者认为沈括这个结论是非常不精确的，因为现代计算的距离是 1.52 度。见李志超：《沈括的天文研究（二）：日食和星度》，《中国科学技术大学学报》，10 卷，1 期，1980 年，54 页。黄一农则指出，沈括的结果其实是相当精确的，只不过现代学者误将沈括时代所谓的度与现代的度数等同起来。见黄一农：《极星与古度考》，《清华学报》（新竹），22 卷，2 期，95—100 页。

为了更好地协助观测，沈括对望筒的结构也进行了适度改造。从前的窥管一般是两头均平的圆柱体，在沈括看来，这会导致"人目游动"而不能集中。他于是将圆柱改造为圆台，并"以勾股法求之"，圆台上面直径一度有半，下面直径三度。这样一来，则"人目不摇"而"所察自正"[1]。总的来说，沈括的新浑仪诞生于他对历史上的旧仪和观测技术的悉心考量，他的这个设计也因此而位列北宋的四大浑仪之一。[2]

浑仪改造完毕之后，沈括将工作重点转移到下一个观测仪器——圭表。圭表又名景表，是自上古就有的天文仪器，它的主要原理是以太阳影子的长度来判定季节。一尊圭表通常由两部分组成：一柄直立的杆（表）和一把与之垂直的、水平面的上的尺（圭）（见图三）。在日照之下，表的影子会投射在圭上。一般来说，一年中最短的表影出现在夏至，而最长的则在冬至。圭表原理简单也很好操作，不过它的测量精确度也确实欠佳，容易受到外界因素的影响，比如时间、地点、表的高度，以及天气情况。[3]

沈括对圭表的使用做出了一系列改良。他把一般来说室外使用的圭

---

1 沈括：《浑仪议》，《长兴集》，卷3，5页B；对其计算细节的讨论，见黄一农：《极星与古度考》，101—104页。

2 Joseph Needham and Wang Ling, *Science and Civilisation in China*, *Volume 3*: *Mathematics and the Sciences of the Heavens and the Earth*（Cambridge：Cambridge University Press，1995），352.

3 以上对圭表的简要介绍，见Needham and Wang, *Science and Civilisation in China*, vol. 3，284–294，以及Cullen, *Astronomy and Mathematics in Ancient China*，101–128。

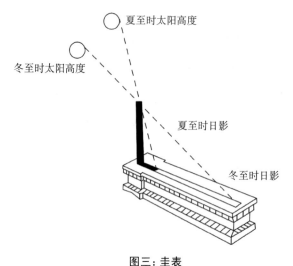

图三：圭表

（绘制人：Kelly Maccioli）

表移到一间密室中，让阳光从一条细缝透射进来，这条集中的光柱于是能在圭表上留下更加清晰的影像。他还发明了一种双表齐用的做法，就是给主表加一个副表，从而减小影响观测清晰度的半影。主表高 8 尺（2.53 米），这个高度的表影常常有可观的半影区间，令观测者很难精确地定位影端的位置。副表很短小，只有主表高度的二十分之一。沈括将副表放置在一个特定的位置，令其上端恰好与光柱相接，这个设计能有效地减少主表影的半影。[1]

　　和浑仪一样，圭表放置方向的精度对它的观测效果也是大有影响

1 沈括：《景表议》，《长兴集》，卷 3，13 页 A。笔者的介绍参考了陈美东：《中国科学技术史：天文学卷》，北京：科学出版社，2004 年，474 页；以及 Guan Yuzhen, "A New Interpretation of Shen Kuo's Ying Biao Yi," *Archive for History of Exact Sciences* 64.6 (2010)：716–717。

的，沈括非常重视这个问题。他提出了一个"三重圭表"的方法，主要用于精准地定位正南正北方向以更好地固定圭表的位置（见图四）。首先，操作者将三座高度两尺（0.63 米）的圭表G1、G2、G3 按南北大致方向一字排开。紧接着以G2 为圆心画一个大圈；在日出和日落时分，在圆圈上分别标出三座圭表的表影与圆圈的交点（共六个，A，B，C，D，E，F），然后将对称的点分别相联，得到三组直线AB、CD、EF。

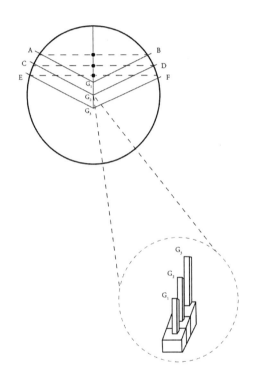

图四：三重圭表

（改绘于陈美东，《中国科学技术史：天文学卷》，北京：科学出版社，2003年，474页。绘制人：Kelly Maccioli）

随后，逐渐调整 G1-G2-G3 一线的方向直到 AG1 与 BG1、CG2 与 DG2、EG3 与 FG3、AC 与 BD、CE 与 DF 变得一致互相均等。此时，连接 G2 以及 AB、CD、EF 的中点的直线就是正南北指向。[1] 三重浑仪之法能测量出比单表更加精确的方向，而且也简单易行，不需要其他仪器的辅助，确实是一个巧思。[2]

沈括改良的最后一件仪器是浮漏。浮漏又称水钟，是一种依靠均一水流来计时的仪器。沈括的浮漏是李约瑟所定义的外流式（overflown）漏壶。[3] 如图五所示，该浮漏由四个主要部分组成。水流从壶 1 进入壶 2，由壶 3 过滤掉多余的流量，最后均衡地进入壶 4。壶 4 中有一支 100 刻的浮尺（100 刻即一天十二个时辰的时长），由这支浮尺读出的水面高度变化就是当时的时间。沈括为这座浮漏的每一部分都起了风雅的名字。1 号壶，即蓄水壶，是整个系统的源头，故名"求壶"；2 号壶承接

---

1 沈括：《景表议》，《长兴集》，卷 3，13 页 A。

2 有关三重圭表法的系统讨论，见陈美东：《中国科学技术史：天文学卷》，474 页；以及 Guan Yuzhen, "A New Interpretation of Shen Kuo's Ying Biao Yi," 707–719。

3 有关中国古代漏壶的简介和分类，见 Needham and Wang, *Science and Civilisation in China*, vol. 3, 315–329。数位现代学者试图复原沈括的浮漏仪，包括张家驹、李约瑟、陈美东以及李志超。有关这些复原之间的区别，见陈美东的总结，陈美东：《我国古代漏壶的理论与技术——沈括的〈浮漏议〉及其它》，《自然科学史研究》，1 期，1982 年，21—33 页。此处笔者采纳的是李志超的复原，见李志超：《〈浮漏议〉考释》，《中国科学技术大学学报》，6 期，1982 年，33—39 页。采纳李的理由，见华同旭：《中国漏刻》，合肥：安徽科学技术出版社，1991 年，193—196 页。

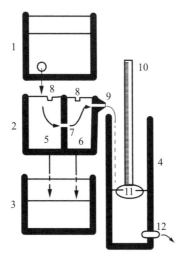

图五：浮漏

（改绘于李志超，《浮漏仪考释》，《中国科学技术大学学报增刊》，

6期，1982年：34页。绘制人：Kelly Maccioli）

1号，又分为左右两室，故曰"复壶"。4号壶是浮尺所在、显示时刻之处，所以叫"建壶"。3号壶以受不用之水，所以称为"废壶"。[1]

　　浮漏的精确与水流的稳定密切相关，所以沈括在这方面做了不少考虑。比如，他在复壶中隔开左右平行的两室，就是为了水流能从复壶均一地进入建壶。水流从复壶左室进入右室，所以沈将左室命名为"元"，

1　沈括：《浮漏议》，《长兴集》，卷3，10页A—10页B。

右室则是"介"。联通左右室水流的是隔离壁上的一个小孔，名为"达"；这个小孔将来自左室的水流一分为二，一半进入右室，另一则通过两道"枝渠"进入废壶。[1]沈括的这个设计是受启发于北宋早年的燕肃制作的莲花漏。[2]另一个稳定水流的设计是连接复壶和建壶的泄水管。沈括把这根管安装在复壶壁上较高处，约在壶口下一寸。如此一来，复壶内的水在进入建壶之前被迫走高，能有效率地实现水量减半，从而维持稳定。而且，出水口越高，受壶底沉淀物的影响越小，也是一个促进稳定的因素。沈括还在出水口中安置了一个"玉权"，也就是一个带孔的小塞子，从而进一步制约了水流的发散。除了在水流调整上的考量，沈括还做了不少其他小改进来增进精度。比如他建议用新作的圭表来校正浮漏的刻度，又比如他对铸造各个部件用的金属选择非常谨慎，不惜工本以黄金铸浮尺来保证其耐久性。[3]虽然沈括的设计并不是百分百都达到了预期的效果，但是他对细节的着眼和反复试验的耐心是可圈可点的。

尽管沈括在人力和仪器上做了大量细致的准备，《奉元历》投入使用前后却只持续了三年左右的时间。该历在1076年正式颁行后不久，便不幸遭受了误测月食的滑铁卢。可供研究《奉元历》的史料极度匮乏，现存信息仅对它的两个参数——积年和日法——略有记录，清代学者李锐就此做了一些有限的复原工作（复原细节见附录二）。今天的学

---

1 沈括：《浮漏议》，《长兴集》，卷3，10页B。
2 见华同旭：《中国漏刻》，84页。
3 以上设计细节，见沈括：《浮漏议》，《长兴集》，卷3，10页B—12页A。

者很难就这些有限的材料来全面评估《奉元历》在技术上的优劣。公允地猜测，《奉元历》的失败更可能源自政治干扰而不是技术原因。该历法的计算系统当然是有一些瑕疵的，沈括对此非常明确，但也大有无奈之处。他理想中的计划是先用新造的仪器完成五年的观测计划，然后以新数据来校正历法的计算系统。但是现实中他不得不因为时间的紧迫而妥协。1072年沈括受命改历，1074年他才完成仪器改造，而1075年他就颁布了新历。也就是说，沈括几乎完全没有机会在《奉元历》中使用新的观测数据。[1]在这个局面下，沈括还是将观测项目坚持了下来，并在1077年结项。可惜因为政治上的变化，他永远地失去了将这批数据整合入奉元新历的机会。[2]

人事上的纠纷从一开始就困扰着沈括和他的改历运动。司天监的官员们对卫朴这个外来草根人士敌意很深，"群沮之"且"屡起大狱"。1075年，他们终于成功地将卫朴逐出了司天监。[3]两年之后，沈括历尽艰难完成了观测工程，终于可以将新数据用于修正《奉元历》，他于是请求神宗再诏卫朴入京协作。神宗答应了他的要求，不过这次，沈括和卫朴的合作几乎丧失了一切外在支持，而且必须更加紧迫地完成。[4]他们努力做出了一些小的改进，但同时不幸又引发了一起争议。他们认为时下计算的岁首有误，建议将当年的新年向前推一个月；这个改变当然

1 董煜宇：《从〈奉元历〉改革看北宋天文管理的绩效》，208页。

2 《续长编》，卷272，6667页以及卷287，7032页。

3 《梦溪笔谈》，148条，卷8，67—68页。

4 《续长编》，卷287，7032页。

会大面积影响公众，所以他们以景表做了一个公开的实验，以证明这个决定有理有据，是符合太阳运动规律的。根据沈括的自述，实验虽然成功，但整个过程中他们承受了很多批评和压力。[1]此后不久，沈括就因为别的政治原因被弹劾（见第六章）。失去了保护的卫朴于是再一次被驱逐出京，而《奉元历》也被永久废除了。[2]

尽管沈括的改历黯然收场，但是这场运动从侧面说明他的政治能量在 1075 年左右是相当可观的。他主持设计了作为国家重器的天文仪器，又颁布了一部关乎天下民生的历法，无论成败与否，这些委任无疑都是沈括处于职业上升期的重要体现。

揆量边塞

沈括之爱物以及他在计数测量上的天分为他赢得了官僚生涯中的最高奖赏：皇帝的信任和青睐。1075 年，宋神宗委任沈括处理宋朝与辽国之间的边境争议。尽管此次任命与他之前的工作性质颇有不同，但对沈括来说，这同样是一次运用他计量头脑的机会，而且这一次，他获得了更加深入地参与帝国政治的难得机遇。

宋辽边界问题起源于中古时代东亚特殊的地缘政治。宋代自建国以来的最大困扰莫过于未能继承唐代的全部疆域，从而被迫承认数个实力

1《梦溪笔谈》，116 条，卷 7，53 页。

2《续长编》，卷 287，7032 页。

强劲的邻国对北方地区的统治。契丹辽朝就是北宋最忌惮的北方邻国。整个北宋时期的政治事实上都被笼罩在宋辽关系的阴影之下，无论是军事摩擦还是和平外交，都是北宋政府不得不打起十二分精神来处理的焦点问题。所以，对宋代皇帝而言，处理辽国的事务必须交给他相当信任的官员。

沈括在馆阁任职的这几年正逢宋辽边境的又一次危机。1074 年与 1075 年之间，辽朝两次遣使来宋，指责宋朝有违前约，入侵边境上的蔚州、应州和朔州，要求重新划分地界。与此同时，大量的辽军也开始在边境上集结。神宗忧心和平不保，决定选派一个有能力的官员主持谈判，在反复考虑之后，他选中了沈括。

就当时的情况看来，辽对宋所提出的地界要求中最大的挑战其实是条款中有意为之的含糊其辞。辽使萧禧坚持两国应以"分水岭"为界，但却不明言分水岭究竟指的何处。分水岭，顾名思义，可以是任何分水之山脊，所以即使在同一条河道中也可以有数处不同的分水岭。沈括接手之后的重点就在于破解这个说法，才可以有依有据与辽朝谈判。他于是详细地勘查了宋辽边境地区，找到了四处分水岭，其中有三处与现有的宋辽边境相当接近，宋朝承认这三个其中的任何一个都不会造成很大的领土损失。而第四个由黄嵬山形成的分水岭却是一个问题。对宋神宗来说，将边界划在黄嵬山脚下是可以接受的，但是如果划在黄嵬山分水之处，那新的边界就向南（宋方向）深入了三十里（14.36 公里）。这对宋朝来说就是不能接受的领土损失了。

所以，当沈括以回谢辽国使的身份出使辽朝继续谈判时，他的目标是很明确的，就是要保护黄嵬山下这三十里的土地。到了辽地之后，沈括与辽臣公开谈判数轮，听者逾千，而他据理力争，最终赢得了想要的结果。对此次谈判现存唯一的记录就是沈括的自述，这个叙述立场可能会使该史料的客观性略打折扣，但他的自述还是可以体现一些其本人行事方法的重点，比如，他对证据的极度重视。在一次辩论中，双方（在沈括的记录中）来回使用了"照证"这个词十一次，其中六次来自于沈括的诘问。沈括与辽方代表杨益戒和梁颖有如下一番对话：

> 臣括答云："不委北朝有何文字照证？"颖云："南朝有何照证？"臣括答云："南朝收得北朝照证甚多，亦有十年前照证，亦有今年照证，亦有州县照证，亦有圣旨照证。且说最先北朝重熙十一年，北朝差教练使王守源、副巡检张永、句印官曹文秀，南朝差阳武寨都监翟殿直、崞县令教练使吴岊同行定夺，以黄嵬大山脚下为界，自后顺义军累有公牒，皆称黄嵬大山脚下为界，岂不分白！"[1]

此番对话中，沈的发言的确难以反驳，而这与他步步为营、全方位呈现"照证"的周密准备当然不无关系。

本章中讨论的三个测量工程语境各异，涉及到一系列互不相同的专业技艺。然而，这些不同却汇集到了同一个人身上，且体现了他一个

---

1 《续长编》，卷 265，6499 页。

持之以恒的知识立场：对物体和事体细致入微的闻见观察。在汴河工程中，沈括悉心考察汴水流域的地貌特征；而在他的改历运动中，他将星象观测作为整个工程的核心处理。沈在宋辽边境谈判中的胜利来自于他——考察该地区的每一个分水岭。沈括对闻见之知的依赖逐日加深，而他在知识立场上也呈现出一些有趣的倾向，譬如他对事物个体化的兴趣。在接下来的一章，笔者将详尽地分析这一点。

第四章　个体之物

在奔忙于测量世界的十年里，沈括深深沉浸在他的所闻所见之中：蜿蜒的河岸、斗拱的苍穹，以及边地上一望无际的苍茫山脉。在这十年里，沈括以闻见为倚，卓有成效地探索着天地之间广袤无垠的所在。在丈量世界表面的同时，沈括也时有思索这个世界更幽深的秩序所在。在他看来，这两种对世界的探索绝不是互相对立的，但是也常常互不吻合，需要仔细思量。沈括游弋在闻见之知和深层秩序之间，但他的认知立场始终优先考虑前者，以前者提供的认知向导为准绳。沈括的这种知识实践凸显了一个重要的论题，就是物的"个体化"（individuation），也是本章将要详细展开的重点。

本章起始，笔者将结合本书已讨论的认识论问题，先定义何为个体化。接下来的三小节则重点探究"数"这个概念以及它在存有论和认识论上的意义。在澄清概念的基础上，笔者将以沈括分离物与数的知识实践为例，更具体地讨论个体化的含义。本章的最后一节将讨论物的个体化在沈括的思想世界里的另一个具体发散，也就是他对物的"再现"（representation）的看法。

物的个体化

个体化这个概念与笔者在第二章中提到的物的二重性是紧密联系的。[1]一件物体/事体，一方面是一个可以靠自身特征辨识的个体，另一方面也标记和摄持某个大秩序中的一个所在。这个大秩序可以是道、数、象等真际次第，而一个物的所在则由这些大秩序中的特定规则所界定。从第二个角度来看，一件物体/事体正可以比喻为"网中一结"（knot in a net of relations）。

个体化一件物体/事体意味着强调它的独立存在，并从某种意义上说，将该物从界定它所在的大秩序中释放出来。物的两重性与闻见/德性双重认知相关联，在这个框架中，个体化又与认知者对闻见的偏爱息息相关，因为物的个体化特征常常是可闻可见的。本章将讨论沈括是如何在数的语境里考虑和执行个体化这个过程的，即他是如何将物从数理关系中个体化出来的。

笔者采用个体化这个概念作为阐释闻见之知的工具，一个重要的原因是想避免一些受现代/欧洲认知传统造成的常见误解。第二章中已经提到，对物的所由所在的探索与对它的个体特征的感知之间不是互相排斥的。强调这个不可分离性是因为物的两重性并不意味着它的两个层面

---

1 有关在古代中国思想语境中定义"个体化"这一概念，笔者受到 Franklin Perkins 的启发，见 Franklin, "What Is a Thing (wu) ?" in *Chinese Metaphysics and Its Problems*, ed. Chenyang Li and Franklin Perkins (Cambridge：Cambridge University Press，2015)，54–68。

被隔离在两个不同的存有范畴（ontological realm）中，即，物的闻见特征和它在大秩序的所在所由是相耦、互渗在同一个存有范畴中的。个体化这个过程纵然是将物从关联性网络中释放出来，但这个过程在存有论上并不意味着从超越世界向经验世界的转移（现代意义上的超越和经验常常被认为是两个彼此隔离的存有范畴）。

本书对个体化的讨论也能解答一个针对中国历史进程的具体问题：如果沈括真的是一个闻见之家，那么为什么他不直接真实无碍地观察自然，反而还会涉猎阴阳五行这样的"迷信"？这个问题还可以放大到汉宋之别：为什么一个宋代的经验主义者还在俨然已经过时的、备受批判的汉代阴阳家学说中纠缠？笔者将力图以个体化为框架提供一个力求历史性、准确性的答案。

数

在讨论沈括将物从数中个体化出来之前，一个关键的问题当然是：数究竟指的是什么？一个确凿的定义是讨论数物关系的必要基础。对沈括来说，数既不是迷信，也不是一种抽象的理论。在他的世界里，数是一种真际，这是一个非常重要的前提，也是对现代读者的一个提醒：数和物之间的关系，并不是现代意义上的理论和经验之间的二分。所以，要定义把物从数中个体化出来的这个过程，并不是现代读者想象中那么简单。

数这个系统源远流长，自上古即有之。笔者将从三方面阐明它的定义：功用、要素，以及基本的运行法则。数指的是数理关系，这些关系是宇宙真际的一种结构，而这个结构的主要功用就是以数字来表达世界的可分性。换言之，世界的深层真际是可以通过数理关系来辨识的。最著名的数理关系当然是阴阳五行。阴阳是一往一来的一对"二"，而五行则是金、木、水、火、土相生相克的一列"五"。数的最基本的运行法则就是所谓的同类感应，笔者将在讨论完具体例子之后最后回归到这个法则。

从上古到宋代，与数相关的论著汗牛充栋。现代人似乎习惯性地认为数是一种晦涩的小道末流，往往与卜筮相关。其实不然，数这个系统是很多不同思想背后的理论基础，比较明显的当然是历法和医学这样的技术领域，但它与政治、道德哲学同样息息相关。对于后者而言，有些思想家以数为主要框架，有些则以其为辅助工具。最著名的一个例子就是邵雍。他力图以数理结构来划分和理解整个宇宙，所以他的思想常常被认为是术数之学。但是邵雍的最终用意事实上是着力于厘清道德秩序，因为道德秩序本来就是宇宙的终极秩序的从辅。[1]所以现代语境下对术数以及政治/道德的严格区分，在数这个传统里本来是不存在的。

从这个角度来讲，数的存在非常普遍，确实不是少数术数家手里掌握的奇门邪术。宋人几乎人人言数，因为阴阳五行是"描述宇宙秩序的基本语法"[2]。懂数的不仅仅是邵雍、周敦颐以及张载这些著名的易学家，也包括王安石这样似乎不问术数的人。闻见之家沈括事实上也对数有着很深的兴趣和造诣，数理是他知识实践中非常重要的一个背景，值得系

1　Wyatt, *The Recluse of Loyang*.

2　Brook Ziporyn语，为Skonicki引用，Skonicki, "Cosmos, State, and Society," 17。

统研究。

要理解宋代思想中的数，首先必须对它的存有性质有正确的把握。在现代人看来，数当然是一种抽象的建构，但是它在宋代的思想世界里被理解为一种真际。对绝大多数宋人来说，阴阳五行就是一种基本的真际结构，不是什么可以质疑的理论。以下，笔者将以阴阳为例来详细解说这个哲学问题。

何谓阴阳

阴阳究竟是什么？作为一个概念，它描述的是一个对耦的关系，是一个事物和另一个事物之间相反、相辅、相依存的关系。有学者认为阴阳即是数学中的变量x和y，或者"此"与"彼"，从这个意义上来说，阴阳就是一个"用以组织收纳的概念"（organizational concept）。[1]以著名的《淮南子·天文训》中对阴阳的解释为例：

> 毛羽者，飞行之类也，故属于阳；介鳞者，蛰伏之类也，故属于阴。日者阳之主也，是故春夏则群兽除，日至而麋鹿解。月者阴之宗也，是以月虚而鱼脑减，月死而蠃蛖膲。[2]

---

1 Nathan Sivin, *Traditional Medicine in Contemporary China*, 61；Hall and Ames, *Thinking from the Han*, 124；Wang, "Yinyang Narrative of Reality," 21.

2 《淮南子校释》，北京：北京大学出版社，1997年，卷3，246页。

这则材料中所提到的几个具体的阴阳例子里，毛羽者和介鳞者之间显然有飞高与走低的对比。而日与月则是相反（日明而月朦）以及相辅（日月交替）的关系。

以上学者的意见都是合理的，但是并不全面，必须加上一个对阴阳存有性质的说明作为前提。简单地说，阴阳是物质真际的一部分，这一点是把它比作一个变量或者抽象的逻辑关系所不能表达的。笔者以下将以"阴阳不是什么"的排除法来说明它们的性质。尤其需要强调的是，阴阳其实不符合任何欧洲传统定义中的"共相"（universals），这一点可能是现代读者面临的最大陷阱。

因为本书的主角是一位中古中国的思想家，那么笔者就以中古欧洲的经院哲学对共相的讨论来作为对比。经院哲学中有所谓"先物之共相"（*universalia ante rem*）以及"后物之共相"（*universalia post rem*）。[1]

1　Alessandro D. Conti, "Realism," in *The Cambridge History of Medieval Philosophy*, ed. Robert Pasnau (Cambridge：Cambridge University Press, 2009), 649. 此组概念中还有一个 *universalia in re*（物中共相），因为与本书的讨论不甚相关，笔者略去以保持行文简洁。有关中古欧洲思想中对共相的基本观点，见Conti, "Realism,"以及 Joël Biard, "Nominalism in the Late Middle Ages," in *The Cambridge History of Medieval Philosophy*, edited by Robert Pasnau (Cambridge：Cambridge University Press, 2009), 661–673. 笔者的基本立场是，像阴阳这样的中国概念，既不是西方所谓的唯实主义（realism），也不是唯名主义（nominalism）。这一点Ziporyn有详细论述，见Ziporyn, *Ironies of Oneness and Difference：Coherence in Early Chinese Thought*；*Prolegomena to the Study of Li* (Albany：State University of New York Press, 2013), 1–88.

先物之共相的一个著名例子就是柏拉图的"形式"（forms）。[1]柏氏所谓的形式就是具体事物的共有原型（universal archetypes）；世间万物的殊相就是来源于这些原型。正因为这个源与流的关系，柏氏的形式被称为是"先"物之共相。比如，"光明"（brightness）就是一种原型，当它作用在物质上时，就产生了种种不同的有光的事物，比如太阳。相比之下，阴阳并不是柏拉图这种至臻永恒的形式的原型；它们也不存有于一个超越世间殊相的、不变的抽象空间里。在《淮南子》的例子里，阳并不是太阳的原型，而且阳和太阳之间也并无存有空间上的差别。尽管在第二章所讨论的宇宙生发论中，阴阳（作为数的一部分）确实出现在万物之前，但是这个所谓的时间差别其实是一个存有次第的比喻，比较的是其"根本性"（fundamentality，或曰与道之间的距离）。这个根本性的区别是一个微弱的存有论区分（weak ontological distinction），也就是说，这个区分并不意味着阳和太阳之间是超越和内有（immanence）的关系。

而阴阳也不是后物之共相。后物之共相是一个从具体现象中演绎出来的概念。比如，光明可以是一个基于所有发光体的抽象概念；具体的发光事物促成了这个概念的产生。在这个例子里，后物之共相其实是人脑的产物。但是，阳并不是基于太阳和毛羽者这些具体事物而衍生的抽象概念；阳的存在也不倚赖人的思维。阴阳当然可以被比作是x和y这样的变量，但就历史人物们当时的理解，阴阳并不是为了方便人类思考推

---

1 有关柏氏的形式之定义，见Mary Louise Gill，"Problems for Forms，"in *A Companion to Plato*，ed. Hugh H. Benson（Oxford：Blackwell，2006），184–198。

理而制造出来的符号。

　　阴阳与欧洲传统中的共相另一个重要的区别在于前者指代的是关联性，而后者多指代事物的实体或者本质。譬如，以毛羽者和介鳞者这一对为例，一头鹿生有皮毛，所以属阳，但是切不可认为阳就是鹿的本质属性。当鹿与龟组合为一对阴阳时，龟属介鳞，是阴，所以鹿相对于龟是阳。但在另一个不同的配对里，阴阳属性可能就完全变了。比如，苏轼曾在医方中提到鹿为阳，麋鹿为阴。[1]在这组关系里，鹿和麋鹿都生有皮毛，但是他们相对彼此却有一组不同的阴阳关系。所以，阳并不是长有毛羽的动物的固定属性，也更加不是他们的本质。

　　阴阳侧重的是关联性，换句话说，它描述的是互相关联（interdependent）的万物之变。回到《淮南子》的例子，太阳和毛羽者属阳这个设定解释了为什么鹿会在春夏脱毛而在冬至解角。春夏之季，太阳的运动轨迹日益走高，日光变长，鹿毛则先逐渐增厚然后开始脱落。到了冬至，太阳的轨迹落回低点，日光也缩减至最短，鹿于是开始甩掉鹿角。在太阳和鹿之间有一种真实不虚（但是无法直接目睹）的互相作用，因为它们在各自的关系里分别属阳、以阳性而互动。这两件同属阳的事物就是所谓的"同类"，而它们之间的互相作用就构成了所谓的"同类感应"。[2]

1　为李时珍引用，《本草纲目》，卷51，1869页。

2　同类感应这个概念学者多有讨论，比较新的一个研究见Robin R. Wang, *Yinyang：The Way of Heaven and Earth in Chinese Thought and Culture* (Cambridge：Cambridge University Press, 2012), 83–96。对各路讨论的综述，见Michael Nylan, "Yin-yang, Five Phases, and *qi*," in *China's Early Empires：A Re-appraisal*, （转下页）

为了能清晰地解释沈括所面临的问题，除了阴阳之外，笔者还需要厘清另一个基本概念——气。自汉代而始，所谓的阴阳关系一般都是以气为依托的。气是一个现代语言几乎无法翻译的概念，因为它跨越了现代思想中惯常使用的几种存有模式。比如它既是宇宙真际的质地（texture），又是它的动态（dynamics）。卡普切克（Ted Kaptchuk）曾经贴切地描述到："气是一种中间状态，它是物质几乎要变成能量，又是能量几乎要凝结为物质。"[1]自汉代开始，"阴气"和"阳气"这样的新兴词汇意味着气（作为一个概念）成为了阴阳关系新的诠释结构：天地之间的阴阳正是"蓬勃流动的能量，也是宇宙生生的体现"[2]。正如《春秋繁露》有云："天地之阴气起，而人之阴气应之而起，人之阴气起，天地之阴气亦宜应之而起，其道一也。"[3]当气和阴阳这两组概念互相结合之后，物体之间的"感应"就变成了气的作用。所以，气为同类感应提供了一个统一的物质基础，并且在某种程度上，凸显了同类感应作为一种经验的物质性。

综上所述，阴阳是一种真实不虚、经验性的存在；这个性质不仅限于阴阳，也适用于其他数理关系（以及数的整个群体）。所谓的"真实

（接上页）edited by Michael Nylan and Michael Loewe（Cambridge：Cambridge University Press，2010），410–414。

1 Kaptchuk，*The Web That Has No Weaver*，43.

2 Wang，*Yinyang*，61.

3 董仲舒著、苏舆撰、钟哲点校：《春秋繁露义证》，北京：中华书局，1992 年，卷57，360 页。

不虚"，一来指的是存有空间的一致性，即阴阳与万物一样栖息在物质世界里，并没有自己专属的超越空间。其次，就它的历史定义而言，阴阳不是一个倚赖人类思维而存在的抽象概念；它代表的是事物之间确凿发生（虽然不可目睹）的相互关联。阴阳在汉代以后与气的联姻进一步强调了它这种经验性。最后，阴阳代表的是关联性而不是本质性。阴气和阳气流布于宇宙，勾勒出了万物彼此之间的关联，也成就了一个遍周相通的宇宙。

网中之结

在厘清了基本概念之后，让我们回到本章的核心问题——物与数的关系。总的来说，这个关系的基本含义就是数（即数理关系）能将物关联在一起。根据第二章讨论过的宇宙生发论，数同时也"生"物体，这里的"生"指的是为物提供合宜的所在所就。所以，以数观之，物不是孤立的个体。那么在物和数的关系中，物的存有究竟是怎样的呢？张载对此做出了一个很好的回答，他以气来定义物："气不能不聚而为万物，万物不能不散而为太虚。"[1]张载认为，物就是气聚所致，换言之，物就是关联性不断"流动的组合"（dynamic configurations）聚会而成。[2]所以，

---

1 张载：《正蒙》，《张载集》，卷1，7页。
2 Stephen Angle, *Sagehood：The Contemporary Significance of Neo-Confucian Philosophy* (Oxford：Oxford University Press，2009), 38.

物最核心的身份是它在关联性中的位置，而不是它自有的、相对静止的特征。张载是如此阐发这一点的：

物无孤立之理，非同异、屈伸、终始以发明之，则虽物非物也。[1]

倘若没有参与任何关联性，物就不成为物了。这也说明了为什么物自身的静止特征在哲学上不重要，因为它只是背后不断流动的关联性暂时聚和的一个表象。

在本章伊始笔者提出的"网中之结"的比喻正可以用来说明物和数之间的关系。天地宇宙整体上是一张网，各种数理关系就是网的纹理，而网上的结（纹理交汇之处）就是物。一个绳结的存在完全取决于绳索的编法以及这张网的整体结构。这个绳结自身的特征，比如紧还是松，并不是很重要，因为它相对于全网来说没有什么结构上的意义。网中之结这个比喻也能帮助我们更好地理解物和数在存有意义上的平等。对于一个宋人来说，绳和结是同样真实、同样经验性的；它们在同一张网里，没有在存有意义上被分隔开来。当然了，对他们来说，绳不仅是真实的，而且是哲学上更重要的。

---

1 张载：《正蒙》，《张载集》，卷5，19页。

物的个体化与运气系统

沈括讨论物与数的关系主要立足于所谓的五运六气系统（简称为运气系统）。[1] 运气主要用于观测气候变化，宋代以后，这个系统的影响逐步扩大，不仅广泛应用在医学领域里，也进入了周敦颐、邵雍等易学家的理论视野。[2] 沈括对运气系统的兴趣似乎始于他任职于司天监的时期，以运气观测气候变化是他最关注的具体语境。五运六气的基本原理就是任何一种气候状况都是阴、阳气流布运转的结果；而以运气系统来预告气象则需要进行一系列的数理计算。这个系统中的数理关系当然比阴阳五行这样的基本关联复杂得多；但是从存有意义上来说，这些繁复的数理关系完全符合以上笔者以阴阳为例阐明的特征。

在深入讨论五运六气的规则之前，让我们先摆明沈括所面临的问题：当一个数理系统（五运六气）在气象预告中出现了谬误，应该如何处理数和物（实际的天气）之间的偏差？笔者之前对阴阳的讨论为剖析这个问题做下了铺垫：在五运六气这个系统里，沈括所面临的是一张纹理非常复杂的网，每一根绳与每一个结都同样真实不虚。每一次预告气

---

1 有关五运六气的简介，见Cathrine Despeux，"The System of the Five Circulatory Phases and the Six Seasonal Influences（wuyun liuqi），A Source of Innovation in Medicine under the Song（960–1279），" trans. Janet Lloyd，in *Innovation in Chinese Medicine*，ed. Elisabeth Hsu（Cambridge：Cambridge University Press，2001），121–166。

2 Despeux，"The System of the The Five Circulatory Phases，"134–135.

象都需要他计算一个绳结在网中的位置，即以该绳结周边的网络结构进行推算，并将这个数理结果对应到一个经验性的天气状况（晴、雨、大风，等等）。但是人类并不能掌握这张网的全部信息，尤其是它在结构上的至深至微之处，人类无法以现有的数理结构将其表达出来，这也是为什么预报会时有失误的原因。为了尽量避免这些失误，沈括的解决方法就是以闻见所得到的实际天象情况来修正已有的数理结构。这个思路体现的就是沈括对个体化的物的重视；在数和物之间，他强调了物所具有的认知向导力。

现在让笔者来简要介绍一下五运六气的工作原理。[1]正如其名称所示，这个系统有两组中心变量，一组是五运，即土、金、水、木、火，另一组是六气，即风、寒、暑、湿、燥、火。六气中的每一个气在不同的情况下都有一个阴阳属性，而这个阴阳属性又以阴阳本身的程度不同细分为六种，即太阴、少阴、厥阴、少阳、阳明、太阳。五运和六气各自都构成一个内循环，这种循环可以与不同的周期对应。比如，五运可能对应五年，每年换一运；五运也可能只对应一年，这样每五分之一年就换一运。六气亦是同理。这两组变量穿插在不同的周期里，于是以非常复杂的规则交织在一起。掌握了这些规则，就可以计算出某个运（在它的某个周期里）和某个气（在它的某个周期里）会在何时相交。

---

1 以下笔者的简要介绍基于以下三种研究：任应秋：《五运六气》，香港：香港卫生出版社，1971 年；方药中、许家松：《黄帝内经素问运气七篇讲解》，北京：人民卫生出版社，1984 年；Despeux, "The System of the Five Circulatory Phases"。

运和气的相交点就是气象预测的基础。用一种最简而约之的方法来理解就是，运和气的相遇总是一场交手；一运或胜于一气、或被该气所制。这种胜负的关系是由运和气的数理属性所决定的。上文已经介绍过，六气的属性就是它们的阴阳分期，而五运的属性则由"燥"、"湿"因子等来区分。一个数理师可以通过这些属性来判断这个相交的性质，从而进一步把交点"翻译"成一个具体的气象。比如，胜可以带来一场大雨，而负则会造成连日阴霾。这些从数理到气象的翻译由世代数理师所积累并列成了详细的表格。在理想的情况下，一个数理师可以通过计算和查阅表格轻松地完成一次预测。

以上是笔者为了清晰起见所做的一个简要介绍，五运六气的系统如果铺陈开来是一套极其繁复的规则。但是，即使是再高程度的繁复，这个系统的诠释力终归是有限的，这种有限性则被当时的操作者认为是它预报误差的原因。所以，一个提高精度的办法就是进一步地复杂化数理规则，即进一步详细化运/气的具体"行为"。比如，2016年本来应该是火运，但是火可能迟迟不来（所谓的不迁正），又可能淹留不走（不退位）。运的这些异常行为当然会影响到整个系统的运行，同时也会改变它和气之间的相交相涉。

根据沈括的自述，他对五运六气这个系统深有研究，尤其是对一般规则之外的异常情况有灵敏的把握。沈括对自己一次成功的预测尤以为豪，在《笔谈》中做了详细叙述。熙宁年间，一场持久的大旱令京城人心惶惶。有数日天气连续阴沉，众人皆以为是雨水之前兆，甚为期盼。但令他们失望的是，天气随后又转晴了，烈日继续炙烤。神宗在忧虑之下，询问沈括对降雨的看法。沈括很有自信地预测说第二天就能见到雨水，但在座无人相信他的说法。而第二天大雨如期而至，验证了他的说法。[1]

沈括自认为他预测成功的关键就在于对"胜"——即一个常规之外的异象——的了解和运用。连续阴沉的那几天是土运用事的阶段，土与湿相关；与此同时，土所对应的气是少阴，即正处在势力上升阶段的阴气。湿土和上升阶段的阴相遇，理论上是会带来雨水的，但一个异常情况打破了这个规律。少阴其时未能及时进入状态，因为它被前一位的厥阴（阴气的式微阶段）所压制。这种胶着状态导致了那几天的阴沉天气。而在此之后，运从土换位到了金，金与燥相关；与此同时，气进入了太阴阶段。太阴是阴气之盛，所以立马解除了厥阴的影响。截止到这个时刻，运和气都回到了它们正常的位置上。当燥金与极盛的阴气相遇时，雨水就滂渤而生了。

在此个案之外，沈括就五运六气计算中的异常与例外做了系统的思考。在他看来，要理解和运用任何一条常规，操作者都应当参照异常才能做到周全。他自行总结了一系列厥阴用事情况下的异常情况：

　　从：多风，而草木荣茂。

　　逆：天气明洁，燥而无风。

　　淫：太虚埃昏，流水不冰。

1《梦溪笔谈》，134 条，卷 7，60—61 页。

郁：大风折木，云物浊扰。

胜：山泽焦枯，草木凋落。

复：大暑燔燎，螟蝗为灾。

太过：山崩地震，埃昏时作。

不足：阴森无时，重云昼昏。[1]

厥阴通常情况下是与多风相关的。当厥阴气正常运行时（即"从"），即会有"草木荣茂"的现象。但倘若厥阴"逆"行之，天气就反而会"燥而无风"。与此类推，沈括把一个单一的厥阴现象拓展到了一系列的异常可能性。

以上是沈括对自己掌握运气系统的自述；在他自己的解释之外，让笔者进一步深入分析他在这些实践中持有的知识立场。首先，为什么对异常的把握能令一个人更好地操作运气系统呢？这与沈括对运气系统在哲学层面上的理解是相关的。一方面，五运六气这张网络与任何一种可被闻见感知的现象都是一样真实不虚的。另一方面，现行的运气数理规则其实并没有完全涵盖这张网络的全体情况。此处沈括有一个默认的前提，就是已有的数理规则其实是现下人类对这张网络的理解，而这个理解是不全面的。

---

1 《梦溪笔谈》，134 条，卷 7，60 页。沈括总结的这一列"异"象有的来自于早期文献，比如有几例来自于《素问》，见《素问》，卷 22，1047—1122 页；也有一些未见于其他文献，当为沈括首创。

这一默认的前提与沈括长期以来对数的思考是一致的。在《笔谈》中他曾经明确地提到："世间谈数者，盖得其粗迹。"[1]"粗迹"，即数之用事的粗重、明显之痕迹，是人类对数最浅显的知识；在他看来，这点粗浅的了解远远谈不上是对数的真正掌握。所谓的迹甚至都不见得是通往真际的正确途径。沈括以实例详细说明了这一点。比如，一般看来，五行就是与四季对应，春是木，夏是火，秋是金，冬是水。这就是一个典型的人类对五行之粗迹的了解，因为五行之用事远远不止这么简单，一月之中、一日之内乃至于一时之间，都有五行消长。五行这个结构可以在任何一个层面上无限制划分时间，这就是所谓的真际之"微"。[2]

从上述讨论中能很清楚地看到为什么沈括认为运气系统的现有规则是极其有限的。不过，尽管人的智思永远也无法穷尽数理之精微，但一个真心向学者仍应当勉力求之。所以，沈括竭力倡导研究所谓的"变"，即该系统常规之外的异常与例外。为此他特别讨论了"常"和"变"这一对概念，并且强调了后者在重要性上并不逊色于前者。他认为：

> 大凡物理有常、有变。运气所主者，常也；异夫所主者，皆

---

1 《梦溪笔谈》，123 条，卷 7，56 页。

2 有关此段，席文曾有一个解读可做参考，见Nathan Sivin, "On the Limits of Empirical Knowledge in the Traditional Chinese Sciences," in *Time*, *Science*, *and Society in China and the West*, ed. J. T. Fraser, N. Lawrence, and F. C. Haber (Amherst：University of Massachusetts Press, 1995), 173–175.

变也。[1]

在沈括的定义里，常就是一条常规的数理法则。譬如少阴气在该迁正时迁正，就是常。而变则是任何一种对常的愆忒。在他举的例子里，少阴气用事时的阴天就是一种变，因为正常情况下应有丰沛的雨水。在沈括看来，这些变其实是常见的，甚至无处不在，所以不可以偏废：

> 常则如本气，变则无所不至，而各有所占。[2]

换句话说，数理师应当既熟悉常又关注变，这样才能有效地预测。

接下来的一个问题是沈括如何在常的框架中运用变。回到网与结的那个比喻，所谓的变其实就是沈括新发现的绳结，而这些新绳结的出现意味着人类现有对网的结构的理解不够精微。所以，沈括进一步地复杂化运/气的具体行为，即编织出新的绳网结构用以连接这些新的绳结。在少阴主事而无雨的那个例子里，他首先以阴天为一个新的绳结，然后再以其为支点，推演出一个新的结构（即胜）。日后的数理师们则不仅要记住少阴主事的常规状态，也要对它的种种之变有所了解和留意。这就是为什么对网的全面理解有赖于对变的灵活掌握。

沈括对变的定义是很有认知论上的意义的：很显然，他以闻见之知

1《梦溪笔谈》，134 条，卷 7，60 页。

2 同上。

为定义之基础。[1] 在上面的列表里，所有的变都是以具体气象的形式而呈现的，比如，胜的定义就是"山泽焦枯、草木凋落"，这些具象构成了下一步数理立论的基础。所以，就操作的程序而言，沈括是以闻见之知在修改数理规则。从理论上来说，运气系统是宇宙的深层真际，所以它们是具体气象的掌控者；而从实践上来说，人类对宇宙的深层真际没有全面的认识，所以依靠具体气象才能判断自己认识的不足之处。经过沈括这样的修改，新的网络能够更好地覆盖能感知到的现象，因为这些修改本来就是以具象为主导的。这正是沈括在五运六气的运用上胜人一筹的原因。

运气系统为我们观察沈括如何运筹数物关系提供了一个极佳的语境。由以上讨论可见，他非常重视物的个体特征。在五运六气的系统里，个体化的物即指的是大风、浊云、蝗灾等等，这些现象本身是靠闻见为人所得知的。与此同时，运气这个系统也提供了一个大的数理背景，这些风、云和蝗灾，除了自身能感知的特征之外（譬如大、浊、昆虫本身），也在这个大的系统里有自己的位置——即它们深层的所在所由。

沈括对个体化的物的关注至少体现在两方面。其一，他以可感知

---

1 此处需要厘清的一点是，沈括所说的迹应是可以以感官得知的，同时他也认为这些感官所得无法穷尽数的精微。这是他对迹和数的本体论判断，这个判断并不意味着他在知识论实践中轻视感官。从实操的角度来说，感官经验见证了人类对数的理解的不足，也是他们进一步改善的重要基础，这一点正是沈括知识论的中心立场。

的特征来强调物的存在；换言之，他是以可闻见的特征将物从关联性的网中个体化出来。比如，在他对变的详尽考察里，他关注了一系列具体气象并着力于强调它们在认知中的地位。沈括的这些行为都凸显了他的一个考量：尽管物是气的临时聚和，它的个体化特征仍然是重要的。其二，沈括充分地承认个体化的物在认知上的向导力，这体现在他以闻见之物来修改数理规则这一举动上。这个举动是对数这个系统中认知优先级的一个逆反。从理论上来说，数（即数理规则）才具有矩范立则（normative）的地位；数在认知优先级上高于物。但是沈括明确地提出，常和变在认知向导力上几乎是平等的；他甚至进一步以具体的气象为基础修改了数理规则。从这个意义上来说，尽管闻见之现象最终回归于数理的统治，但是它们是以认知向导的身份回归的，并且在不断地与数理规则的商榷中促成了后者的更新和改变。

所以，在沈括的运筹中，物已经不再只是一个以其所在所由为主导的绳结。除了它身处的结构之外，作为绳结本身的一些特质也变得同样重要，比如它是紧是松，样式简洁还是花俏。在数的世界里，一件事物并不一定就会消逝在林立的规则和关联中。相反，它的个体存在是值得观察和注意的。

在本节结束之际，让笔者回顾一个本章开头提出的问题，即沈括作为一个闻见之家和"迷信"之间的矛盾。通过以上详细的分析，希望读者已经可以明了，数并不是什么迷信，它的真际性甚至决定了它不是一种可以质疑的理论。数的真实不虚全面体现在它的三个基本方面：阴阳五行以及其他数理结构是无处不在的；这些结构是宇宙的深层秩序；这个秩序的基本运行规则来自于同类感应。这三个方面构成了宋人（包括沈括在内）对这个世界体验的一部分。从上古到宋代，对数的批评确实存在，但是这些批评往往集中在对具体细节的纠正上；同时，这些具体的错误也常常被归结于人类对数的认知不足。所以这些批评不仅不是对数之存在的质疑，反而是对它的维护。[1]换句话说，对数的存有意义的批评（比如斥之为迷信）是个现代的看法，不应强加在沈括和他的时代上。相反，数的真际性正是沈括对物进行个体化的一个重要背景。

在详尽讨论了数的前两个基本方面——功用和要素之后，让我们继续审视它的第三个方面，即同类感应这一数的基本运行法则。对第三点的澄清也有助于解答上述关于"迷信"这个问题的另一种问法，即为什么一个宋代的闻见之家还纠缠在汉代的阴阳家学说里？[2]笔者认为，所谓

1　比如，John Henderson研究表明，由汉至宋对数的批评集中于少数几个主题：谶纬和五德终始的排序。对这两个具体主题的批评完全不涉及对数的三大基本要素的挑战。一个最明显的例子是王充。他虽然以批评阴阳五行说而著名，但是他所谓的批评针对的是细节，并且这些批评是基于对数以及关联思想更加准确的理解而来的。见Henderson, *The Development and Decline of Chinese Cosmology* (Taipei：Windstone Press, 2011), 86–97。

2　后世包括宋人当然对汉代阴阳家有所批评，具体例子可见Henderson, *The Development and Decline of Chinese Cosmology*, 86–97。有些学者因此就得出结论，认为关联思想在宋代儒学世界里是没有地位的，譬如Henderson, "Cosmology and Concepts of Nature in Traditional China," in *Concepts of Nature：A Chinese-European Cross-Cultural Perspective*, ed. Hans Ulrich Vogel, Guenter Dux, and Mark Elvin (Leiden：Brill, 2010), 191, 以及A. C. Graham, *Yin-Yang and the Nature of Correlative Thinking* (Singapore：Institute of East Asian Philosophies, 1986), 15。

的同类感应并不等同于汉代的阴阳家学说；前者是一个机能，后者是一个具体的系统，前者是后者的基本运行规则。换句话说，同类感应是一个哲学基础，在这个基础上可能衍生出不同的历史系统，比如汉代的阴阳家学说，又比如宋人的数论。

所谓的同类感应，与西文概念对应常常翻译为"相关思维"（correlative thinking），即以建立相关为核心的一种体系。相关的具体形态和原理在不同的文化里各有不同诠释，在古代中国的语境中相关主要表现为同类的两个事物之间的感应关系。相关其实依然是一种前因后果的关系，只是它有别于西方现代（即休谟以来）之因果模式。[1]在汉代，任何两种以气相应的事物互相感应将能形成一个相关。而在宋代，人们对物与物之间的感应这个认知依然存在，只不过他们将这些感应收纳入了更加系统化、规则化的气之轨道上。汉宋之间思想看似迥异，但是在基础前提上却是一致的，即气流布于世间、令一物感应于另一物体，最终气化以成万物之变。

汉宋之间的主要区别在于宋人不再将物物之间一对一的具体感应作为讨论的重点，譬如，太阳冬至与麋鹿脱角之间的对应。但这并不意味着同类感应的思想在宋代式微了，只不过它进入了一种更有组织的新形

---

1 有关"相关"也是因果的一种这个看法，以及西方哲学史上因果定义的变迁，见 Willard J. Peterson, "What Causes This?" in *Interpreting Culture Through Translation：A Festschrift for D. C. Lau*, ed. Roger T. Ames, Chan Sin-wai, and Mau-sang Ng (Hong Kong：Chinese University Press, 1991), 185–205。

式。宋人将世间各色感应收纳入更加明确有型的结构里，比如五运六气这样的系统；此外，周敦颐、邵雍、张载以及程颐等人有关数的论述，都是这种结构化的具体例证。

气的结构化令宋人能够更有效、更精确地令同类感应思想服务于他们的具体目的。比如，宋代士人甚少在议政时以时事关联灾异，从某种程度上减少这样的议论是为了加强皇权，这一点与汉代谶纬之学流行之时自然区别很明显。[1]但是在某些领域，比如制礼作乐，宋代的士大夫依然会系统地将天象与人事关联起来。[2]宋人对同类感应的重组规划并不意味着相关思维这个系统在宋代已不复存在，不复存在的其实只是相关思维在汉代的具体阐释。

通过澄清以上所有这些较大的议题，笔者期望进一步为读者揭示所谓物的个体化的深远含义。第一，指望一个宋人彻底推翻阴阳五行这样的基础数理是一个强加于历史的现代想象；这种推翻在古代中国的存有框架里基本是不可能的。其二，个体化其实是"推翻"的温和版本；但即使是这样温和的改良，也是由与繁复的规则相推相校而来的，实属不

---

1 Bol，*Neo-Confucianism in History*（Cambridge，MA：Harvard University Asia Center，2008），65.

2 譬如宋代制雅乐就是一个好例子，见Ya Zuo，"Keeping Your Ear to the Cosmos：Coherence as the Standard of Good Music in the Northern Song（960–1127）Music Reforms，" in *Powerful Arguments*：*Standards of Validity in Late Imperial China*，ed. Ari D. Levine，Joachim Kurtz，and Martin Hofmann（Leiden：Brill Academic Publishing，2020），277–309。

易。其三，个体化的实现意味着一个知见者可以在网和结之间不断调整自己对认知主导的选择，这种灵活性在政治思想和术数系统中都有体现。比如同类感应依然是宋代政治重要的指导思想之一，但是宋代官僚士人可以有选择地、以不同的形式使用它。又比如，一套像五运六气这样的数理规则，尽管确实具有矩范立则的权威，但在操作中并不是唯一的、不可更改的认知指南。沈括就将对认知向导的寻觅延伸到了现有的数理规则之外，并力求在闻见的新导向下不断修改已有的规则。

物与再现

对物的个体化的重视为沈括的思想带来了一个重要的哲学延伸，就是有关物与再现之间的关系。关于再现，即英文中的representation，笔者首先有两点澄清。第一，严格地说，将物与它的再现相分离已经不只是个体化而是它的升级了，因为这个分离意味着存有意义上的二分化。物是经验性的，而它的再现是理论性的，这也就是现代意义上的经验与理论的二元之分了。沈括确实在某些知识实践中考虑了这种分层，这一点与他对五运六气的处理是不同的。第二，笔者想要强调的是，沈括本人并没有制造一个词汇与再现这个概念直接对应，但思想史的研究范畴显然不应只限于以文字明确标识的概念。区分物与再现是沈括知识实践中的一个重要预设，一个虽未明言但体现在行动上的玄默规则。既然体现在行动上，则在实际操作中有种种深远的影响，其重要性当然不应因为它在文字表述上的玄默而打折扣。

沈括对再现这个问题的重视尤其体现在他对天文星历的思考里。他一些最集中的对再现的讨论都与天文观测有关，而测量在本质上就是一种数学再现。[1] 对沈括来说，最大的物莫过于星体漫布的苍穹，而用于定位星体的计算程序和测量工具都是以再现为目的的设准（postulate）。这个观点在现代看起来似乎合情合理，但是在沈括的时代却颇为骇世惊俗，并不为大多数人、甚至是研究星历的同行所接受。而这种观念上的差异促动沈括在辩论中进一步阐明和强调真际与再现之间的区别。

比如，沈括曾在《浑仪议》中提到，一位同僚曾经就浑仪的使用对他提出过疑问：既然浑仪中的纮圈代表地平，那么为什么将浑仪放置在离地甚远的崇台上，而不是直接放在地面上？崇台多出的高度岂不会影响其测量的精度？沈括对此作出了一个系统性回答。他首先摆出了一组概念，"实数"和"准数"。[2] 实数指的是一个天体在天空中的位置，即两个特定点之间的实际距离，属于一个可以闻见的"物"；而准数指的是观测者从仪器上读到的数据，是前者这个距离按比例缩小的结果。这个比例，用沈括的原话说，就是"此之一分，则准彼之几千里之谓也"[3]。所以，崇台的高度，以实数而言，是数丈（一丈约 3.17 米）；但是当它以比例转化为准数之后，就小到可以忽略不计了。正如沈所言，"天地之

1　有关测量作为再现的哲学定义和讨论，见Louis Narens，*Theories of Meaningfulness*（Mahwah，NJ：Lawrence Erlbaum Associates，2014），205–221。
2　沈括：《浑仪议》，《长兴集》，卷3，4 页。
3　同上。

大岂数丈足累其高下?"[1]他进一步提出，浑仪内部的偏差倘若由准数转为实数，则会造成不能忽略的误差。譬如调整望筒（衡）的高低，哪怕只移动一分，都会造成几千里的区别。

沈括的这番解释事实上是在阐明一个存有上的区别：苍穹是闻见经验中的一个物，而浑仪则是它的数学再现。浑仪本意即是象天拟地，它以多重圆环将星空转化为了一个数学结构。当一个观测的人将视线从星空转移到圆仪上的刻度时，他事实上已经经历了一次存有空间的转移，从闻见经验的空间转移到了数学再现的空间。

另一位同僚问了一个类似的问题，引发了沈括的一番重申。这次讨论的主题是二十八宿。古代中国观星者将分布在天赤道和黄道附近的可见星体编为二十八组，二十八宿由此而来。这个系统的主要功能是为观测者定位天体/天象提供坐标。与西方的星座系统不同的是，二十八宿的分布是相当不均匀的。[2]在沈括时代，小宿可以只有几度之宽，而大宿能横跨三十多度。沈括的同僚对这种不均匀表示不解；在他的想象中，二十八宿作为一个测量系统，宿与宿之间的大小本来应该是基本均平的。[3]

沈括在回应中再次强调了物（即星体）和测量之间的存有区别。他开宗明义地指出，星空和测量它的数学系统是两种性质迥异的存在。测

1 沈括：《浑仪议》，《长兴集》，卷3，5 页。

2 有关二十八宿系统的详细介绍，见 Sivin, *Granting the Seasons*, 90–94。

3 《梦溪笔谈》，129 条，卷7，58–59 页。

量系统是一个建构，而星历者做出这个建构是为了能够能将星空这个物配比到数学计算里去。所以，二十八宿这个系统成立的第一步是建构出"度"；度是个人工造作的系统，用沈括自己的话来说，就是：

> 天事本无度，推历者无以寓其数，乃以日所行分天为三百六十五度有奇。[1]

以上这个第一步，是由物向数的让渡。之后，观测者需要在天空中找到更多的定位点来撑起这个新的测量系统，所以他们选择了二十八个所谓"当度之星"作为准星。这个第二步，就是从数又回到了物。沈括的原话如下：

> 既分之，必有物记之，然后可窥而数，于是以当度之星记之。[2]

每一个当度之星和它附近的星体组成一宿。根据沈括的说法，二十八是古人能找到符合他们测量要求的当度之星的最大数值。所以，二十八宿分布不均匀并不是什么人为的错误，作为物的二十八个星群本来就是不均匀的。[3]倘若能分清物和数的性质，这个问题本身也就无从谈起。

1《梦溪笔谈》，129条，卷7，59页。

2 同上。

3 同上。

沈括对再现这个概念的敏感还体现在他对浑仪白道的处理中。所谓的赤道、黄道和白道，论其根本性质都是太阳和月亮运行轨迹的几何再现。沈括称这些术语为"强名"，特意将其与"实有"区分开；[1]强名和实有的二分正与数、物之别相对应。黄赤二道算是较简洁的模型，而白道的情况则复杂的多。为了尽可能精确地捕捉到月球相对于地球的位置变化，前代星历者把它的轨迹模型分成了九段，并标以不同的颜色。比如黄道以南的一段为朱道，黄道之北一段为黑道，等等。有一些星历者直接将这个模型理解为月球确实有九个不同的轨道，沈括对此深表忧虑。这个错误当然又是把实物和再现它的模型相混淆的结果。

在经年累月的星历工作中，沈括对使用再现/数学模型的利与弊逐步发展出了一个中肯的看法。首先，他认为数学模型是大有用处的，这点从他对浑仪的评价中就可以看出：

> 度在天者也，为之玑衡，则度在器；度在器，则日月五星可以拷乎器中，而天无所豫也。天无所豫，则在天者不为难知也。[2]

这段话中的第一个"度"指的是天体的位置；从"在天"转移"在器"之后，度则变成了浑仪上的刻度，即各个天体在这个测量系统中的数学位置。这是一轮由物到再现的转化。"天无所豫"的这个界域正是再现

---

1 《同上》，146 条，卷 7，67 页。

2 沈括：《浑仪议》，《长兴集》，卷 3，1 页。

的世界，它有自己独特的存有地位，所以不再为实有之物所干涉。在再现的世界里，"在天者不为难知也"是因为所有的个体定位都可以用数值计算了。浑仪这个模型令星历者可以以有限之数字来计算无限之星空。

沈括肯定再现之实用价值的同时，也对它出于人工造作的性质有所疑虑。正因为这个原因，他似乎对不准确的模型格外敏感，曾经有过一句颇为惊人的论断："历亦出乎臆也"[1]；这里沈括将历直接定义为"臆想"的产物，这是对历法作为再现的性质的一种批判性说法，也表明了他对历法模型的可能产生误差的警觉。在沈括眼里，历法作为再现是永远不可能完整精确地复制实有之世界的，因为它只能表征粗迹，而无法深入于精微。[2]

历法的精确度是沈括长期钻研的一个课题。他对历史上比比皆是的历法误差十分明了。他曾经举过一个例子，治平年间，金星、火星合于轸宿，但是这个天象用历史上的十一家历法都无法准确预测出来。沈括进一步指出，历法的短处不仅在于度数的不精确，也在于这个模型太简易，无法表征天象本身多面的复杂性。比如即使一部历法能够精确算出一个天象的度数，却无法表征出这个天象与黄道的相对位置，是在黄道

---

1 《梦溪笔谈》，123 条，卷 7，56 页。

2 同上。沈括当然不是第一个批评历法精确性的人，但是他却是罕有的、从本体论角度来看这个问题的人。有关其他对历法的批评及其种类，见 Sivin，"On the Limits of Empirical Knowledge，" 168–173。

之内外还是上下。[1]出于对这些不足之处的考虑，沈括反复强调不可以过于依赖现有计算模型，同时也大力推进观测；毕竟只有好的观测才能在观测者与实有之物之间建立可靠的联系。

沈括对物和再现之间二分的强调和他对物和数的处理形成了有趣的对比。对于现代读者来说，历法模型和数理系统都是建构，其存有性质都是再现。并且，天文模型比阴阳五行更加精确，因为它隶属"科学"研究。在沈括的时代，他的许多同僚则认为历法和阴阳五行都是"自然"的，属于真际的一部分，而历是数的从属，所以也有相同的性质。[2]但对沈括来说，数是真，历是伪，历法系统永远无法穷尽真际的深度。

综上所述，为了肯定物的个体化价值，沈括提出了一系列新的哲学思考。首先，他必须将物从深层秩序中适当地个体化出来，这样才能有足够的空间运用闻见以求知。其次，他主张必须对再现和模型有清楚的批判认知，这样才能准确地判断它们对认识实有之物是否有帮助。沈括的这些认识倾向不仅仅体现在天文历法这种高度技术化的工作里，也体现在日常的行政工作中。在接下来的一章里，笔者将以王安石新政为语境进一步推进这些讨论。

---

1 《梦溪笔谈》，123 条，卷 7，56 页。

2 比如，见《新唐书》卷 25《历志一》，533 页。

第五章　大有为于世（1071—1075）

1055 年，沈括挣扎在帝国一隅，缠结于小吏冗务之中；十年后，他擢升馆阁，徜徉在帝国浩瀚的藏书之间；而二十年后，即 1075 年，沈掌握了一国之财政大权，俨然已跃身为帝国的政坛新星。在第三章中笔者已经介绍过他在 1060 年代至 1070 年代这十年间"丈量于世"的成就，而在这个时段里，沈括职业上一个更重要的发展是对王安石新政的参与。以对物的敏感和一流的实操能力，沈括稳打稳扎地成为了这场著名变法的"细节检修工程师"（piecemeal engineer），是王安石不可或缺的助手。本章伊始将对王安石变法做一个全面的介绍，然后进一步分析王与沈之间的政治联盟关系。在接下来的小节里，笔者将从礼法改制、水利兴修、荒灾救助、国防编排以及边地军事建设等诸方面来介绍沈括在新政里的具体工作。

新法一览

公元 1068 年，王安石成为举世瞩目的焦点，一时风头无两。就在这一年，他获得了神宗的全力支持，发动了一场史无前例的变革运动。

这场新法磅礴而来，深入到了宋代生活的每一个层面，无论是经济、官制、军事、法政还是文化。以富国强兵为首要目标，王安石积极地扩张国家机器的功能，令中央政府成为了教育、土地分配、贸易和荒政中当仁不让的主导者。[1]

在深入讨论沈括的具体工作之前，先让我们大致了解一下新政的整体局势。在新政出台的多项政策中，影响最深远、同时又有沈括参与的包括青苗法、募役法、保甲法以及农田水利法等几种。所谓的青苗法是一个带有福利性质的农业借贷系统。它规定每年春夏之时，国家向农民提供低息贷款，而农民在收成之后，于夏、秋两季还款。[2]在青苗法出台之前，农业人口中的贫户在春夏青黄不接之时常常需要向富户借粮贷款，饱受后者的盘剥。王安石设计青苗法主要是为了减轻小农的负担，同时也能一定程度上抑制富户兼并的倾向。[3]

新法另一项核心政策是所谓的募役法，针对的是州县政府的职役问

1 邓广铭：《北宋政治改革家王安石》，94—98 页。

2 有关青苗法的经典研究，见周藤吉之：《王安石の青苗法の起原について》，《東洋学報》，53 卷，2 期，1970 年，133—177 页；氏著：《王安石の青苗法の施行過程（一）》，《東洋大学大学院紀要》，8 期，1971 年，171—199 页；李金水：《王安石经济变法研究》，福州：福建人民出版社，2007 年，79—141 页。

3 Paul J. Smith, "State Power and Economic Activism during the New Policies, 1068–1085: The Tea and Horse Trade and the 'Green Sprouts' Loan Policy," in *Ordering the World: Approaches to State and Society in Sung Dynasty China*, ed. Robert P. Hymes and Conrad Schirokauer (Berkeley: University of California Press, 1993), 96.

题。[1]变法以前，宋代政府将纳税户由高到低排序，然后指派殷实的上户轮流贡献人手充当职役。王安石新政的中心思想则是由州县政府出资雇佣人手以应役。政府雇人的费用则来自于向各等级纳税户的征收赋税，所以募役法的核心其实是徭役向赋税的转化。新法扩大了征税面，将一些过去有免役特权的地主官僚也囊括了进来。[2]从这个意义上来说，青苗法和募役法都有一定的均贫富的杠杆作用。

接下来是保甲法。这项新法着力于改革人口编制，将百姓以不同层次的户数编入不同的单位，然后在每一个单元内进行募兵和练兵。这个系统主要的目的是编户齐民，同时也是王安石改革军事的手段之一。[3]

最后一项是农田水利法；顾名思义，这项政策力图加大政府对水利建设的直接投入。[4]

---

1 有关"职役"的定义以及它与"力役"的区别，见曾我部静雄：《宋代财政史》，东京：生活社，1941年以及James T. C. Liu, *Reform in Sung China: Wang An-shih* (*1021–1086*) *and His New Policies* (Cambridge, MA: Harvard University Press, 1959), 99。

2 有关募役法的细节，见曾我部静雄：《宋代财政史》，143—61页；Liu, *Reform in Sung China*, 98–113；以及邓广铭：《北宋政治改革家王安石》，184—204页。

3 有关保甲法的细节，见曾我部静雄：《王安石の保甲法》，曾我部静雄：《宋代政经史の研究》，东京：吉川弘文馆，1974年；林瑞翰：《宋代保甲》，《宋辽金史研究论集》，大陆杂志史学丛书，第1编，第5册，台北：大陆杂志社，1960年，14—20页；以及吴泰：《宋代"保甲法"探微》，中国社会科学院历史研究所宋辽金元史研究室编：《宋辽金史论丛》，第2册，北京：中华书局，1991年，178—200页。

4 有关农田水利法的细节，见李金水：《王安石经济变法研究》，142—214页。

总的来说，这四项政策是围绕着一个鲜明的中心思想展开的，那就是以一个功能广泛的国家机器为依托、追求富国强兵的全面发展。

沈王联袂

沈括和王安石两人算是相识已久的故知。[1]早在 1050 年代，沈括和沈披两兄弟就请王安石给他们的亡父沈周写过墓志。1060 年代晚期，王与沈皆共事于馆阁，彼此的相识又加深一层。1068 年，神宗授王安石翰林学士并起用其推行新政，大致从这个时刻开始，王和沈的关系就逐步发展为政治联袂了。[2]

沈括正式加入王安石的变法阵营约在 1070 年代初期；对沈括来说，与王安石的合作是一个难得的政治机遇——在随后数年里为他带来

---

1 过往学者已做过不少有关沈王关系的详细研究，比如林岑：《略论沈括与王安石的关系》，《北京师范学院学报》，4 期，1980 年，45—51 页；李裕民：《沈括的亲属、交游及佚著》，李裕民：《宋史新探》，西安：陕西师范大学出版社，1999 年；祖慧：《沈括与王安石关系研究》，《学术月刊》，10 期，2003 年，52—59 页，以及氏著《沈括评传》中《沈括与王安石》一节；何勇强：《沈括与王安石的关系新探》，浙江大学宋学研究中心编：《宋学研究集刊》，杭州：浙江大学出版社，2008 年，137—161 页。除了林岑之外，其他诸位学者都认为沈与王的交往至迟在 1060 年代就开始了。

2 蔡上翔：《王荆公年谱考略》，裴汝诚编：《王安石年谱三种》，北京：中华书局，2006 年，卷 12，403—409 页。

了连连擢升。1071 年，王安石任命沈括为检正中书刑房公事；[1]凭借这个官衔，沈括成为了编修中书条例司的主事之一，而编修中书条例司正是专门为王安石变法设立的一个机构，专职负责推进改革的诸项事宜。所以，在条例司主事的人基本都是王安石的亲信。[2]自 1073 年开始，沈括成为王安石执行新政诸法最得力的助手之一；尽管他们的合作在 1074 年就解体了，但沈括在这短短时间内获得的权力却是相当可观的。正如沈括的政敌蔡确颇带妒意地评论道："朝廷新政规划，巨细括莫不预。"[3]所以，沈括在 1070 年代初期职业的飞跃是与新政紧密相关的，他是王安石不遗余力推行新法的受益人之一。

为了落实这场涉面广泛的新法，王安石迫切需要招募可以信赖的助手，而沈括恰是一个合适的人选。首先，王与沈背景相似，都是有仕宦历史的南方士人家庭出身。[4]二人都是科举场屋中的骄子，代表野心勃勃的新一代南方士子。王安石并不掩饰对南人的偏爱，地缘政治正是他格外看重沈括的一个原因。[5]

除了出身之外，沈、王二人在政治风格上也都是类似的行动派。王

---

1 《续长编》，卷 228，5542 页。

2 《宋会要》卷 5《职官》，8—9 页。有关这个部门的重要性，也见東一夫：《王安石と司馬光》，东京：沖積舍，1980 年，79 页；熊本崇：《中書検正官：王安石政権閣のにないてたち》，《东洋史研究》，47 卷，1 期，1988 年，54—80 页。

3 《续长编》，卷 283，6934 页。

4 有关王的出身和早期经历，见邓广铭：《北宋政治改革家王安石》，17—22 页。

5 有关王对南人的偏爱，见 James Liu，*Reform in Sung China*，2。

安石一向主张士人当立志为天下国家之用，即学以致用、致力于服务
"大有为之时"[1]，他对"学者亦漠然自以礼乐刑政为有司之事，而非己所
当知也"这样的现象颇为不满；认为"事"，即积极的行政行为，才是考
核一个官员的终极标准。[2]这也是为什么王安石建议"欲审知其才，问以
言，得其言行，则试之以事；所谓察之者，试之以事也"的根本原因。[3]

　　沈括赞同并领会王安石的精神，附议当朝正是"大有为之盛际"[4]。他
进一步强调，行动在探求圣人之道的过程中是不可或缺的，言和行在这
个语境里尤其不可以分开。在一封给张器之的信中，沈括明确地批评了
言行分立这个问题以及后果：

> 先王之道，诚在于五经。自汉始以言举人，而五经为学者一
> 艺。言行分立，而圣人之道始晦。[5]

沈括对物的兴趣自然而然令他格外注意万千事物在各个具体领域的腾

1　王安石：《本朝百年无事札子》，《临川先生文集》，卷41，446页。

2　王安石：《上仁宗皇帝言事书》，《临川先生文集》，卷39，414页。

3　同上，413页。

4　沈括：《除翰林学士谢宣召表》，《长兴集》，卷23，6页A。值得注意的是，沈括
　　进此表时是1076年底，此时王安石已经二次罢相。当时沈王关系已经公开恶化，
　　王对新政的领导也进入尾声。但是沈并未改变他对"大有为"一说法的支持，足
　　可见他对此理想是真心支持。

5　沈括：《与学官张节推书》，《长兴集》，卷18，5页B。

挪。对他来说，治国的基本在于各项具体事务，所以即使是"诛罚期会米盐之细务"，也"一事不至则知有所废"[1]。以沈括的言行来看，他是以长于事的优势成为王党核心一员的。

王安石和沈括在其他不少问题上也有共识。譬如，在义利之争这个问题上，两人都主张不要污名化利这个概念；他们认为逐利这件事应当与道德无涉（amoral），而不应被扣上非道德（immoral）的帽子。尽管二人关注这个问题的原因不同，但在观点表述上却达成了共识。在第一章里笔者讨论过沈括的观点，他为利正名主要是为了自辩，特别是为了反驳同行对他好胜功利的批判。而王安石的考虑则格局大得多，他主要是为了维护新法的正当性。新政"富国强兵"的主旨是明确的逐利之说，王安石并不掩饰变法的中心就是财政。[2]但是他也强调，"为天下理财"之利与追逐私利之利是两码事。于是乎他也得出了一个跟沈括类似的结论，就是义和利之间不应有尖锐的对立，因为"利者，义之和"也。[3]

---

1 沈括：《杭州新作州学记》，《长兴集》，卷 24，5 页 A。沈括于 1087 年著此文，也在他服务新法的时期之后；与对"大有为"的态度类似，沈括的这些想法并没有因为离开新法而改变。从研究的角度来说，引用这些他晚期的文字是不得已之举，因为留存下来的早期文献太少了。但是，晚期的文字能说明终身的执着，也更能表明他笃信的程度。

2 陈植锷：《北宋文化史述论》，267—273 页。

3 《续长编》，卷 219，2023 页。

变法检修师

王安石和沈括在变法实践中迅速达成了和谐的合作方式。王是大笔勾勒宏图的统理派，而沈则是细致检修以保证这些计划得以落实的工程师。从某种意义上来说，沈括正是王安石变革机器上的一粒螺丝钉。

沈括的检修能力首先体现在他对南郊礼的改革上。南郊礼是三年一次的国之大礼，一般由皇帝本人亲祀，于冬至日祭昊天上帝于南郊。昊天上帝是正统祭祀中的最高神祇，对他的祭祀是巩固王朝正统性最标志性的礼仪事件之一。[1]这个仪式通常花费甚巨，故王安石提出了削减其经费的建议。[2]而王着手改革南郊礼的背后大约也有操纵祭天仪式以进一步控制神宗的考量。所以，这项改革虽然不是新法的正式内容，但其政治分量却不容小视。

可惜王安石初试身手即在人事任用上遭受挫折。他最初起用了李定来主持。李定其人，在被王安石破格提拔之前在秀州任判官，只能算一个无名基层官僚。青苗法推行之后，一时朝野非议纷纷，李定主动向朝廷上书，表示青苗法为秀州当地农民拥戴。不出所料，他的进言赢得了王安石的欢心，于是被破格擢升为监察御史，未几又被任命为南郊礼法改革的主持。在许多非王党的官僚看来，李定不过就是一个得势的阿谀小人，所以他们向神宗集体施压，最终神宗不得不罢免了李定。[3]这场人

---

1 陈戍国：《中国礼制史：宋辽金夏卷》，长沙：湖南教育出版社，2001年，38页。

2 同上，49—50页。

3 《续长编》，卷210，5103页。

事危机几乎令南郊礼改革陷入停滞。

为了应对危机，王安石紧急召入了沈括。令王安石满意的是，沈括快速高效地将危机转化为了成果。他在上任一年之内就提交了一份"所省万计"的新预算；[1]除此之外，他还对该仪式的具体地点和程序做了一些调整。[2]在这些改动的基础上，沈括著成了一部长达 110 卷的《南郊礼式》，该书后来以王安石为著者流传于世。[3]这部礼典记录的是有宋以来第一次对南郊礼的全面改革。

南郊礼的成功使沈括正式成为了王安石麾下的一员亲信。与许多王党不同的是，沈括的才干是有目共睹的，也算是实至名归。1073 年，王安石再次起用沈括以应对一场危机；这一次是因为农田水利法在两浙地区出现了问题。农田水利法以修建水利工程为中心任务，但是水路繁多的南方需求巨大，频频挑战该政策的规划和实施。王安石调用沈括的首要目的依然是想让他优化水利改革的财政支出，解决资金紧张的问题。

沈括此次上任接手的是前任郏亶留下的烂摊子。郏亶也是出身基层、迅速升迁的新党成员之一。[4]他在两浙地区布置了一个雄心勃勃的五

---

1 《宋史》卷 331《沈括传》，10651 页。

2 沈括日后在《笔谈》里有过一些自述，见《梦溪笔谈》，1 条，卷 1，1 页。

3 《宋史》卷 204《艺文志》，5133 页。

4 有关郏亶的研究，见 Mira Ann Mihelich, "Polders and the Politics of Land Reclamation in Southeast China during the Northern Sung Dynasty（960–1126），" PhD diss.（Cornell University，1979），71–74。

年计划，意欲调发百万夫大兴建设。[1] 而郏亶为这个庞大工程的筹款方式引起了不少争议；他的思路是号召富户出钱、穷户出力。这一做法本来在宋代是早有先例的，但是由于郏亶摊子铺得太大，这个传统的方法难以为继，令当地民众怨声载道。而当地的官僚在筹款过程中也时有偏私腐败，导致当地贫富差距进一步拉大。[2] 很快，对郏亶的怨言尘嚣日上，王安石和神宗对他的信心渐渐动摇，最终以罢免郏亶而收场。

沈括接手之后的第一件事就是立马缩减了这个项目的规模。这个做法符合王安石的授意，正如王安石向神宗推荐沈括接替这个工程时所说，他看中的是沈括"谨密"的个性。[3] 沈括首先把郏亶横贯两浙的计划缩减为地方性试验。第一轮试验只在苏州和秀州进行。这两个地区的湖水已经耗减，有良田待耕，民力又充裕，实属试验之上佳场地。沈括期望以试验地的阶段性成果来向当地居民证明这个工程的利好，从而吸引他们来主动参与。[4] 在调整了工程规模之后，沈括又取消了郏亶的筹款政策。在他看来，国家发动了这个工程，自然应以官钱支付其费用。所

---

1 Mihelich, "Polders and the Politics of Land Reclamation," 88.

2 《宋史》卷 96《河渠志》，2381 页；《宋会要》卷 61《食货》，100—101 页。有关郏亶财政规划的细节，见范成大：《吴郡志》，台北：艺文出版社，1968 年，卷 19，5—12 页。有关宋代水利工程的筹款方法，见长濑守：《宋代における水利开发：特に鄞县とその周域を中心として》，青山博士古稀记念宋代史论丛刊行会，《青山博士古稀纪念宋代史论丛》，东京：省心书房，1974 年，315—337 页；李金水：《王安石经济变法研究》，212—213 页。

3 《续长编》，卷 246，5989 页。

4 《宋会要》卷 61《食货》，101 页；《续长编》，卷 246，5990—5991 页。

以，他主张以官钱向民间招募有偿劳力。[1]

与此同时，沈括还灵活应变，处理了不少特殊情况。在他接手后一年，两浙地区大旱，常州和润州受影响尤其严重。当地的农民纷纷逃荒到邻近地区。沈括于是建议雇佣这些流民来从事水利建设，如此一来，既能接济灾民，又能推进工程。这个建议的结果甚佳，尤得王安石的赞赏。[2]

两浙水利改革小有成就之后，王安石对沈括在财政运筹上的才干愈发激赏，于是将其吸纳入他的青苗法战队，希望沈括协助他推广这项他最为重视的政策。青苗法，如前所述，是一个带有赈救性质的农业信用系统。王安石从一开始就试图以青苗法取代之前的救荒机制，即所谓的常平仓。[3]常平仓就是宋代政府自 992 年始在全国范围内设置的粮仓系统。这些粮仓在收获的秋季从农民手中以高于市价两到十个百分点的价格收购粮食，然后再以约七折的价钱在春季出售给有需要的农民。与此同时，宋政府也时而用常平仓的粮食储备来直接赈救贫困家户。[4]如

---

1 《续长编》，卷 246，5990—5991 页。

2 《续长编》，卷 247，6020 页。

3 有关常平仓的系统讨论，见王文东：《宋朝青苗法与唐宋常平仓制度比较研究》，《中国社会经济史研究》，3 期，2006 年，29—36 页。

4 《宋会要》卷 53《食货》，19 页，33 页；卷 58，2 页。也见 Richard Von Glahn 的研究，Von Glahn, "Community and Welfare：Chu Hsi's Community Granary in Theory and Practice." In *Ordering the World：Approaches to State and Society in Sung Dynasty China*, edited by Robert P. Hymes and Conrad Schirokauer, 228。

此一来，政府可以在青黄不接的时节解决农民温饱问题，保证他们能正常从事生产。但是在数十年的运作之后，常平仓这个系统开始出现种种弊病，钱粮积滞、不能流通的问题尤其严重。造成这个局面的原因有两个。一个是常平仓的规模终究不够大，而且主要集中在重点州县，不能铺开照料到边远地区。另一个就是官僚手续太过繁琐，使钱粮往往不能高效地派发到农民手中。[1]

为了克服常平仓在流通上的弊端，青苗新法尝试将粮食货币化。该法要求诸仓出售存粮以换取现金，然后再向农民发放现金贷款。如此一来，宋代国家政府取代了兼并大户和官豪之家，成为了小农的贷款来源。这个政策同时满足了王安石的几个目的：强迫农业人口进入以货币为基础的市场经济、抑制大户兼并，以及建立更高效的国家赈救机制。

沈括加入青苗法时，该项改革已经进行了好几年了；在这数年时间里，王安石毫无遗力地以猛火燎原之势推行这条新法。他要求所有的常平仓都百分之百货币化，将储蓄的粮食统统传化为青苗钱（即贷款）。地方上的官僚有的严格地执行了他的命令，将储粮全部卖出，也有一些因疑虑而有所保留的，便被王罢免。[2]如此一来，青苗法的推行往往伴随着突然的人事变动（譬如之前李定的例子），该政策成为新法争议的中

---

1 Von Glahn, "Community and Welfare," 228–229；以及李金水：《王安石经济变法研究》，65—74 页。

2 司马光：《涑水记闻》，北京：中华书局，1989 年，卷 16，316 页；《宋史》卷 176《食货志》，4286 页。

心也并不奇怪了。王安石的决绝立场连神宗都不能动摇；一直到了1074年王安石第一次罢相，神宗才有机会下令地方官僚可以适当留存储粮，不必全部折换成货币。[1]神宗的举措应该是代表了不少官僚当时的意愿，同时也说明，尽管王安石的货币化政策非常冒进，地方上的常平仓里其实还是有一些余粮的。[2]

以上正是沈括加入荒政改革的背景，而他随后的经历也颇值得琢磨。他意识到尽管两浙地区农业发达，但是农民到了春夏之交还是会面临青黄不接的窘境，不免受到富户的盘剥，于是力主新建一批和籴仓。和籴仓也是靠高买低售粮食的办法来赈济小农的，也就是说，它的原理和常平仓是一致的。[3]沈括此举，相当于扩张了常平仓系统，而不是以货币化来消解它，也就是说，他事实上恢复了部分旧法。有趣的是，此举并没有触怒王安石，而且沈括的计划似乎也并未受到阻挠。其中缘由颇值得回味。一个可能的原因是饥荒情势急迫，而沈括的出任本来就是为了解决燃眉之急，为了快速缓解问题而提出权宜之计，王安石没有怪罪的理由。

另一个原因大致是因为沈括为旧法注入了一些变通的巧思。在新建

---

1 《宋会要》卷53《食货》，9页。

2 李金水：《王安石经济变法研究》，83—84页。

3 《续长编》，卷247，6008页。有关和籴仓的历史和定义，见袁一堂：《宋代市籴制度研究》，《中国经济史研究》，3期，1994年，139—146页；耿虎：《和籴、平籴关系再谈——兼与袁一堂先生商榷》，《中国经济史研究》，2期，2002年，48—56页。

和籴仓的过程中，沈括灵活地运用了王安石另一条新法——保甲法。如前所述，保甲法是一种人口管理系统，十家编为一保、五十家编为一大保、十大保则为一都保等。王安石推行保甲的主要目的是为了收紧控制、加强地方军事戒备。[1]沈括在推行和籴仓时，将钱粮发放的手续和保甲的组织结构紧密地结合起来；[2]如此一来可以避免居民以虚假身份冒领或者多领钱粮，保证粮仓公平运作。[3]同时，这两者的结合也能激发当地居民参与保甲的热情，特别当他们认识到保甲不仅仅只是为了治安，也有利于增进社会福利。

沈括在两浙推行荒政的经验也令他顺利过渡到了他的下一个工作重点：保甲法的执行。在王安石所有新法里，保甲法的实施是耗时最长的，而沈括的加入为其提供了重要助力。[4]1074 年，王安石任命沈括赴河东和河北路监督保甲事宜，而此时已经是他推行保甲的第四年。[5]在

---

1 有关保甲法的基本单位以及王安石的用意，见 Paul J. Smith, "Shen-tsung's Reign," in *The Cambridge History of China. Volume 5*，*Part 1*，*The Sung Dynasty and its Precursors*，*907–1279*，ed. Denis Twichett and Paul J. Smith (Cambridge：Cambridge University Press，2008)，408–409。

2 保甲法在其原有的设计里本来也是与新法的经济政策相关的。"甲"本身也是青苗钱和其他税收项目的基本单位，见林瑞翰：《宋代保甲》，16—18 页。所以，沈括虽然起用了老系统，但也是按照新法的思路起用的，同时强化了新法所构建的社会新秩序。

3 《续长编》，卷 246，5990—5991 页。

4 Smith，"Shen-tsung's Reign," 409.

5 《续长编》，卷 260，6349—6350 页；卷 218，5297—5298 页。

1070 到 1073 这头三年里，王安石致力于完善他的政策构想，所以以在开封附近地区进行小规模试验为主。1073 年后，他开始了全国范围内的推广，此刻将沈括安插进来，显然是希望沈能协助全国推广这一重任。[1] 沈括前往的是河东和河北这样关键的地区，充分体现了王安石寄予的厚望。

在王安石的长期规划里，保甲法不仅能加强社会控制，更能最终代替募兵、实现军事系统的彻底改革。在他看来，保甲民兵清廉善战，远胜于腐败无能的雇佣兵。为了实现这个目标，王安石计划由保甲逐步向有正规组织的乡军过渡（比如所谓的义勇兵），与此同时加强对乡兵的训练。虽然神宗皇帝对加强乡兵这一点颇有疑虑，但是王安石非常看重这个政策，自新法开始就一直猛力推进。[2]

沈括来到河东河北地区之后，立马着手将王安石的上述想法诉诸实践。他首先建议统一训练保甲兵和义勇兵。现有的保甲和义勇训练系统是分开的，义勇在州一级接受一个月的教阅，而保甲则在乡一级进行较短的操练；[3] 沈括建议两者统一在州一级接受三十天的监教。[4] 其次，沈括

---

1 有关王推行保甲法的先后顺序，见刁培俊：《宋代"保甲法"四题》，《中国史研究》，1 期，2009 年，70—71 页。

2 《续长编》，卷 233，5650 页。有关王的长期计划，见孙远路：《北宋的义勇与强壮》，河北大学硕士论文，2014 年，8—10 页；陈晓珊：《北宋保甲法制定与实施过程中的区域差异》，《史学月刊》，6 期，2013 年，52—53 页。

3 孙远路：《北宋的义勇与强壮》，8 页。

4 《续长编》，卷 257，6272 页。

提出了一系列措施改善训练的效率和质量。他强调资金充足的重要性，首先是中央部门供款要稳定，不足的时候可以用州军钱补充。[1]然后就是教官的人选问题，沈括主张应起用更多的政府官员来充当这个角色。他提议以提点刑狱来主持教阅，同时辅以安抚司选兵官和当地县政府官员一名共同监教。[2]如此一来，中央官员和地方官员就能直接控制民兵的训练，乡兵于是进一步被收纳入国家的系统管理。沈括也提出，政府对选拔兵士和教员需要有严格的标准，这也是乡兵体制化的一个举措。

在沈括的协助下，王安石得以一步步接近他以民兵代募兵的最终目的。两年之后，即1076年，神宗下旨河北地区包括保甲和义勇在内的所有民兵都应在同样的地点接受统一的训练。[3]这是对沈括建议的正式采纳。而沈括所致力的保甲体制化也有新进展。1075年，保甲兵正式被纳入兵部麾下；次年，政府颁布了更系统化的教阅守则；[4]1079年，保甲兵成为正式军事编制的一部分。[5]在这个发展过程中，沈括的构想显然是占有一席之地的。

除了规划军事改革的长远目标之外，沈括也对保甲法做了细致的调整，使之更加适应河北——特别是定州地区——的实地状况。定州虽然人烟稀少，城镇寥寥，但却是宋辽边界上一个举足轻重的战略要地，是

---

1 《续长编》，卷 257，6272 页。

2 同上。

3 《宋会要》，《兵》，卷 2，11 页。

4 漆侠：《王安石变法》，石家庄：河北人民出版社，2001 年，119 页。

5 Smith, "Shen-tsung's Reign," 413.

面对契丹骑兵的第一道防线。[1] 沈认为保甲法正好可以用来加强定州的边防能力。定州境内有西山，其势险阻，正好横亘在宋辽交界处，有官员建议可将部分避寇之民迁徙到西山脚下、建立起一道人肉防线。沈括对此很不赞同。在他看来，这个想法既不人道也没有战略意义，因为孤立的人口只会让辽军更加低成本地杀戮宋民而打击宋军的士气。沈括提出，与其分散遣远部分人口，不如集中采取保甲制把定州所有的人口紧密地组织起来，更有士气地协同作战。据他估计，实施保甲能为河北西路组织出百万新丁，这是一个对现有军力可观的补充。[2]

为了保甲法能在定州地区妥善施行，沈括同时也考虑将它与所谓的坊市法相结合。[3]坊市法流行于唐代，是一个将城市划分为里坊、系统管理人口的制度。坊和市每日都按时开门关张，商户经营、百姓通行都需要遵守统一的时间管理。[4]宋代以后，这种严格管理其实已逐渐被更为

---

1 吴兵：《北宋定州军事若干问题研究》，河北大学硕士论文，2014 年，21—24 页。

2 《续长编》，卷 267，6542 页。

3 《续长编》，卷 261，6355 页。

4 有关唐代城市中的坊市管理，见 Chye Kiang Heng，*Cities of Aristocrats and Bureaucrats：The Development of Medieval Chinese Citiescapes*（Honolulu：University of Hawai'i Press，1999），1–66 以及李孝聪：《历史城市地理》，济南：山东教育出版社，2007 年，152—183 页。根据李孝聪的研究，现有材料不足以确定用以分隔的坊墙在宋代是否已经完全消失。见李孝聪：《历史城市地理》，226 页。然而"坊"这个词依然流行在宋代用以指代城市居民，比如"坊郭户"。见王曾瑜：《宋朝的坊郭户》，中国社会科学院历史研究所宋辽金元史研究室编：《宋辽金史论丛》，第 1 册，北京：中华书局，1985 年，64—82 页。所以无论城市物理形态如何，"坊"这个概念在宋代还是广为所知的，为沈括恢复坊市法打下了基础。

开阔的城市布局所取代。沈括想起这一旧法，大致是因为边地军事形势的需要。这个系统应对契丹骑兵显然是有效的。辽军时而从边境掠走宋民，他们其中一些有幸逃回宋土，可是守城人因不能判断他们的身份，往往把他们拒之城外。以里坊为基础的新法执行之后，定州居民以乡闾族党相任，分坊严密防守之，再不会出现类似的问题。[1]并且，这个清晰的组织结构为保甲法的执行提供了良好的基础，令当地人口能真正团结起来，最大化地巩固边防。

运筹边防

因为在河北推行保甲法之故，沈括对宋辽边界问题越来越关注，并积极参与了各种规划和斡旋。[2]他反复周全地考察了这个地区，提出了三十一条之多的边防新建议。譬如，为了防止契丹从西山以火攻，他建议在彼处设下火备，防患于未然。[3]他还对水利和植树这两种防守方法进行了比较，认为前者更加有效，因为洼地可以减慢骑兵的进犯速度。[4]

---

1 《续长编》，卷267，6543页。

2 《续长编》，卷260，6350页；卷267，6543页。

3 《续长编》，卷267，6543页。

4 《续长编》，卷260，6349—6350页。有关宋代水利防范的系统研究，见Peter Lorge, "The Great Ditch of China and the Song-Liao Border," in *Battlefronts Real and Imagined: War, Border, and Identity in the Chinese Middle Period*, ed. Don J. Wyatt (New York: Palgrave Macmillan, 2008), 59—74. 就定州地区的水利和植树防守的历史回顾和分析，见吴兵：《北宋定州军事若干问题研究》，30—35页。

为了进一步巩固这个优势，沈括建议在当地的水道中设置障碍或者开辟水稻田，令洼地更加难以行军。而所谓的植树防守，就是在边界上栽种榆、柳以为障碍。沈括对这个方法很有疑虑。他认为宋军的特长是弓弩，这些植物反而会替辽军挡住宋方发射的箭，同时树木也能给契丹提供制造攻城机器的木料，会令宋方得不偿失。[1]

沈括反复强调详细了解敌我之短长是制定战略的重要依据。他提出宋军应该大力发挥自己在弓弩上的长处，而不是跟契丹人比拼他们在骑兵上的优势。这个提议大约是对王安石的一个委婉提醒。后者为了大力发展骑兵推行了所谓保马法，号召民间替政府饲养军马，凡愿意养马的民户则分摊一匹官马。[2]沈括则认为，"舍我之长技，勉强所不能"，一味与对方比拼对方的长处这个思路是不明智的。[3]沈括自己留下了不少与弓箭术相关的文字，比如《笔谈》中讨论了弓弩的用法和弓手的技巧等不少话题。[4]他本人应该是认真钻研过箭术的，所提建议并不是一句空言。

在河北地区工作的时候，沈括不仅勤勉于思与行，也没有忘记"作物"。他亲手或者监督制作了一系列与边防事务相关之物。1074 年 8 月，神宗任命沈括兼判军器监，沈括就任后即开始探索武器制作。比如，他

1 《续长编》，卷 267，6543 页。

2 有关保马法的系统讨论，见陈振：《略论保马法的演变：兼论马端临对保马法的误解及影响》，《学术研究集刊》，1 期，1980 年，16—28 页。

3 《续长编》，卷 267，6543 页。

4 《梦溪笔谈》，303 条，卷 18，128 页；324 条，卷 19，135 页；331 条，卷 19，136—137 页。

与同领军器监的章惇共同探讨兵车制度，以《考工记》和《小戎》为依据考定了一辆模型车的形制。沈括的考证具体入微，深入到每个部件的名称和尺寸；同时也讨论了这辆兵车在使用中的诸多细节。神宗皇帝亲自检阅了这辆兵车，对沈括的成果深为赞悦。[1]

沈括所作的另一件物就是他为宋辽边界所制作的立体地图，这件作品是他为了布置边防，详细考察地理后的一件衍生品。该地图最大的特色就是三维立体，沈括以面糊木屑为料呈现了当地地貌的高低起伏。除了主件之外，他还用蜡做了一个轻便版，这样一来，该地图既可以在寒冷的气候里使用（蜡的稳定性较好），又方便旅行携带。神宗皇帝对这件作品十分欣赏，不仅召群臣一起观看，还下诏各边州复制木图以备时用。[2]这就是笔者在导言中提到的所谓的最早的三维立体地图。[3]

在作物之余，沈括还撰写了两册与兵事相关的著作。神宗令臣下研讨唐代名将李靖发明的所谓九军阵法，该阵法的许多细节已经失传，所以在实地操练中常常招致疑问。沈括以自己的系统理解著书一册。[4]同

---

1 《补笔谈》，567 条，卷 2，219—220 页。

2 《梦溪笔谈》，472 条，卷 25，179—180 页。

3 有关这个"世界第一"的说法，见王庸：《从裴秀的地图制作谈中国地图》，由 Donald Holzman 引用，见 Holzman, "Shen Kua and His Meng-ch'i pi-t'an," *T'oung Pao*, second series 46.3 (1958)：266。

4 《续长编》，卷 260，6341—42 页。有关其中的内容，见沈括的一些自述，《补笔谈》，578 条，卷 3，226 页；579 条，226—227 页。Paul C. Forage 全文翻译过此二条，见 Forage, "Science, Technology, and War in Song China：Reflections in the *Brush Talks from the Dream Creek* by Shen Kuo (1031–1095)," PhD diss., （转下页）

沈括的知识世界：
一种闻见主义的实践

年，沈括又与吕和卿合著《修城法式条约》，该书详细规定了城墙与敌楼的种种营造细节，以促进更好的防守，神宗下旨将其颁行为边界军事营造的指导手册之一。[1]沈括对边事的参与为他个人带来了诸多回报：不仅巩固了王安石对他的信任，也获得了神宗皇帝的青睐。在第三章中笔者讨论过他获得使辽使之头衔，这个任命正说明了皇帝对他的信任。

参与王安石新政的头五年大致是沈括职业生涯中最好的时光。他以爱物之心切、作物之敏快，完成了一系列性质不同的项目。王安石挥毫描绘变法的宏伟蓝图之时，沈括躬身劳作于细节，协助他将大愿景付之于具体行动。沈括细致的工作是王安石的变法工程不可或缺的技术支持。于此同时，沈括也获得了皇帝本人的青睐，从而逐步树立了自己在政坛上超越王安石荫护的势力和影响。在接下来的一章里，笔者将讨论沈括对这种独立的进一步诉求以及接踵而至的政治后果。

（接上页）（University of Toronto, 1991），335–341。按照胡道静的说法，神宗对九军法的详细评论可能也是基于沈括的诠释。见胡道静注：《梦溪笔谈校证》，上海：上海人民出版社，2016 年，731—732 页，以及《续长编》，卷 260，6339—6341 页。

1 陈振孙：《直斋书录解题》，1774 年，卷 7，35 页。

第六章　折戟于世

　　1075 至 1077 这数年间里，沈括经历了令人喟叹的大起大落。1075 年他被神宗皇帝任命为权发遣三司使，成为国家财政的核心人物之一。次年，沈括又被神宗擢升为权三司使，这进一步加强了他在三司使的领导地位。但是，仅仅八个月之后，沈括就被贬出京城、出知宣州。在被贬官发配之时，沈括几近一无所有。不仅事业被迫中断，个人名声也狼藉不堪。王安石一反之前对他的信赖和扶持，再三严厉抨击他的人品。在同辈士大夫的议论里，沈括作为一个"反复"小人的形象似乎也深入人心。这几年的时光可以算是沈括服务新法的第二阶段；在这个阶段里，沈括试图在他对新法的具体检修基础之上开创一条独立于王安石之外的中间道路。但在党争尖锐的年代，走中间路线绝非易事，这恐怕正是他在人品上被非议、事业上被贬谪的一个重要原因。

　　本章伊始，笔者将介绍变法期间党争的基本面貌以及在此背景之下王沈矛盾的来龙去脉。接下来的三节将以募役法、盐政以及货币改革为例讨论沈括的中间路线。在结尾的一节中，笔者将重点讨论沈括的政治声名问题，尤其是他的政治经济政策是如何引致道德审判的。

党争之祸

沈括这数年里跌宕起伏的经历必须要放到新旧党争这个大背景中进行考量。因为党争而被突然贬谪的北宋官员在这个时段并不少见，沈括只不过是其中的一员。党争是北宋政治的一大特色，绵延于整个 11 世纪，并在 1070 年代登峰造极。[1]王安石推行新法触发了长达三十年的两党相峙，以王安石为首的新党和以司马光为首的旧党针锋对立、咄咄相逼。这场斗争在 1070 年代达到的高度可从王安石本人的经历中窥见一二：这位深受皇帝信任的铁腕宰相被迫在 1074 年和 1076 年罢相两次，足见党争的力度之大，以及反对势力之强劲不可小觑。

概括说来，这场新旧党争的核心问题在于厘定国家的角色和地位。在王安石看来，国家机器应有渗透在各个领域的广泛调控权力。所以，他的新法往往注重"创新"，即不断地建立新部门、推出新机制，从而造就一台权力深广的国家机器。司马光则与他意见相反，他认为旧制本来就足够完好，所以强烈反对国家机器的扩张；司马于是以"复旧"为主旨，即以复祖宗法度为先务。[2]

---

1 新法带来了绵延几十年的党争，诸多学者已有研究，比如，见 Ari Daniel Levine，*Divided by a Common Language：Factional Conflict in Late Northern Song China* (Honolulu：University of Hawai'i Press，2008)。

2 王安石与司马光之间意识形态的不同也有诸多学者研究，比如，见東一夫：《王安石と司馬光》，东京：冲積舍，1980 年，以及 Peter Bol，"Government, Society, and State：The Political Visions of Ssu-ma Kuang and Wang An-shih,"（转下页）

对国家角色的不同理解也引起了一系列有关公权和私利之间的争论。特别是在国家财政方面,一个最大的争议就是公权是否应当干涉和掌控私利。王安石的答案是肯定的。他的新法正是优先考虑和发展国家的调控能力。[1]在王安石看来,一个"大有为"的国家机器扮演了两个重要的角色:首先,它通过直接垄断和间接税收参与了经济发展;其次,它实现了国家权力对发展经济的承诺。[2]司马光强烈地反对这个立场,他认为私利就应当由私人把握,公权不应多作干涉。在司马光眼中,国家应当精省财用,而公家与私人当各司其职、各谋其利。[3]

新旧党之间的矛盾当然不仅仅限于治国意见上的不同;在意识形态辩论的背后也是两党之间无休止的争权夺利。这场党争史无前例的激烈程度部分源于王安石的行事风格,尤其是他的一意孤行和对异见的打压。在王安石第一次罢相之前,他大权独揽,独享皇恩,得以独擅用人之选,并把持言路,广建各种新机构。上一章提到的几桩人事纠纷都与王安石培植亲信和翦除异己的举动相关。在他眼中,实现"上下心意一

（接上页）in *Ordering the World：Approaches to State and Society in Sung Dynasty China*，ed. Robert P. Hymes and Conrad Schirokauer，128–192。

1　Smith，"State Power and Economic Activism，"89.

2　Paul Smith，*Taxing Heaven's Storehouse：Horses，Bureaucrats，and the Destruction of the Sichuan Tea Industry 1071–1244* (Cambridge，MA：Harvard University Council on East Asian Studies，1991），6；Smith，"State Power and Economic Activism，"82–88.

3　Bol，"Government，Society，and State，"156.

统"(ideological unanimity)也是他全面胜利的指标之一。[1]所以,他在排除异见上毫不手软;但是,以专断实现统一反而导致了相反的结果。很快,王安石发现自己陷入了一个负面循环:他越是大力铲除异见,异见之声就越为激烈。

长久的对抗令王安石陷入了更深的不安,所以他最终把伐异的矛头也指向了自己集团的内部。在他第一次罢相之后,变法派内部开始出现了罅隙。王安石的继任者吕惠卿迅速着手清理王安石的亲信,瓦解他的集权。吕本来是王的弟子,他的行为在很多人看来是背叛之举,所以引发了新一轮的党争,也触怒了神宗。1075 年,神宗令王安石复相以对抗吕的权势扩张。[2]这一轮下来,王安石虽然复位,但是他的不安也愈发深重了。复相之后的王安石不仅失去了皇帝的绝对支持,也必须面对变法党内部已经公开的分裂。在这个情势下,王对异见愈发敏感,他的疑心于是让不少变法党人一夜之间变友为敌。所以,沈括不是唯一一个被自家党派驱逐的人,他的大起大落也不算罕见。党争的时代里,稳定是最大的奢望。不管是新党还是旧派,任何一个位居高位的官员都很难独善其身。

对沈括人品的批判也反映了新法党争的另外一个重要特色,就是它以道德为表、权谋为里的话术。这套话术的中心思想很明确:一个来自

---

1 Smith,"Shen-tsung's Reign,"363–365.

2 有关王党内部的具体纠纷,见沈松勤:《北宋文人与党争》,北京:人民出版社,1998 年,182—184 页。

政敌的异见之所以不足为道，是因为它直接反映了该政敌的道德缺陷。所以，判断一个政见的好坏，往往与这个政见本身的内容无关，而与发表这个政见的人的德性有关。而这事实上又构成了一个循环逻辑：一个异见反映了该意见者的不当动机，而任何一个发表这种异见的人则必然德性有亏。

君子和小人之辩是这套话术的中心词汇。[1]一个党派的人总以"君子"自居自励，而指责反对党为"小人党"。这黑白二端之间几乎没有留下任何余地。司马光对这种水火不容之势描述如下：

> 夫君子小人之不相容，尤冰炭之不可同器而处也。故君子得位则斥小人，小人得势则排君子，此自然之理也。[2]

君子和小人以及他们的观点之别关键就在于他们的动机，比如是为公还是谋私、重义还是逐利。[3]在君子看来，小人永远是私心重利的，所以他们的意见自然不可取；君子以公义为重，所以唯有他们的政见才是可靠的。这一套逻辑构成了一种影响远超道德范畴的道德话语。在党争的背景下，道德批判和党派对立紧密交织在一起。所以，沈括是"反复小

---

1 有关君子小人之辩的详细论述，见陈植锷：《北宋文化史述论》，260—276 页；Levine, *Divided by a Common Language*, 2–3。

2 司马光：《资治通鉴》，北京：中华书局，1975 年，卷 245，7899 页。

3 有关公私、义利这两组概念的详细讨论，见Levine, *Divided by a Common Language*, 2–3 以及沈松勤：《北宋文人与党争》，47 页。

人"这个说法，除了跟他的私德有关，也和更广阔的政治环境有关。换句话说，尖锐的党争是沈括职业上跌宕起伏的重要背景，要考察这个背景，让我们从他和王安石的关系开始。

沈王决裂

从 1074 年开始，王安石和沈括之间上下级的合作关系开始瓦解，二人逐步进入了带着怨气的对抗。1074 到 1077 这几年里，王和沈的职业轨道是反向而动的。在罢相两次之后，王安石不得不接受了自己影响力式微的事实；而沈括则相反，一路扶摇而上；更重要的是，神宗对沈括的重用正是为了填补王安石留下的权力空白。这种位置的对调难免激起王的怨恨，二人从此渐行渐远。

自 1074 年始，神宗皇帝逐步收回了他对王安石的全力支持。那一年，北方地区爆发严重旱灾，饥荒把大量的流民带到了汴京周边。神宗为百姓所受之苦触动，决定反思新法，并打开言路，鼓励大臣进规谏之言。随着大批来自反对派的控诉涌入，王安石不堪压力，于该年四月提出去位，而神宗迫于形势，也不得不接受了他的辞呈。[1]

但是，王安石的暂时隐退其实反而带来了更多问题。如前所述，他的接替者吕惠卿，进一步加深了变法派内部的矛盾，令朝廷更加分裂。所以，在吕掌权不久，神宗又不得不设法解决他所带来的新问题。神宗

1《续长编》，卷 252，6152—6154 页，6169—6170 页。

的计划包括让王安石复相，也包括提拔重用沈括。[1]

所以，沈括的崛起是与党争紧密相关的。神宗指望他能制衡吕惠卿，也期许他能够填补王安石留下的权力空白。王安石第一次罢相之后，神宗任命沈括为权发三司使，其时沈取代的就是一名吕党。[2]一年之后，王安石第二次罢相，神宗以吴充和王珪取代他，而吴王二人都不是新法的明确支持者。[3]这个决定基本上是神宗对放弃全力支持新法的表态，而在王安石眼里，也是他十年的努力遭受重挫的一刻。两个月之后，沈括擢升权三司使；很显然，神宗对他的期许是反思新法而不是延续王党路线。而沈括本人在过去的几年职业生涯里确实在逐步摆脱王安石对他的控制，神宗对他的任用毫无疑问加速了他与后者的分离。

在一个极度分裂的时代，任何人行走中间路线都会举步维艰；大概正因为如此，沈括一路遭遇各种是非在所难免。最初的挑战当然来自于吕惠卿。吕很快就捕捉到了神宗以沈括来压制他的用意，他不无妒意地公开评论神宗对沈括几乎言听计从。[4]而神宗也曾直接驳斥吕，说他对沈括处处针对，"每事必言其非"[5]。更加讽刺的是，对沈括最猛烈的抨击来

---

1 沈松勤：《北宋文人与党争》，201—203 页。

2 《续长编》，卷 269，6600 页。

3 《续长编》，卷 278，6804 页。有关吴充和王珪对新法的态度，见古丽巍：《北宋神宗朝"大有为"之政及其推展》，北京：社会科学文献出版社，待刊书稿。值得注意的是，吴与王既不是新法的支持者，也不是之前的反王党。

4 《续长编》，卷 256，6265—6266 页。

5 《续长编》，卷 264，6480 页。

自于昔日重用他的王安石。就在不到一年以前，王安石还在盛赞沈括人品谨密并委于其重任；一年之后，当神宗决定重用沈括并任命他到兵部供职时，王安石却抨击沈是"阴沮坏新法"的"孔壬"，言辞之猛烈令人喟叹。[1]因为王的激烈反对，神宗暂时搁置了这个决定，但是他对王的看法并不以为然。皇帝本人也承认沈括品德有瑕，"并非佳士"，但同时也觉得他才能出众，值得任用。[2]神宗最终把沈括提拔到了国家财政一把手的高度，与此同时，沈括与王安石的决裂便再也无可挽回了。

调整役法

沈括在出任权发遣三司使之时即面临着处理新法积累下来的一系列问题，比如财政压力、公众情绪以及日益复杂化的权力分配结构。沈括深知神宗委任他处理危机的意图，所以上任就出台了一系列调整措施，特别针对募役法、盐钞以及货币问题。总的来说，沈括的整体计划就是以中间路线的精神逐步修正王安石的新法中激进的部分。

沈括首先从两浙地区的募役法入手。就在两三年前（即 1074 年），他正是在这个地区推行募役法的大员之一。募役法的本意是以雇佣劳力取代从前的差徭制度，但是为了雇佣劳力在全国范围内的新增税收却给民众、特别是贫户造成了经济负担。沈括的整改目的很简单，就是要减

---

1 《续长编》，卷 263，6419 页。

2 《续长编》，卷 264，6480 页。

轻赋税，特别是根据地方情况，更加合理地分配赋税在各社会阶层之间的比例。

他以简化为主导思想：现行募役法将人口分为二十五等，沈括则将他们重组为三大组。[1]第一组是募役法之前不必承担徭役的人口，包括官户、单丁户、女户以及寺观户；这组将按照募役法继续缴纳税款，即沈所谓的"无役者输钱"。第二组是负担劳役沉重者，多半是农民；这组人口将获得来自政府一定的经济补贴，即沈所谓的"役重者受禄"。第三组是劳役负担适中者，他们将继续承担现有差役并无需缴纳税款，即所谓的"轻役自依徭法"。[2]事实上，沈括是将役重者和轻役者这两组人口从募役法的纳税人口中解放了出来，他们可以选择不再交税而回到从前的差役制度中去。因此，两浙地区约两万八千户可以获得免税。[3]

与此同时，沈括也试图开源节流，为地方政府的劳力雇佣寻找多样的资金来源。在他看来，牙前、耆户长和散从官这几类最需要人手的劳力，其雇佣金完全可以以坊、场和河渡征收的赋税来支付；而这些类别之外的则可以由第一组人口（即官户、单丁户、女户以及寺观户）的赋税来承担。[4]这个新系统减少了征税对象，沈括期望它能灵活地实现"民力自均"。[5]尽管沈括对这条新法的修改确实是以起复旧法为基础的，他

1 有关这二十五组的分类详情，见James Liu，*Reform in Sung China*，103。

2 《续长编》，卷 279，6826 页。

3 《续长编》，卷 283，6935 页。

4 有关劳役的不同分类，见James Liu，*Reform in Sung China*，100–102。

5 《续长编》，卷 279，6826 页。

坚持认为自己继承的是募役法追求平等的中心思想，所以他所做的改变依然是革新而不是复旧。[1]沈括还向当时的宰相、立场中立的吴充提出要在全国范围内普及他对募役法的修改。[2]从理论上说，沈括所做的调整不无合理之处，但是在当时的政治气氛中，这些变化看上去却是对王安石十足的背叛；而沈括向新宰辅的殷勤靠拢似乎更令人质疑他的动机。所以，募役法一事尤其成为了沈括"阴沮坏新法"的证据。

整顿盐钞

在募役法之外，另一个沈括大量投入精力的领域是盐政管理，特别是盐钞这一项目。盐是宋代官府专卖的重要物资之一，盐钞则是政府盐法中重要的一环。[3]沈括对盐钞的改革，主要立足于削弱新法对盐业的直接干涉，而强调政府应以间接手段调控食盐的生产与销售。

盐专卖是宋代政府收入的重要来源之一。[4]神宗一朝，来自盐榷的收入高达一千二百万贯，是整个政府专卖收入的一半（其他专卖品还有茶、

---

1 《续长编》，卷 279，6826 页；卷 283，6935 页。

2 《续长编》，卷 283，6935 页。

3 有关盐钞系统的详细研究，见戴裔煊：《宋代钞盐制度研究》，上海：商务印书馆，1957 年。

4 有关宋代的盐专卖，见 Cecilia Lee-fang Chien, *Salt and State: An Annotated Translation of the Songshi Salt Monopoly Treatise* (Ann Arbor: Center for Chinese Studies at the University of Michigan, 2004)。

酒等，总收入计二千二百万贯）。[1]官府榷盐主要分两种形式：官鬻和民营。前者是由政府自己组织运输和销售，后者则由获得政府许可的商人以规定的方式运输，在规定的地点销售。盐钞就是民营系统中的一环。[2]

盐钞的历史可以追溯到 10 世纪晚期，即北宋对西夏战争期间。连年战事造成了边境上的物资短缺，所以宋代官府鼓励商人们运粮到前线，并以盐引（即后来所称的盐钞）作为给他们的鼓励和报酬。商人们持盐引可以回汴京兑换现金或者去产盐地区请盐（或者是香料、茶以及一些其他官府指定的商品），之后他们便可以自由交易这些物资，以谋自利。

盐钞系统在实行之后不久就开始出现了问题。一方面是商人们存在哄抬盐价的行为，另一方面是运输成本的高涨。1044 年，宋仁宗任命范祥针对弊病改革盐政。范的改革有几个举措，比如简化商人们的运输路径，令他们不必先运粮草再领盐钞，而是以实钱换盐钞，而官府再用现金购入前线需要的粮草。范祥改革后的钞盐系统又运行了几十年。[3]

王安石新法的到来再次打破了盐法的平衡局面。不出意外的是，王安石非常重视盐权给国家带来的收入，他意图扩张官鬻，削减民营。新法不断收紧对民营的控制，在某些地区甚至取消了商人运销；这个政策

---

1 William Guanglin Liu, *The Chinese Market Economy*（Albany：State University of New York Press，2015），47.

2 有关以上不同模式的系统讨论，见Chien, *Salt and State*，58—62。

3 见Chien, *Salt and State*，62–65 以及戴裔煊：《宋代钞盐制度研究》，274—283 页。沈括自己亦有一则对范祥改革的记述，见《梦溪笔谈》，211 条，卷 11，91 页。

新动向于是也引起了边境上的物资短缺问题。盐法的另一个更大的危机来自于盐钞本身。民营通商被压制导致了盐钞的贬值，但与此同时官府还在源源不断地发行盐钞——北宋面临货币短缺危机，政府印盐钞能作为正规货币的补充。但是，这显然是没有考虑到通胀的短视行为，不断贬值的盐钞令整个盐法系统迅速陷入危机。[1]

盐法危机于是又挑起了新旧党之间的一场论战。旧党斥责王安石又破坏了一个原本运行良好的旧法，而王党在这场论战中的代表张景温毫不让步，强势推行官盐，主张严厉打击私盐，并要求进一步扩张官鬻的范围。为了做出一个公允的决断，神宗皇帝诏陕西东路转运使皮公弼入朝议事。皮对王的做法极为不满，建议朝廷反向而行之：重开民营通商、回购旧盐钞以及抑制盐钞通胀。张皮二人之间的尖锐对立令神宗难以定夺，于是他把决定权交给了当时的权三司使——沈括。[2]

沈括之后的一系列举动颇引人议论。他首先驳回了皮公弼的提案，但在王安石 1077 年第二次罢相之后，他又迅速撤回了这一决定，并与皮联手开始整顿钞盐系统。[3]除了回收旧盐钞之外，沈皮二人鼓励以旧钞请盐的商人贴纳现钱以找回新、旧钞差价。这些举动是为了减轻盐钞通胀，也是为了挽留榷盐系统中的私有经营者。[4]

---

1 戴裔煊：《宋代钞盐制度研究》，289—294 页，以及 Chien, *Salt and State*，65—66。

2 《续长编》，卷 263，6442—6443 页。

3 《续长编》，卷 263，6443 页。

4 《续长编》，卷 274，6717—6718 页；卷 281，6885 页；《宋会要》，《食货》，卷 24，13 页。

尽管在旁人的眼中沈括在盐钞问题上的反复是见风使舵、玩弄权术，但是他本人后来写就的自志却说明他的立场其实一直站在皮公弼这一边，起先对皮的否定大概真的只是因为忌惮王安石的权宜之计。沈括本人提出了一个详细的改革盐钞计划，包含四点主要提案。第一，过度印钞不可取，建议以二百万贯为岁常。其二，中央政府应对某些地区统一盐价，而不是任凭地方随意制定价格。这一点尤其针对是所谓的解盐，也就是 11 世纪行销最广的盐类。[1] 解盐的产地有东、西、南部之分；[2] 官府特意压低西区的盐价以此打击宋夏边境上的走私行为。但是这一政策却造成了东、西区之间严重的不平衡。西区价格低廉的盐在东区大肆流通，而东区自身产盐却积压在库存里。针对这一现象，沈括建议取消西区的低价政策。

　　同时，沈括还建议由三司集中统一发行盐钞。盐钞发行权其实分散在不少机构手里，比如所谓的解盐司，是一个州一级的单位。[3] 尽管解盐司这样的"外司"参与盐钞发行不无合理之处，但沈括仍然坚持三司应当是唯一的制钞单位，因为只有三司最清楚国家现有盐的库存量，这个数据是决定印钞数量的基础。沈括的这条提议显然也是为了抑制盐钞通

---

1 解盐是解州的特产。有关解州盐业的基本情况，见戴裔煊：《宋代钞盐制度研究》，8—9 页。有关宋盐的几大分类，见戴裔煊：《宋代钞盐制度研究》，1—7 页。

2 有关这三个分区的详细情况，见郭正忠：《北宋前期解盐的"榷禁"与通商》，《北京师院学报（社会科学版）》，2 期，1981 年，66—67 页。

3 有关解盐司的系统讨论，见崔玉谦：《北宋陕西路制置解盐司考论》，《西夏研究》，1 期，2015 年，59—65 页。

胀。此外，沈括也指出了内外诸司各自为政给盐钞流通带来的问题。他认为不少盐钞其实已经离开了榷盐系统而藏滞于民间，为此他建议政府应当用一个统一的盐价来管理所有官府涉及的盐业交易。[1]这个建议的背景是官府与民间的鬻盐交易其实管理松散，处处都有漏洞可钻。譬如官府可以将盐借贷于民，而农民可以在蚕事已毕之后以丝绢偿官。[2]尽管这个过程并不涉及盐钞的使用，但是沈括建议其交换价值应当与盐钞系统相合。这样一来，涉及交易的部门就不能随意压抬盐价，而民众也没有了私藏盐钞的动力。

沈括进一步指出了诸司管理盐钞的三个体制漏洞。[3]第一个是中央一级的省、寺常常在交易中"自制高下之价"，而路一级的转运司又常常以田庐券契质盐，事实上绕过了整个盐钞系统；此外，负责中央政府财税出纳的太府寺又常常以盐钞与外州交易以省交通转运之费。沈括认为以上诸种行为都应当被取缔，才能恢复盐钞的正常流通和交易。[4]

在沈括对盐钞系统细致的观察和管理之外，一些其他早年的言论也透露出他与王安石在盐政上的意见相左。在1077年之前，沈括曾在多个场合反复强调了对民营盐业的支持。譬如，1075年，神宗召沈括议论成都府私人贩卖井盐的问题。神宗意图关闭私井，然后运官盐到蜀中售卖。沈括反驳说"私井容其扑买，则不得无私易"，最终说服皇帝打消

---

1 《续长编》，卷280，6872页。

2 见戴裔煊：《宋代钞盐制度研究》，64—67页。

3 《续长编》，卷280，6872页。

4 《续长编》，卷280，6871—6872页。

了这个念头。[1]同年，沈括还阻止了对河北和京东两路民营的禁令。他以祖宗之法为据，号称"太祖常降墨敕，河北无得禁盐"[2]。由此看来，沈括其实一直支持盐业私营，所以他与皮公弼的联手根本不是意外。

沈括在盐钞法上的反复来自于他面临的一个核心难题：如何才能在调整新法的过程中不触怒王安石？在王安石二次罢相、上下颠簸之际，他似乎只能是伺机而动，在间隙中出手。从沈括的角度来说，他这种做法可能其实只是为了自保，但是从王安石的角度来说，沈括的行为却是赤裸的背叛和投机，而沈括对新宰辅的殷勤更是令人不齿的阿谀。公允地讲，沈括对王安石新法是有真心的，他固然有基于利益的投机行为，但同时也可能真心相信自己的改革调整是有利于新法的。但是从整个政治形势来看，沈括的做法却俨然已全面污名化，他是否有真心凿实的政策考量，其实已经根本不重要了。

缓解钱荒

沈括另一个着力之处是货币问题。笔者在上一节就提到，盐钞危机的大背景是货币短缺，即所谓的"钱荒"。钱荒这个说法始于唐代，所以在宋人看来还是一个相对新的经济问题。11 世纪钱荒的一个时代性的原因来

---

1 《宋史》卷 183《食货志》，4474 页。
2 《续长编》，卷 265，6491 页。在《笔谈》中沈括记述仁宗后来还进一步承诺降低河北盐价。考虑到《笔谈》成书较晚，可见沈括在盐政上的立场其实一直未变。《梦溪笔谈》，212 条，卷 11，91 页。

自于新法对货币化不遗余力的推行；王安石的这个政策间接造成了流通货币的短缺，从而进一步导致农副产品的购买力下降，通缩于是随之而至。

　　导致钱荒的原因当然有多重。[1]总的来说，所谓的"荒"是相对的，是经济快速发展的情况下货币发行力有不逮的结果。11世纪晚期，北宋官府有一年铸铜币六十亿的能力，已是中国历史上空前的造币纪录。[2]但是这样的增幅依然跟不上发展的步伐。[3]当时的旧党和不少现代史家都认为王安石治下的急速货币化令这个差额进一步拉大。新法的一个重要特色就是推行货币征税，而宋以前农民更常见是以谷、帛这样的实物缴税。青苗法和募役法事实上是强制农民先以谷帛换取现金，再以货币缴税。这样一来，民间向官府输送了数量空前的铜、铁钱，而这部分收入不少又被官府的冗官、冗兵所消耗。[4]随着新法的推进，政府预算不断增

1　有关钱荒成因的系统研究，见高聪明：《宋代货币与货币流通研究》，保定：河北大学出版社，1998年，333—344页。

2　Richard Von Glahn, "Revisiting the Song Monetary Revolution：A Review Essay." *International Journal of Asian Studies* 1.1 (2004)：159.有关宋代货币的详细数据，见Liu, *The Chinese Market Economy*, 218–221。

3　袁一堂：《北宋钱荒：从币制到流通体制的考察》，《历史研究》，4期，1991年，129–131页。

4　宫泽知之认为新政期间宋代货币只有十分之一处于流通状态，大部分被藏于国库。见宫泽知之，《宋代中国の国家と经济》，东京：创文社，1998年，63页。高聪明则认为尽管宋代政府通过税收吸收了一大部分货币，但是因为新政的高耗费，其中很大一部分其实还是回到了流通之中。见高聪明：《宋代货币与货币流通研究》，339页。也见von Glahn对这些争论的总结，见von Glahn, "Revisiting the Song Monetary Revolution," 169–173。

长而通缩不断加剧；在王安石罢相、沈括上位之际，这个问题已引起了党派之间激烈的争论。[1]

　　沈括在货币问题上试图摸索出一条中间路线。他在一篇详细的自志中提出了钱荒的五点成因以及对应措施，但是值得注意的是，他自始至终没有直接批评新法。沈括首先建议恢复铜禁。黄铜原材料的价钱飙升导致民间不少人销铜钱以为日常器物。[2]而禁铜令能缓解价钱上昂，减缓民间销钱为器的现象。禁铜令已有前例，但被王安石在新法期间解除。[3]沈括的第二条建议与前述盐钞事宜相关：他建议稳定盐钞价值，使"民不疑钞"，这样整改后的盐钞可以变成一种替代货币。[4]沈括的第三条建议则是在传统的铜铁币以及盐钞之外进一步摸索货币的可能形式。为此，他特意强调："古为币之物，金银珠玉龟贝皆是也，而不专赖于钱。"[5]第四，沈括建议清理滞留的货币，特别是地方常平仓中的储存。[6]此处尤其可见他刻意绕开王安石的意图，因为其时饱受指责的钱荒之成

1　Smith, "Shen-tsung's Reign," 441–443.

2　叶坦：《论宋代"钱荒"》，《中国史研究》，2 期，1991 年，23 页。其实宋代官府销毁滥用黄铜的行为也不少。比如，薮内清留意到北宋政府使用了 11 吨黄铜用于建造浑仪（其中也包括沈括的那一架）。见薮内清：《宋元时代の科学技術史》，京都：京都大学人文科学研究所研究报告，1967 年，6 页。

3　荒木敏一：《宋代の銅禁：特に王安石の銅禁撤廃の事情について》，《东洋史研究》，4 卷，1 期，1938 年，1—29 页，特别见 12—26 页。

4　《续长编》，卷 283，6928 页。

5　同上。

6　同上，6929 页。

因正是新法，而非新法之前的常平仓系统。最后，沈括提出要警醒钱币向辽国以及日本的外流，所谓"泻中国之钱于北者"，故有必要在边境上禁止私易。[1]

沈括的这五条意见中，第一条和第五条尚属当时的常见看法，而中间三条则互为贯通，构成了一个针对钱荒的深度解决方法。这三条归宗为一点，就是流通，用沈自己的话说，就是"钱利于流借"[2]。他举了一个简单明了的例子，十室之邑有钱十万，如果聚于一人之家，滞留不动，那么百年之后依然是十万；倘若流通起来，遍于十室，则有百万之利。沈又将此假设类比于现下的常平仓系统，一个至小之邑的常平储备也不会少于万钱，那么一旦流通起来，钱荒必然能得到缓解。[3]

沈括重视货币作为交换媒介的功能，而反对将其视为有固定价值的储存之物。按照这个逻辑，货币的价值则与它的物质形态是无关的：价值稳定的盐钞可以是货币的一种（纸币也是如此），而铜之外的贵金属当然也可以用来制作货币。他的三条建议正是围绕这一点展开的。

沈括对货币流通的强调涉及到了造成钱荒的一个重要原因：以政府手段强行推进的货币化事实上并没有有机地整合到经济活动中。从某种程度上来说，货币系统自成一体，它尚未深度渗入宋代农商工业的肌理。农民和地主时常囤积货币，视其为价值固有的储蓄品。宋代官府也时常住滞

---

1 《续长编》，卷 283，6929 页。

2 同上。

3 同上。

货币以增强国家储备，而不是将其返还到地方经济流通中去。钱荒不是一个简单绝对的亏绌，要解决这个问题需要对经济活动和手段进行系统的调整。沈括当然不是唯一一个强调货币流通性质的人，但是他就此提出的多管齐下的解决方案确实体现了细致和出众的系统性思考。[1]

盖棺定名

以现有史料很难判断沈括在多大程度上执行了自己的货币改革理念，因为 1077 年晚些时候他已经深陷职业危机了。尽管他一再试图证明自己的政策调整并不是对王安石的背叛，但来自后者以及其他士人的"孔壬"之斥责声却不绝于耳。随着 1070 年代的结束，沈括作为反复小人的狼藉名声似已成盖棺定论，而他的政治生涯也与此同时走向了终结。

神宗皇帝起初是抗拒舆论、坚持任用沈括的，但他最终还是改变了心意。侍御史知杂事蔡确，即变法派在王安石二次罢相之后的新领导，长篇累牍地上书弹劾沈括，指责他"偏颇"且"翻覆"。[2]蔡确历数了沈

---

1 比如张方平就提出过"万物流布而不竭"这样类似的说法，见张方平：《食货论》，《乐全集》，《张方平集》，郑州：中州古籍出版社，2000 年，卷 15，181 页。

2 《续长编》，卷 283，6934 页。有关蔡确的系统讨论，见 Hugh Clark, *Portrait of a Community：Society，Culture，and the Structures of Kinship in the Mulan River Valley（Fujian）from the Late Tang through the Song*（Hong Kong：Chinese University Press，2007），239–242。

括的不忠行为，包括在募役法上的反复以及对保守新宰辅的诋毁，并进一步严厉斥责了沈括的为人，说他"挟私害政"且"自主计以来，一事无补"，所作所为仅媚上欺下而已。[1] 沈括对此奏状的回应克制而谦卑，承认蔡确之所言有几分事实，"臣僚所言，皆中臣罪"[2]。神宗皇帝为沈括所打动，于是没有对弹劾做出反应。

蔡确于是转换角度再次进言。他指出沈括修改募役法，不直接进言于神宗皇帝，而私下向吴充汇报。言下之意，沈括既然背叛了新法，那么也不会忌讳背叛皇帝。蔡确这番话触动了神宗的敏感神经，他最终决定将沈括发派宣州，并在诏令中也以"反复"之由地斥责了沈括：

> 具官沈括，朕自拔擢，置之侍从，创法立制，汝皆与闻。而始不熟计利害，终则挟持浮说，进退希旨，反复异言。腹心如此，朕何望哉！[3]

不过，神宗言语严厉的背后其实仍有迟疑，其"反复"之斥责未可不是用以平息舆论的权宜之计，因为在接下来的两年里，神宗两度试图将沈括召回京城，显然还有用沈之意。当然了，他的两度试探都被御史驳

---

1 《续长编》，卷 283，6934 页。

2 同上。

3 《宋大诏令集·政事·贬责》，北京：中华书局，1962 年，卷 206，770 页。

回，并未成功。[1]

最终神宗为沈括在宋夏边境上找到了新的落脚点。其实宋与西夏战事已久，是笼罩整个新法时期的外交阴影，神宗迫切想要解决这个问题。[2]令他沮丧的是，大多数变法派都不支持他进击西夏。他命沈括改知延州兼鄜延路经略安抚使，并密命其准备对夏用兵。[3]西夏在1081年发生了一场政变，正处于混乱状态，神宗认为有机可乘，沈括也乘势在随后的伐夏计划中起到了重要作用。

宋夏战争这次机遇让沈括燃起了希望，他竭尽全力、想方设法从各个方面为这场战事做出贡献。在宋夏边境上的两年几乎是他前半生博识多才的职业生涯的浓缩版本。他巧算运输粮草的最佳方案，[4]同时细致考察地形，大兴防御工事，[5]还以之前训练乡兵的经验组织边境居民参与边防。[6]他甚至用上了自己的音乐才能，制数十曲凯歌，令兵士歌之以鼓舞士气。[7]尽管名义上是文官，沈括却数次领兵出阵，大有身先士卒之意。

---

1 《续长编》，卷291，7114页；卷304，7411页。

2 有关这一时期宋夏关系的系统讨论，见Ruth W. Dunnel, "The Hsi Hsia," in *The Cambridge History of China Vol. 6：Alien Regimes and Border States*，907–1368，ed. Herbert Franke and Denis C. Twichett（Cambridge：Cambridge University Press，1994），191–97。

3 《续长编》，卷305，7426页。

4 《梦溪笔谈》，191条，卷11，85—86页。

5 《梦溪笔谈》，200条，卷11，88页。

6 《宋史》，《沈括传》，卷331，10653页。

7 《梦溪笔谈》，90条，卷5，43—44页。

可惜的是，沈括的全力以赴并未能挽救他的职业生涯。1082 年，夏军在永乐城大败宋军，永乐失守，宋方阵亡二十多万人。这场战役史称永乐城之战，宋方由沈括、徐禧、种谔等联手领军，而徐本人也在战事中丧生。此役一败，彻底粉碎了神宗对西夏用兵的野心。[1]宋军在永乐城之战中的惨败其实与将领之间的沟通合作不畅有重大关系，但是神宗最终降罪于沈括，将他贬至随州，安置在法云禅院。[2]沈括的官场生涯从此正式终结。

11 世纪的道德舆论深深植根于党争政治，所以不仅仅是一个基于个人德性的现象。沈括的经历正展示了在一个分裂时代，政治投机和中间路线是如何催生了"反复小人"这样的道德评判的。沈括的政治生涯始于早年同僚对他急功近利的诟病，终于宋廷上下一致对其"反复"的申讨；终其一生，他似乎都是以一个德行有亏的形象出现的。有关他道德投机的舆论在所谓的"乌台诗案"中达到沸点。[3]乌台诗案的主角是苏轼，他因反对王安石，作诗讥讽新法获罪入狱，而据称举报他的人之一就是沈括。沈括上呈的证据是苏轼以朋友之名相赠的诗作。有当代学者

---

1 有关此役以及宋夏战争的详情，见 Forage, "Science, Technology, and War," 59–74，以及氏著 "The Sino-Tangut War of 1081–1085," *Journal of Asian History* 25 (1991)：1–28。

2 沈括：《随州谢表》，《长兴集》，卷 16，6 页 B。

3 有关此案细节，见 Egan, *Word, Image, and Deed*, 39–53 以及 Charles Hartman, "Poetry and Politics in 1079：The Crow Terrace Poetry Case of Su Shih," *Chinese Literature：Essays, Articles, Reviews (CLEAR)* 12 (1990)：15–44。

驳斥了这件事的真实性，但是传闻也好事实也罢，此案非常符合沈括一贯的投机名声，所以它的流传其实已与真假无涉了。[1]

沈括在王安石新法时代的崛起和陨落似乎都与他缜密的检修能力相关。除去种种党争是非，沈括与王安石的立场其实从始至终都有鲜明的不同：王以追求统理为目标，而沈是一个不依赖统理的细节检修者。在政治联盟稳定的时候，这两个不同立场可以高效互补合作；但二人决裂之后，这两个立场之间的对立也暴露无遗了。拨开党争舆论的表象，王安石和沈括之间其实也在知识路线上大相径庭。在接下来的一章，笔者将对此作出重点分析。

---

1 见包伟民：《沈括事迹献疑六则》，310 页。

第七章　出入于统理

在帝国最高权力层中起伏跌宕的十年必然为沈括带来了诸多感慨，其中最重要的一条恐怕是他和王安石之间最终无法弥合的差异。上一章中笔者讨论了沈王之相左在党争政治中的意味和后果，而他们之间的罅隙在知识论层面上也是有重大意义的。本章将着重从知识论和为学的角度来进一步剖析究竟何为统理。本章的结构始于分析统理的性质，终于讨论沈括脱离统理的原因。前五小节将依次介绍统理的知识论涵义，辅以讨论一些重要的具体例子（比如王安石以及其他同时代宋人的统理）；在最后一节里，笔者将以探讨统理中获得的新思路回到对沈括以及沈王关系的分析。

何为统理

从最根本的意义上讲，所谓的统理就是一种棣通之观，即要素与细节有效整合的一个全景。在本书的视野中，任何一种宋代的统理都是基于"物"的，包括物体、事体以及人类（物的定义见第二章）。要素整合的终极意义则在于统理之"统"（unity）。对宋人而言，棣通之观的意义正在于提供一种贯通万物的秩序感。

需要说明的是，笔者对统理的定义是区别于一个普遍意义上的"系统"的。在现代语言里，一个哲学系统可以是任何一种有条理的思想；譬如现代意义上的经验主义就是一个系统。宋代的统理则强调整体秩序，特别是建立在这个秩序基础上的贯通之法。一个经验主义者，无论是古是今，都不能（也不主张）提供这样一种棣通的视野；这也是为什么笔者在第九章将沈括的思想冠名为"反统理"。

本书提出的"统理"这一概念，并不仅仅是为 11 世纪哲学披上一件新的理论外套。"统理"的提出不仅是横向的归纳，更是纵向的深度剖析。笔者意欲以"统理"为刃，剖开并挑明北宋思想中的知识论脉络。对于宋人而言，统理最重要的作用当然是揭示天地万物之间的秩序，并以此秩序指导求知。笔者将重点讨论宋代思想是如何在这个基础上想象认知向导并规划认知过程的。接下来，笔者首先厘清何为"模比"，即所谓的"德性之知"——统理者的主流认知手段。

何为模比

模比是一种认知手段，是为学求道者的主流认知行为，即人们在具体情境中生发新理念（beliefs）和行动（actions）的机制。笔者在导言和第二章中已经讨论过，模比/德性之知是高于闻见之知的认知模式；它关注的是万物在大秩序中的"所在所就各得其宜"。现代的读者尤其应注区分"德性之知"与狭义上的道德伦理知识。在笔者看来，模比的立足点是"范轨"（models），而范轨有多种多样，道德范式只是其中一种。为了表征这种广泛性，笔者以模比代替德性之知，以避免现代语言可能造成的误解。

定义模比需要厘清两个相关概念，第一个是"关联性秩序"（order of relations）。笔者也间或称之为"深层秩序"（deep orders）；后一种提法与深层真际相关。所谓模比，就是在一种关联之中妥善处理一个物体／事体。这里所谓的"关联"有矩范立则（normative）之意味，即它的存在给求知者提供认知指导。需要强调的是，在这个认知流程中，求知者的理念或者行为并不需要来自对这个关联有意识的认知。换句话说，一个求知者可以在"电光石火之间"（in an instant of brute clarity）获取新的理念或者完成新的行为。[1]为了完整地剖析这一点，笔者必须介绍第二个相关概念——心。

心这个概念对理解模比的心理学过程至关重要。在西文语境中，心常常被翻译为"heart"（心灵）以及"mind"（头脑）的合体，这是为了防止欧洲认知传统可能对中国哲学的造成的误读，因为前者在习惯上将心等同于情感，而将头脑对应理性。心正是模比的工具器官，正如耳目是闻见之知的工具器官。在心的多种功能里，重要的一项就是令求知者无须思虑就可以感知一种秩序的向导力。心的这个特殊功能早在上古思想中就已有定论，在11世纪已经成为普遍共识；而11世纪的程颐则在自己的哲学系统中进一步充分阐释并发挥了将这个功能（见第十章）。

---

1 Angle and Tiwald, *Neo-Confucianism*, 123.

按照以上两个概念的顺序，笔者将对模比的分析也划分为两部分。本章将重点讨论的一部分，即关联性秩序，而第十章则会以程颐为例详细论述第二部分，即以心为基础的道德心理学。

何为关联性秩序

作为模比的中心要素，关联性秩序有提供认知向导的作用，而这一作用是宋儒意图以言语表述不可言之道的结果。模比的一个重要前提就是人的认知必须在大秩序的框架中完成；这个前提来自一个宇宙论想象，即万物的诸种活动汇总于宇宙覆天载地的洪流之中，而此洪流是一种有架构的涌流（structured dynamism）。这种宇宙想象正是笔者已讨论过的由道至物的生发论：

道→神→诸种中间环节（比如数、象）→万物

笔者在第二章中已说明，这个公式不仅是讨论宇宙的生发，它所列举的种种发展阶段其实更是对世界可分性的描述，即对不断涌动的道之架构的具体描述。该生发论中的每一个阶段其实都是一个大的秩序，而每一个秩序都以一种特定的关联性为中心，比如在第二章中笔者讨论过邵雍是如何以数为主要关联性秩序的。当然了，关联性秩序并不止于数和象，它也在较低阶的存有范畴中囊括道德、礼仪、官政等秩序结构。如果说万物在无序的个体性存在中是"末"，这些关联性秩序就是"本"；

"本"的结构无论大小都包含在道的洪流之中。

接下来让我们在这个知识论的大框架中重新审视王安石。王安石撰有名文《致一论》，其主旨就是在求道的背景下讨论大的关联性秩序。王在文中指出，既然道通过各种秩序最终散落为物，那么求道者正应该反其序而求索之。用他自己的话说，就是"盖道之序则自精而至粗，学之之道则自粗而至精，此不易之理也"[1]。如此一来，一个求道者应当经由诸种中间阶段而回溯到道，每一个中间环节都会提示他关注一种关联性秩序。王安石详细解释了这个过程。首先，求道之志业始于可思可为之事，并能在事的层面上"利其用以安其身"。安身之后，即应"崇德"，"则可以致用于天下之时也"，所谓"治不忘乱，安不忘危"。以上的步骤完成之后，该求道者就实现了"事业备"，从而进入下一步——"穷神"。能穷神者，即能做到"知微知彰，知柔知刚"；而微彰刚柔之际皆明察者，则已立于道之入口。得道之人，也就是达到了一种无碍的致一境界，可以在万物万事中畅游而无所愆误。有道之人已无须再思虑，因为"百虑之归乎一"，这也正是为何他可以做到"天下之物可以不思而得"，优游于世间，"无思无为"，"寂然不动"[2]。

在《致一论》中，王安石对从小到大、从粗到精的诸种秩序做了清楚的辨识。按照他的论证顺序，最具体而微的头道秩序是物之"用"。用作为一种秩序，是将一个物体/事体与一个（人类的）意图相关联。

---

1 王安石：《致一论》，《临川先生文集》，卷 66，708 页。
2 以上引文均见王安石：《致一论》，《临川先生文集》，卷 66，707—708 页。

比如，一张椅子之"用"在于支撑人的臀背部、供人止息；这个用是一个明确以人类为中心、满足其利己的意图。

接下来王安石所讨论的两个关联性秩序是中国思想史上最为人所熟知的话题。第一个是"德"，即道德秩序。作为古代中国思想中最常见的议题之一，德常常与"礼"相联系，这里的礼泛指广义上的伦理。在德/礼的情境中，人们考虑的是一件物体/事体在一个人际关联中的所在所就。王安石讨论的第二个秩序是"致用于天下"的语境，即官政中的治乱。这套秩序与士大夫的政治志业是直接相关的。在他的诠释里，这套秩序主要指的是"法"；即在法的范畴里审视以及管理物的所在所由。

王安石接下来由官政秩序跃升到了"神"，即致一人道之前境。神和道被定义为不可言说，所以与法、礼不同，不是可以靠语言描述的秩序，但是本质上来说依然是大的关联性秩序。他从法到神的跳跃，略过了其他宋儒热衷讨论的一些中间环节，譬如前文多次讨论的数。其实，王安石将数放在心中，因为"知微知彰，知柔知刚"是《易经》中的措辞。[1]所以，尽管他可能出于个人偏好无意强调数的地位，但是他非常清楚数理关系也是界定万事万物所由所在的重要秩序之一。

需要说明的是，尽管王安石在行文中依次介绍这些秩序，但这并不意味着这些秩序是彼此分离的，也不意味着一个人需要严格地在这些秩序之间递进前行。这个次第很明显与之前讨论的宇宙生发顺序是一致的；而表述这个次第的主要目的是厘清本末之间的逐步变化，从而为求

---

1 《周易正义》卷 8《系辞下》，184 页。

学者提供向导。在个人真实的经历里，这些秩序的出现完全可能是多变的，而它们的互相交涉也是灵活的。

这些秩序之间的关系其实也很难以一语概之；因为代表了不同的本末程度，所以秩序与秩序之间在存有性质上是不平等的。比如，所谓"先天"的秩序就高于"后天"；数就比礼更加接近本原。宋人也常常争辩其中一些秩序的排序（比如数和象孰先孰后），令这些秩序之间的关系进一步复杂化。不过，从认知功能上说，这些秩序确实是平等的，因为它们都是可以提供认知向导的真际结构。当王安石以一序列的秩序来描述求道的过程时，他对这种功能性平等也是认可的。

作为认知向导的关联性秩序

关联性秩序不仅仅是通往道的中间环节，它们也为求道者在各种具体的经验与情境中提供认知向导。上述这两个功能是互相交涉的。从一个个体来说，得道则意味他可以在任何情境下都能生发正确的理念，做出正确的行为。所以，求道的过程也是一个力图在人生各种情景中做出尽可能多正确决定的长时段过程。正如王安石所言，人人都应争取"以道揆事"[1]。但是道本身是无方、无形、不可言说的，所以用于"揆事"的其实是已知的关联性秩序；这意味着个人需要将新理念、新行为与某种秩序相应，而这种秩序正为他的理念、行为生发提供了认知向导。

1《续长编》，卷241，5886页。

为了讨论关联性秩序的认知功用，必须先明晰它的存有性质。首先，任何一种关联性秩序都是经验性的物质真际的一部分。这个性质放在礼、法的语境中不难理解，但是同样适用于看似抽象的数（第二章中已讨论过）。为了方便进一步讨论，笔者且先列举一组关联性秩序的具体例子（除了第三条数之外，例子均来自于王安石）：

> 用：人用之以为御。[1]
>
> 礼：以父子之亲情，长子为父守丧三年。[2]
>
> 数：龟为阴，鹿为阳（见第四章的讨论）。
>
> 法："以贤治不肖，以贵治贱"；即，贤与不肖、贵与贱之间的
> 等级关联。[3]

以上这些关联不是超越经验世界的抽象规则。对于一个宋人而言，模比认知就是他在个人经验中实现（actualize）——或曰"尽"——这些关联性秩序的过程。从存有意义上说，这个过程与笛卡尔系认知是截然不同的，关联性秩序不是抽象框架，模比者也不是将经验性的物附会入一个抽象关系。换句话说，在宋人看来，关联性秩序不是人类主观意识的产物。

---

1 王安石：《礼乐论》，《临川先生文集》，卷66，706页。

2 王安石：《季子》，《临川先生文集》，卷68，720页。

3 王安石：《谏官论》，《临川先生文集》，卷63，673页。

更加严格地讲，关联性秩序是经验性的，但它不应被理解为是从经验中抽引的产物。以上这组例子都与经验性的积极效果（比如完成度、适宜度或者是"自然而然"的感觉）相关，这些秩序也能在一定程度上促成这些效果发生。但是，从宋人的视角来说，关联性秩序并不是他从这些具体经验（和它们的积极效果）中推论出来的产物；供于他们认知的关联性秩序其实是在言论世界已有的一批储备，这点笔者将在下文以"贮备"（repertoire）这个概念来说明。

除去存有性质之外，关联性秩序的另一个特色也促成了它在认知中的向导作用，就是孟旦（Donald Munro）所谓的"事实与价值之混融一体"（fact-value fusion）。[1]任何一个关联性秩序都具有描述性，即某事某物原本如此，也同时具有评估性，即某事某物应当如此。一副弓弩是用以防御的武器，也应是用以防御的武器。鹿为阳，龟为阴；鹿在与龟的关系中应为阳，反之亦然。这种矩范立则的评估性在礼法官政的语境中尤其鲜明：父子之间父慈子孝，父子之间也应当父慈子孝；贤治不肖，也应当以贤治不肖。

如是说来，一个在特定情境中即将生发新理念/行为的知见者必须接受某种关联性秩序的评估性并以此作为他的认知向导。比如，士卒弯弓搭箭射敌，这个行为来自他对"弓之用在御"这个秩序的理解。医者研鹿角入药，必然要考虑它的阳性（必要时也应当以龟甲的阴性中和）。

---

1 Donald J. Munro，"Unequal Human Worth，"in *The Philosophical Challenge from China*，ed. Brian Bruya（Cambridge，MA：MIT Press，2015），132.

父亲去世，其子要念在父子之情分上斟酌丧期的长短——按照惯常的说法，当以三年为宜。[1]朝廷命官，必须以贤良与不肖的等级考察之。王安石的这个具体例子，其实是他在暗诽当今反对新法的御史官员不贤不良，德不配位。[2]以上种种关联性秩序都是宇宙洪流中基本、自然的架构条理，所以它们能在人类认知中占有矩范立则的地位。

那么，一个知见者如何才能明了关联性秩序、并接受它们的指引呢？这个问题既涉及到关联性秩序的哲学性质，也关系于实际历史操作。知见者与关联性秩序之间的关系既依赖知见者本人的经验，也与他的阅读资源相关。一方面，知见者对某种关联性秩序的熟悉来自于长期的行与思，所以关联性秩序对他来说是经验性的。另一方面来说，认知者都是倚赖见证（testimony）的。对宋人而言，世界并不是白茫茫一片的空白宇宙，一切秩序都需要以个人经验来摸索。前文讨论的种种关联性秩序其实都来自思想世界中已有的储备。站在宋代这个时间点上看，对世界秩序的见证已有长期积累，而这些历史性的见证是宋代学者进一步认识世界不可或缺的资源。历史见证大都来自前人文字，尤其是经书。在这个文本基础之上，宋代的"认知师范"（epistemic authorities，下一节将详细讨论这个概念）延续传统而继续书写，从而进一步生产当代的见证。

---

1 王安石：《季子》，《临川先生文集》，卷 68，720 页。
2 王安石：《谏官论》，《临川先生文集》，卷 63，673 页。他这番言论大致是针对反对新法的谏官。虽然这些说法属于有政治意图的雄辩，但是王的基本逻辑依然反应了他的认识论前提。

综上所述，对宇宙世界的知见从本质上说是经验性的；它的终极目的是对世界更精确的了解以及与其更有效的相处。但是，对世界秩序的了解在实际操作中又不可能是绝对经验性的，因为宋人的确也倚赖文本见证来辅助这种知见。所以，认识了解关联性秩序是经验性与文本性的重合；对宋人来说，涉世与读经就这一点上说是殊途同归的。

为了进一步厘清关联性秩序与文本见证之间的关系，让笔者引进"贮备"这个概念。每一个宋人都依赖文本传统中已有的见证——此即见证之贮备。这个贮备之中包含了大量在书写传统中积累下来的知识，所以是历史性的；但同时这个贮备又具有当代性，因为当代的认知师范（宋人）还在不断地撰写新的见证。所以，贮备是恒常流动并不断生长的。

古代中国文本传统中的历史见证可谓汗牛充栋。对于熟悉传统的读者来说，上文所举的王安石的例子中无一例外都来自上古。譬如用和体是一组概念，而体用之二分来自于《易经》。[1]有关上古圣王德与礼的讨论，在经籍中无处不见。[2]而有关法的讨论盛于《周礼》。[3]同时，上古以

---

1 《周易正义》卷 7《系辞上》，161 页。有关体用这组概念的历史，见 Antonio S. Cua, "Ti and Yong：Substance and Function," in *Encyclopedia of Chinese Philosophy*, ed. Antonio S. Cua (London：Routledge, 2013), 718–726。

2 有关从构建秩序的角度对礼的研讨，见普鸣（Michael Puett）的一系列研究，譬如 "The Haunted World of Humanity：Ritual Theory from Early China," in *Rethinking the Human*, ed. J. Michelle Molina and Donald K. Swearer (Cambridge, MA：Center for the Study of World Religions and Harvard University Press, 2010), 95–111。

3 有关《周礼》作为法之基础的讨论，见 Jaeyoon Song, *Traces of Grand Peace：Classics and State Activism in Imperial China* (Cambridge, MA：Harvard （转下页）

来各路文献对数的讨论也是林林总总。对于 11 世纪的士大夫来说，每一种关联性秩序都有浩如烟海的书面见证可以参照。所以，无论是有意为之还是潜移默化，宋人的认知都是受到这些历史见证所影响的。

当然了，书面见证的重要性并不意味着它要求当代人复制历史。一方面宋儒继承了浩大的贮备，另一方面他们也自如地以历史为基础履行新知见。譬如，邵雍的术数之学继承了阴阳五行八卦等基本要素，而却远远复杂于任何一种相关原典。至于礼法，宋儒极大地丰富了孟子五伦的基本学说，已无需赘述。[1] 王安石标榜自己的每一项新法都源自经典，但他事实上创造了一个前无古人的庞杂系统。[2] 这些例子都说明，当代对秩序的言说合理地成为了新的认知见证。

书面见证的重要意义与宋人对"文"（即书面文化传统）的重视是互为因果的。见证之贮备本应囊括古今，所以它事实上是一个持续扩张的动态空间，不断地吸收新的见证，从而在古和今的维度上延伸。从这个意义上讲，依赖一个文化贮备与依赖一个书面文化作为贮备是同义

（接上页）University Asia Center, 2015），12–15 以及 David Schaberg, "The *Zhouli* as Constitutional Text," in *Statecraft and Classical Learning*: *The Rituals of Zhou in East Asian History*, ed. by Benjamin A. Elman and Martin Kern（Leiden: Brill, 2009），33–63。

1 譬如，见冀小斌对司马光就君臣关系的详细分析，Xiao-bin Ji, *Politics and Conservatism in Northern Song China*: *The Career and Thought of Sima Guang*（*A.D. 1019–1086*）（Hong Kong: Chinese University Press, 2005），36–49。

2 王安石：《上五事札子》，《临川先生文集》，卷 41，440—441 页。

的。[1]模比本身其实也是一个书面文化从事者（士大夫）的认知模式，而士大夫们本来也是掌控历史文献和当代文化再生产的文化特权阶层。

上文讨论了关联性秩序在认知中的向导地位，接下来笔者要进一步追问的是：一个认知者究竟以何种方式获取关联性秩序的向导呢？这个问题涉及到模比的心理机制，同时也关乎关联性秩序的经验/文本双重性质。个人当然可以循从文本，从见证中获取以言语表述的规则（rule）。比如，一个丧父之人可以遵循广为人知的说法为父守孝三年。然而循规蹈矩并不是最佳方案；更理想的情况下，个人应该无须思虑（包括不依赖对规则的文本性理解）、自然而然地做出一个行为决定。这个过程的发生有如被一阵风推动，而这阵"风"正是是某种秩序矩范立则的力量（normative force）。在上面那个例子里，一个丧父之人应为父子之情（作为一种秩序的父子关系）所推动而自然而然地作出一个决定，这个决定可以是守丧三年，也可以是号哭三声随即离开。[2]这个自然的过程体现了该知见者对这个秩序的深度体验。笔者将在第十章以程颐为例子来详细剖析这个过程。

---

1 就"文化作为贮备"的理论分析，见Ann Swidler, *Talk of Love：How Culture Matters*（Chicago：University of Chicago Press，2001），24–40。此处对Swidler的援引也受到Robert Campany的启发，见Campany, *Making Transcendents：Ascetics and Social Memory in Early Medieval China*（Honolulu：University of Hawai'i Press，2009）。

2 王安石：《季子》，《临川先生文集》，卷68，720—721页。

认知师范

在模比这个认知方式中，认知师范是一个必要因素。所谓认知师范，是一个引导他人认知的权威性人物。[1]在宋代的讨论中，认知师范是亦古亦今的，既可以是先圣，也可以是时贤。认知师范之于模比的必要性有一个简单直接的原因：一个非圣非贤的寻常求道者无法拥有绝对的认知自给自足性（epistemic self-reliance）。对大多数人来说，既然尚未真正得道，那么事事以道相揆则其实是个理想，并非事实。认知师范之必要性的一个更具体的理由在于上文提到的个人如何认识到关联性秩序的问题。一个为学求道者多依赖于书面见证来学习社会性关联知识，而这些见证来自于认知师范。

概括来说，一个认知师范的权威来自于提供有关世界秩序的见证。这种权威性有两个具体的涵义。其一，严格地说，认知师范是知识的负贩者，而不是真正意义上的知识来源；因此，他不应直接要求他人在认知上复制自己的观点。所以，尽管认知师范是为学过程中不可或缺的一环，为学者却不应该对他们阐发的具体观点亦步亦趋。第二个涵义则与模比的心理程序直接相关：遵从守则不如听从本心。这第二条涵义正是宋人以先圣为认知师范的一个重要前提。认知师范的向导性是弹性柔和

---

1 笔者对认知师范的定义受到Linda Zagzebski的启发，见Zagzebski, *Epistemic Authority: A Theory of Trust, Authority, and Autonomy in Belief* (Oxford: Oxford University Press, 2012)。

的，区别于政治权威的强权。这正是为什么宋代的文化创新会以复古的名号发生，因为在认知师范如此定义的前提下，复古本来就不是对传统的固守和拘泥。

因为认知师范既可以是先圣，也可以是时贤，所以从宋代的语境来说，所有的统理建设者其实都是认知师范。下文将以关联性秩序和认知师范这两个概念来进一步剖析宋代的统理和他们营建者的哲学路数。

王安石的统理

统理是一个厘清秩序、规范认知的系统；它是一个以求道为志向、全面想象世间秩序的工程。不少人在营建自己的统理时是以一个核心关联性秩序为支点的，王安石就是一个好例子。他最关注的秩序莫过于法，即治国之系统制度。[1]换句话说，在他的统理中，最重要的关联就是制度层面上物/事的整合。

让我们首先来分析王安石这个统理的哲学属性。他选择了法作为其统理的核心，而法是一个在由道至物的生发论中相对低阶的秩序，其存有性质也相对具体。王安石本人是如此阐述法与道之间的关系的：

> 惟道之在政事，其贵贱有位，其后先有序，其多寡有数，其迟

---

1 从理论上说，与"礼"相对的法，与用于治理国家的政策之间是有区别的。但是在新法的语境里，王安石对法的定义是统一无二的。在王的用法里，法具有强烈的管束权威。

数有时，制而用之存乎法，推而行之存乎人。[1]

这番话是明确地从治人者的角度阐发的，皇帝（即最高的政治权威）是王安石统理之核心与统帅，正如其所言，"居天子之位，而使天下之道寖明寖备者也"[2]。

值得注意的是，王安石的统理虽然以制度为核心，但这并不意味着它只限于制度政事。和其他统理营建者一样，王安石亦着眼于一个宽广的"道"（所以才有"道之在政事"这样的说法，说明道并不局限于政事）。王认为政治制度层面上的事物和谐是近于道的一种体现。换句话说，一套好的制度是宇宙其他秩序能够实现的基础，而这正是法与道的关系。法在这里被赋予的是一种操作意义上的延展性，这种延展性与数或者理所具有的抽象意义上的普适性是不同的。

王安石之统理的具体内容正是他的新法，而新法很好地验证了他在哲学层面上展望的这种延展性。王安石的每一条法都是一条政策，或曰一条具体的定规（specific prescription），比如青苗法、募役法、保甲法，等等。但是新法这场运动却不仅仅是针对政事民生的，它更期冀于以经济、教育杠杆来教化民众、化风美俗。[3] 王安石统理的全貌正是这种种具

---

1 王安石：《三经新义辑考汇评（3）：周礼》，台北："国立"编译馆，1987 年，卷 1，1 页。

2 王安石：《夫子贤于尧舜》，《临川先生文集》，卷 67，711 页。

3 见Jaeyoon Song的详细讨论，Song, *Traces of Grand Peace*, 222–244。

体定规的聚合体：富国（以及相对公平的分配）、强兵、教育兴盛、风俗美厚，以及一个发达的政府管理机制。这个制度既是天地间总秩序的一部分，又是它主要的驱动力，换言之，这个政府制度就是对道的模拟和近乎于道的手段。

这个统理最显著的特色就是内容上的高度具体化以及实施方式上的高度约束性。在执行新法的过程中，每一条政策表述的都是王安石眼中的必行之事，具有高度权威性，并在遭遇阻力时，可以依靠强权开道而得以顺利实施。这一系统中的法其约束力之高，可以直接称之为强制力了。这当然造成了不能忽视的问题，下文将有详论。

综上所述，王安石的统理是一个全面具体定义的制度系统；通过与政治权力的完美结合，它成为了 11 世纪势力最盛的统理。正因为它与日常政治之间的密切联系，现代学者在研究王安石新法时往往看不到它与更广阔的、宇宙性的道之间的联系。但是正如本章所示，和许多同时代的思想者一样，王安石同样以囊天括地之道为志向；他的统理之所以没有什么强烈的宇宙论、形而上的色彩，大致还是因为他选择了法作为中心秩序之故。

而认知师范在王安石的统理中有两重意义。其一，从提出自己这个统理开始，王安石就俨然以当代认知师范自居了。但鉴于其统理与政治权力的密切结合，王作为认知师范的身份其实很快转变成了政治权威，从而也助长了他强权式的推行手段。从另一个角度讲，王安石又明确认可古代圣贤作为认知师范的身份和作用。因为法是他所选择的中心秩序，所以在他的想象中，法也是古代圣王最看重的秩序，故常常有"圣人之法"一说。[1]在著名的上仁宗皇帝万言书里，他就以学校教育为语境讨论先圣对法的建设：

> 古者天子诸侯，自国至于乡党皆有学，博置教导之官而严其选。朝廷礼乐刑政之事，皆在于学。士所观而习者，皆先王之法言德行治天下之意，其材亦可以为天下国家之用。[2]

上述文字中王安石点出了三处先王之法对他的启发，一个是广泛地开设学校，另一个是严格提拔教员。第三点，也是最重要的一点，即学校观习的内容要与治理天下密切结合，从而培养出贤能的官员。王安石确实将这三点精神贯彻到了他新法的学校改革内容当中。[3]

而王安石对先圣的学习正是遵循了认知师范的"弹性权威"。尽管古代圣人毫无疑问是他启迪的来源，但是王安石反复强调自己跟从的是圣人寓于法中之"意"，而不是法则的具体细节。上文这个例子正是他对这三条精神的总结，而他同时也强烈反对照搬上古的经验。用王安石自己的话说，就是"夫二帝三王，相去盖千有余岁……其所遭之变，所

---

1 王安石：《夫子贤于尧舜》，《临川先生文集》，卷 67，711 页。另一种说法是"先王之法"，见王安石：《上仁宗皇帝言事书》，《临川先生文集》，卷 39，422 页。

2 王安石：《上仁宗皇帝言事书》，《临川先生文集》，卷 39，412 页。

3 有关王的教育改革的系统讨论，见 John W. Chaffee, "Sung Education: Schools, Academics, and Examinations," in *The Cambridge History of China Volume 5: Sung China, 960–1279 AD, Part 2*, 298–305。

遇之势，亦各不同，其施设之方亦皆殊"[1]。他随后又进一步阐释了对意这个概念的理解：

> 而其为天下国家之意，本末先后，未尝不同也。[2]

言下之意，意的一个重要特色就是对本和末的辨识，或曰一种对具体制度背后的深层秩序的敏感。所以，王安石视先贤圣王为重法爱法的知音，而他的新法则是由他所理解的圣人之基本意图阐发而来的。

王安石对先圣的学习和继承毫无疑问是弹性的。这种让度和余地往往被视为是假托圣人之名专擅独行的一个由头，但事实上，先圣作为认知师范本来行使的就是弹性权威，任何一个受教于他们的后学都有余地在圣意的基础上自行发挥。不少同时代的思想家其实都与王安石类似，比如在诸种关联性秩序中选择一个作为自己统理的核心机制。[3]王安石选择了法，而邵雍则是数，下文将以此二人为例进一步比较这些机制类似但是内容不同的统理。

诸种统理之比较

在接下来的比较里，笔者一方面介绍一些其他的统理，另一方面也

---

1 王安石：《上仁宗皇帝言事书》，《临川先生文集》，卷39，410页。
2 同上。
3 北宋的一些例子，可见Bol, *Neo-Confucianism*，67—69。

进一步厘清这些统理的共同脉络。总的来说，11 世纪有两种统理构造方式，一种是王安石和邵雍这样的，他们的统理都是以一个关联性秩序为核心展开的；而另一种则是程颐的新尝试，他试图把所有的关联性秩序都总合到一个统理中去。在这两种不同的构造方式之间，一个重要的问题就是对于"统"（unity）的不同定义和理解；笔者将在下文以具体例子来说明这个问题。

与王安石类似，邵雍也选择了一个关联性秩序作为自己统理的核心，即数。[1]在邵雍看来，数理关系就是整合物与事最有效的方法，因此，他营建了一套囊天括地的数理系统。[2]与本书第四章中讨论的五运六气系统类似，邵雍的数学是致力"经世"的；他以易学为基础，以爻、卦以及它们的各种排列组合来整合天地万物（包括时间和空间）。[3]就这

---

1 如果单纯只从社会意义上来考察，邵雍是王安石绝对的反面，因为王是欲大有为的出世典范，而邵则是遁于数学的隐士。此处的分析正是提醒读者这些在社会史意义上相反的人物，其思想在认识论上却可能是一致的。

2 用韦栋（Don Wyatt）的话来说，数就是邵雍的"第一法则"（first principle）和"基本准则"（cardinal precept）。见 Wyatt, "Shao Yong's Numerological-Cosmological System," in *Dao Companions to Chinese Philosophy*, ed. Yong Huang（New York：Springer, 2010），22, 33。

3 笔者此处的简要概括是基于以下详细研究的：Anne D. Birdwhistell, *Transition to Neo-Confucianism：Shao Yung on Knowledge and Symbols of Reality*（Stanford：Stanford University Press, 1989）；Wyatt, *The Recluse of Loyang：Shao Yung and the Moral Evolution of Early Sung Thought*（Honolulu：University of Hawai'i Press, 1996）以及 "Shao Yong's Numerological-Cosmological System"；Alain Arrault, *Shao Yong（1012–1077）：Poète et Cosmologue*（Paris：Collège de France, （转下页）

个意义来说，邵雍和王安石的统理之间有一个很大的类似之处，就是它们在提供认知向导时具有高度约束性。尽管内容看似很不相同，但这两个系统都是由高度具体的定规构成的。[1]对于这两个统理的服从者来说，他们要么遵循王安石具体的法规，要么服从邵雍繁复的数理规则和计算方法。当然了，从现代的角度看来，邵雍的数学不是直接附会于经验世界的，具有一定的抽象性（这个抽象性是现代的理解，不是当时的理解，见第四章），这一点与王安石完全着力于经验的法是不同的。但这两个系统对使用者的约束力是类似的，都没有给他们留下多少自行发挥的余地。

王安石与邵雍另一个类似点是他们对"统"的理解。这两个统理毫无疑问都很好地完成了"统"这个任务，不过他们的统是一种"均一性"（uniformity）。这种均一性来自于对一个单个关联性秩序的选择——要么是数，要么是法；然后在此基础上，以数或是法的均一结构厘定每

（接上页）Institut des Hautes Études Chinoises，2002），以及Peter Bol，"On Shao Yong's Method for Observing Things," *Monumenta Serica* 61（2013）：287–299。

1　另一个与王、邵二人类似的是张载的统理——张载选择以气为其中心秩序。笔者在第四章中已经讨论过，这一以气为万物生化的基础，正是一代统理的建构精神。此处笔者不在正文中详细讨论张载的例子是因为他的系统注重人性多于宇宙，所以过度约束的问题在他的统理里不如王邵二人明显。但是张载建立在气基础上的同一性也遭到了程颐的挑战，这一点笔者在第十章有详细讨论。对张载思想的简要概括，见Chang Woei Ong，*Men of Letters within the Passes*：*Guanzhong Literati in Chinese History*，*907–1911*（Cambridge，MA：Harvard University Asia Center，2008），51–55。

一个事物的所在所由。邵雍的均一性体现在他对数理结构从一而终的使用，而王安石的均一性则在哲学上更加简单粗暴：他制定了一套具体而微的制度，以每一个细节来规定事物的所在所由。这是一种无需任何推演就能完成的均一性。

均一性当然是一种意义上的统一，不过它也有一些潜在的问题。首先，从学理上来说，锁定一个关联性秩序其实与求道本身的多层次性相忤逆。道与物之间是有多重关联性秩序的，理论上一个都不能偏废。王安石和邵雍虽然选择了一个关联性秩序作为核心，从理论上说也不能不提及其他的秩序，这一点他们是清楚的。比如王安石虽然着力于法，但也讨论过理、气和数；[1]只是他并没有阐明以法为核心的统理究竟该如何与这些其他秩序整合在一起。

另外，这两个统理高度的约束力事实上已经僭越了认知师范的弹性权威，也违逆了模比认知的最佳心理程序。这两个系统事实上都要求使用者以具体的规则为向导——或是言语定义，或是数理法则；如此一来，使用者本人就没有什么余地反思、发挥以及求问于本心了。这个问题在王安石的统理里尤其明显，全面具体定义的法规加上政治强权的助力几乎剥夺了使用者服从之外的任何选择。尽管王安石自己得益于利用先圣的软权威，却没有给后来人留下同样的机会。这也是从知识论的角

1　有关王安石对理的讨论，见Bol, *This Culture of Ours*, 231。王安石对气的系统思考，见黄士恒：《王安石〈老子注〉的道论与天人关系》，《清华中文学报》，2期，2009年，17—44页。王安石对数的讨论，本书第二章已有分析。

度对王安石的新法的一种分析。正如苏轼的总结，"王氏之文，未必不善也，而患在于好使人同己"[1]。

王安石与邵雍的这两个问题在第二种统理建构方式中得到了不同程度的缓解。苏轼以及二程是王和邵的同时代人，对他们的学说非常熟悉并且各有批评；苏和程也都是广为人知的新法反对者。[2]而从哲学上讲，苏轼提出的统理没有一个核心关联性秩序。他广泛地讨论礼[3]与法[4]，也频繁提及"常理"[5]和数理[6]。苏轼对秩序的关注囊括了道与物之间的种种层次，并没有一个明显的偏重。而苏的统理仍然是具有"统"性的，他将这种统一性定义为"得诸心"（intuitive）。[7]道本来就是万事万物统一的

---

1 苏轼：《答张文潜县丞书》，《苏轼文集》，卷49，1427页。

2 有关苏轼对王安石新法的态度，见Bol，*This Culture of Ours*，269–282以及Egan，*Word，Image，and Deed*，54–85。有关苏、程党派的系统研究，见沈松勤：《北宋文人与党争》，145—155页。

3 譬如，见苏轼：《礼义信足以成德论》，《苏轼文集》，卷2，46—47页。

4 苏轼对法的讨论很多出自对王安石的批评。见Egan，*Word，Image，and Deed*，27—37，68—73。除了具体政策上的商榷，苏轼对法在治国中的普遍意义也有考虑，比如，见苏轼：《私试策问》，《苏轼文集》，卷7，218页；《拟殿试策问》，《苏轼文集》，卷7，219页；《策断三》，《苏轼文集》，卷9，286页。

5 苏轼：《净因院画记》，《苏轼文集》，卷11，367页。

6 苏轼对数理的兴趣，包弼德有一些分析，见Bol，"Reconceptualizing the Order of Things，"715。

7 Bol，*This Culture of Ours*，284；Bol，"Reconceptualizing the Order of Things，"715.

来源，一个求道者当逆流而上求其源头。[1]在这个游动的过程中，求道者应当历百事、格万物，从而经历道与物之间的各种秩序。

在建构统理的思路上，程颐和程颢两兄弟与苏轼颇有类似，而且他们做出了进一步的发明。二程以理这个概念来总合道与物之间的各种关联性秩序，从而定义了一种不依赖均一性的统一性。在求道者的征程中，理可以是数理关系、父子之情，或者作为防御武器的弓弩之用。与此同时，他们又进一步阐明了心的功能，以新的认知心理机制来抵制向导性过强的问题。所以，二程将苏轼的"得诸心"这个简单主张扩张成了一个系统的哲学体系。本书的第十章还将进一步深入讨论他们的贡献。

综上所述，11 世纪士人的为学求道是围绕着对关联性秩序的探索展开的。这个时代涌现出来的各种统理正是欲将万事万物整合起来的棣通之观。由于时事政治的缘故，王安石的统理无疑是最显眼和最具权威的，但他的同辈学者其实以类似的思路提出了种种相异的系统。构造统理的运动汇集成了当时思想世界的主流。

跌落统理之外的边缘者

11 世纪的统理构成了时代的主要浪潮，而沈括却最终偏离并跌落

---

1 有关这个比喻的分析，见Peter Bol，"Chu Hsi's Redefinition of Literati Learning," in *Neo-Confucian Education*：*The Formative Stage*，ed. William Theodore de Bary（Berkeley：University of California Press，1989），177；氏著"Reconceptualizing the Order of Things,"714–715，以及Egan，*Word*，*Image*，*and Deed*，54–56。

于这个主流之外。所以，对沈括的正确理解必须建立在对这个主流的充分把握之上。沈括对主流的偏离发生在经验与哲学的双重意义之上：他被贬官，黯然离开了新法的试验场，同时也在认知上背离了模比这个系统。笔者在本章先讨论第一点，而在接下来的两章里系统展开讨论第二点。

王安石与沈括在认知论上从一开始就是各持己见的，但是这个分歧在初期反而是他们合作的基础。王安石意欲以沈这样着眼细节的检修师来落实维护自己的统理。在他的心目中，沈括就是替他"守"法的吏。比如他曾说道：

> 夫合天下之众者财，理天下之财者法，守天下之法者吏也。吏不良，则有法而莫守；法不善，则有财而莫理。[1]

加入新法阵营的沈括对自己的定位其实也很清楚。在他们早期的合作里，沈括确实兢兢业业恪守自己守法之吏的职责。在履行实践的同时，沈括还时有挥笔，对王安石的法不吝溢美之词。譬如，他援引汉以来历史，声称道出于二（即儒家和法家），法令是治天下的必要工具，学者不当羞而不言。[2]沈括凭借知行合一的风格，把对法的尊崇和赞美浇铸进了他设计的浮漏仪中（见本书91页图五）。浮漏仪的诸壶在外观上

----

1 王安石：《度支副使厅壁题名记》，《临川先生文集》，卷82，861页。
2 沈括：《杭州新作州学记》，《长兴集》，卷24，4页A—4页B。

都有一个装饰纽，而复壶上的是一个"士纽"，根据名称推测应当是一个人形的装饰。[1]复壶的功能是在求壶（水源）和建壶（读数据处）之间建立平衡，保证整个系统中水流的稳定性。在沈括看来，这个维持稳定的功能正是士人所承担的，而承担的方法就是"生法"。[2]所以，沈把对法的歌颂不仅写进了文字，也镂刻进了金石。

但是，在日后的合作里，沈括的工作方式往往与王安石想要的"守法"相左。第五章和第六章已经详尽讨论过，沈括其实对新法做了不少修正。为了减缓饥荒，他恢复了部分常平仓，从而打破了青苗法一贯而下的"统"势；还将两浙地区的农田水利工程降级为局部实验，在此基础上优化了财政分配。他也修改了募役法的税收分配，同时以鼓励民营的方式，遏制了官方对盐政的直接垄断。

除去夹在新旧党之间的意识形态分歧，沈括的这些举动其实也来自于他一以贯之的认识论思路。其一，在每件事、每个决定中，他的诉求都是经验意义上的较优化结果（empirical success）。青苗法的例子里，沈括的目的是减缓当地人口的粮食危机；农田水利法中，他力求挽救一个因为支出不当就要破产的建设项目；在募役法里的目的则是解决赋税过重带来的民怨；而在盐政中，他针对的是盐供给短缺的现象。沈括对具体优化的持续追求形成了一个稳定的认识论立场，那就是立足闻见，与大的意识形态框架保持距离。他的工作重心在于根据具体、局部

---

1 沈括：《浮漏议》，《长兴集》，卷3，10 页B。

2 同上。

（local）的实效不断地调整一个大的系统。这种对局部的重视体现在他根据地区不同情况对农田水利法的调整里，也体现在他立足社会各阶层不同经济能力修改募役法税收的思路里。沈括所做的这许多检修工作其实都在不同程度上打破了王安石之法的统性。

王安石的统理和沈括的检修之间是一个微妙的动态平衡。当前者无法再接受后者的局部修改之时，也是后者被逐出前者的统理之时。这个矛盾也随着此二人在政治地位上的变化进一步激化。在第六章中，笔者曾讨论王安石对他与沈括之间关系的看法，他认为沈括就是赤裸的背叛。而在沈括看来，他的种种修改其实一直都出于改良新法的目的，这个目标从未改变，他和王安石之间关系的破裂只不过是权力斗争的结果。值得注意的是，沈括一直坚决否认自己有任何背离新法之心，而且他至死都宣称站在新党一边。在他人生中最后一部著作《梦溪笔谈》中，但凡提起新法或者王安石都无一言不善，他似乎从未放弃过与王重修于好的可能。[1]

当然了，尽管沈括不愿在政治上与王安石决裂，但是他能清楚地看到他与王之间的认知差别，也并不愿屈抑自己的立场。沈括不是一个统理营建者；在他离开新法的背后，有他对建构统理沉默的抵触。不管是在新法时期还是他的整个职业生涯里，沈括没有宣讲过任何系统性的大框架。尽管他在实践中几乎服务过每一条新法，但从他自己的言论中却

---

1 比如，见沈括晚年致信王安石的文字，沈括：《谢江宁府王相公启》，《长兴集》，卷17，1页。

很难看出这些经历有什么统一之处，他是在缄默中放弃了营造自己的棣通之观这种努力。沈括留下了许多新法时期的言行，但是却甚少见到他在形而上的层面讨论统一性以及相关问题；相反，与他相关的记载一般都充斥着有关事物的具体细节。进一步说，就现有史料来看，沈括也不是很热衷系统地阐发先圣之言，包括《孟子解》，其实也不过是零星心得之汇集；他似乎并不热衷以先圣之言行来包装自己的选择和决定。

本章的大部分篇幅都用于讨论统理，而小部分篇幅才回归到沈括，这个安排比例其实正是沈括所处困境的一个如实写照：在统理大潮呼啸而来之时，沈括被遗忘在了他自身的沉默里。在一个统理的时代，没有统理则意味着没有立场和声音。离开新法的沈括，将何去何从？在起初的几年里，他还疲于奔命地应付着政治斗争的余震和创伤，尚无心力回答这个问题。而又一个十年过去之后，他才终于以文字写下了答案。

第八章　隐世笔谈

　　沈括一生中最后十年的时光终于为他带来了解脱。在远离党争数载之后，他逐步挣脱了政治的枷锁，也终于为自己的思想表达找到了一个出口。在遁世隐居的岁月里，他完成了自己最著称于世的作品《梦溪笔谈》，也借此书宣发了自己最后的思想主张。本章以记录沈括的隐居时光为开端，并以此为背景，进一步介绍《笔谈》是如何传递作者本人的思想声音的。在最后两小节里，笔者将逐一分析《笔谈》的文本架构以及它与类书之间形似神迥的原因。

归隐梦溪

　　沈括的晚年是一段逐渐挣脱桎梏、慢慢恢复自由的岁月。自永乐城大败之后，他寓居在随州的法云禅寺中，伶仃一人，"三年无半面之旧"[1]。1085 年神宗去世，沈括才借着哲宗继位大赦的机会恢复了部分自由，辅政的宣仁太后授他为秀州团练副使。秀州地处江南，沈括得以回

────────────

1 沈括：《秀州谢表》，《长兴集》，卷16，3 页 B。

到熟悉的家乡环境，欣喜不已，一路最细小的风景都能触动他的心绪，正如他在秀州东湖边吟咏道："犹喜乱花时入眼，可能万事顿忘情。"[1] 在这段日子里，沈括也间或收到当地官绅的邀请参观学堂塾院，下笔抒发过一些征召四方儒士俊异的情怀。[2] 在被驱逐流放的阴霾逐渐散去之时，他的世界里终于又有了一些柔和的光亮。

在秀州的闲暇时光里，沈括终于完成了一个他十年前就着手但一直不得终结的项目——《天下州县图》。这是一组奉旨编修的地图，包括宋全境大图一轴、小图一轴以及诸路图十八轴。[3] 为制作此图，沈括在丈量技术上颇有创新，他放弃了循路步之的方法，转而测量两点之间的直线距离，"如空中鸟飞直达"[4]。沈还使用了所谓的制图六体——西晋裴秀

---

1 沈括：《游秀州东湖》，杨渭生编：《沈括全集》，第 1 册，杭州：浙江大学出版社，2011 年，161 页。

2 沈括：《秀州崇德县建学记》，《长兴集》，卷 24，1 页 B。

3 沈括：《进守令图表一》，《长兴集》，卷 16，4 页 A—5 页 B。有关大图小图的关系，见曹婉如：《论沈括在地图学方面的贡献》，自然科学史研究所编：《科技史文集（三）》，上海：上海科学技术出版社，1980 年，81—84 页。

4 《补笔谈》，575 条，卷 3，322 页。有关沈括这个方法的研究，见 Needham, *Science and Civilisation in China*, vol. 3, 576–577；Sivin, "Shen Kua," 22 以及 Fu Daiwie, "On *Mengxi bitan*'s World of Marginalities and 'South-Pointing Needles'：Fragment Translation vs. Contextual Translation," in *Current Perspectives in the History of Science in East Asia*, edited by Kim Yung Sik and Francesca Bray (Seoul：Seoul National University Press, 1999), 60, 注释 15。

所发明的一种有六个中心变量的测量方法。[1]同时，他还以二十四至的细
分取代了传统的四方或八方的分法。宣仁太后对最后的成图很满意，赏
赐沈括绢一百匹，并进一步准许了他任便居住的自由。[2]

　　沈括于是携全家迁至润州。早在1077年他就在润州郊外购入一处
园圃，因为公务繁忙，直到1086年他才第一次探访。而这次探访令他
甚为惊喜，该庄园与他三十多岁时梦中所见的一处风景一模一样，"登
小山，花木如覆锦"[3]。1089年，沈括带着欢欣的心情搬迁入住；在生命
的最后几年里，他终于又全获自由了。

　　尽管这处润州园圃在很多人看来甚为荒僻，沈括却对它视若珍宝。[4]
他精心修整设计，给园中每处风景都取了诗意盎然的名字。环绕庄园的

1　有关此法的系统讨论，见丁超：《晋图开秘：中国地图学史上的"制图六体"与
　　裴秀地图事业》，《中国历史地理论丛》，第30卷，第1辑，2015年，5—18页。
　　沈括本人清楚地表示过他的六体之法来自于对先人的继承，见沈括：《进守令图
　　表》，《长兴集》，卷16，4页B。但是在《笔谈》里沈括又提到所谓的"七法"，
　　胡道静认为是一处笔误。见《补笔谈》，575条，卷3，322页，以及胡道静：《古
　　代地图测绘技术上的"七法"问题》，胡道静著，虞信棠、金良年编：《胡道静文
　　集·沈括研究　科技史论》，上海：上海人民出版社，2011年，246—247页，以
　　及氏著：《梦溪笔谈补证》，41—43页。

2　《续长编》，卷413，10033页。

3　沈括：《自志》，卢宪编：《嘉定镇江志》，《宋元地方志丛书》，第5册，台北：中
　　国地志研究会，1978年，卷11，447页。

4　沈括仅支付三十贯，见沈括：《自志》，《嘉定镇江志》，卷11，447页。有关这个
　　时代的地产价值，见程民生：《宋代物价研究》，44—45页（尽管程对沈括庄园的
　　估价似有谬误）。

溪水被他命名为梦溪；溪上耸然为丘，获名百花堆。百花堆上茅舍称之为岸老堂。[1]又有一处萧萧堂，乃竹间之可燕者。园中幽静之极，唯有鹿豕踏叶而行的脚步声。据沈括自述，常有来访客人嫌弃其荒芜，颦眉掉首而去。但沈括却深深自得其乐，"渔于泉，舫于渊，俯仰于茂水美荫之间"[2]。

在沈括心目中，梦溪园是他的归处。回到江南当然是字面意义上的返乡，而"归去来"本身也是无数文人远离官场喧嚣后归隐于耕读的文化理想。在数载求"进"的纷争岁月之后，终于能安心于"退"而最终隐于归。对于一个经历过 11 世纪党争之蝲螖沸羹的人来说，能够勉强全身而退多少是值得慰藉的。沈括早年时常在诗文中表达欲归之意，譬如在题为《归计》的诗中感叹"眼前归计又蹉跎"[3]，又或题诗《思归》，凄凄叹惋"白发多见身渐老，家山犹在画图中"[4]。

而当他的归计终于得以在梦溪园实现时，沈括为自己的隐居生活划出了三大重点：佛老之慰藉、山居之乐，以及玩物百工之巧思。有趣的是，他早年写的一篇文章《游山门》正强调了这三个因素，足见一些自我怡悦的爱好贯穿了沈括的一生。在他探访沈披、寓居宁国县以备考时，一日游玩中见到宁国县西边一处山上栖有一座佛寺，触景生情，便写道：

---

1 沈括：《岸老堂记》，《长兴集》，卷 23，1 页 A—2 页 B。
2 以上描述与引文均见沈括：《自志》，《嘉定镇江志》，卷 11，447 页。
3 沈括：《归计》，《长兴集》，卷 1，7 页 A—7 页 B。
4 沈括：《思归》，《沈括全集》，第 1 册，169 页。

今之人必至于乖谬龃龉，材智不合于时，去无田畴山林百工之事以归其身，而后逶迤偃蹇，肆傲于山林水石之间，悠然遐观，思古人而终身焉。虽然，于进退之决，予未能如彼其果也。要无所用其身而寓之外物，登高而望远，激流泉之清波，翳茂树之繁荫，则予将有遇焉。[1]

在亲身经历了种种"乖谬龃龉"之后，沈括自己恐怕都要喟叹他年轻时代的文字如何精确预测了他的梦溪园之归。首先，栖于高处的佛宫正与佛教在他晚年心境中的重要地位相呼应。沈括对佛教一直有兴趣，而这种情愫在人生后半段逐渐加深。尤其是在 1077 年职业生涯开始走下坡路之后，他对佛教愈加钟情，这种情愫一直延续到终没之时。1080 年，在流放宣州之时，沈括应邀写了《筠州兴国寺禅悦堂记》。筠州在江西境内，而这个邀请来自于兴国寺一位千里迢迢步行而来的僧侣，可见沈括对佛学的兴趣时人颇有得知。[2]在沈括现存的文字里，探访佛寺的题记以及对佛事、佛理的探讨数量颇多，构成了他思想范畴中重要的一部分。[3]

---

1 沈括：《游山门序》，《沈括全集》，第 1 册，154 页。

2 沈括：《筠州兴国寺禅悦堂记》，《长兴集》，卷 22，2—3 页。

3 比如，见沈括：《润州甘露寺》，《长兴集》，卷 1，4 页 B；《游二禅师道场》，《沈括全集》，第 1 册，173 页；《梦溪笔谈》，284 条，卷 17，121 页；351 条，卷 20，143—144 页。何复平（Mark Halperin）曾对这组材料有所讨论，见 Halperin, *Out of the Cloister*：*Literati Perspectives on Buddhism in Sung China*，960–1279 (Cambridge，MA：Harvard University Asia Center，2006)，87。

在最后十年里，沈括探讨佛教的语气更多了一些他年轻时没有的勇猛意味。他置儒家于一旁，反复指认佛道为"道"，以及释子为"圣人"。在《筠州兴国寺禅悦堂记》中，他认真探讨了士人遵佛道的独特意义所在：

> 不独其道有以动人，而学其法者多能自处于得丧势利之外。[1]

而《宣州石盎寺传灯阁记》开篇即以"有大圣人出"引出佛祖世间一切诸相"是皆妄也"的教诲，并进一步强调，"以为妄者亦妄也"[2]。随后沈括进一步阐明他对释家之道的理解：

> 道不二，不二也者，非一也。唯不二与非一，则名尚无所寄，况其为言也。[3]

在幽居法云禅寺时，沈括也应邀著有《随州法云禅院佛阁钟铭》一篇以庆祝寺中新铸成的大钟，他同样以"道"贺之，叹问"抑知夫钟之所寓夫道乎？"[4]在这些日子里，佛道在沈括心目中显然开始超越儒道。

1　沈括：《筠州兴国寺禅悦堂记》，《长兴集》，卷22，3页A。

2　沈括：《宣州石盎寺传灯阁记》，《长兴集》，卷22，6页B。

3　同上。有关沈括对佛教态度的分析，见Halperin, *Out of the Cloister*, 87—92。

4　沈括：《随州法云禅院佛阁钟铭》，《长兴集》，卷24，9页B。

释家之道给了沈括许多反思过去、重新认识世界的启发。他开始怜悯世间的苦难，"有生之类迷丧本体，奔趣流识，妄现山川国邑，空有美恶一切诸相"。这种迷失状态之下，幸甚有"圣人以其不可思议神智力缘"来拯救，从而振提冥谬，去除执着。[1]对沈括本人而言，在他归隐梦溪的日子里，禅宗与琴、棋、墨、丹、茶、吟、谈、酒相类，是他最为珍惜的"九客"之一。[2]

除了对佛教的热爱之外，沈括隐居生活的第二个特色是山居之乐。荒僻的梦溪园正给他提供了"肆傲于山林水石之间，悠然暇观"的绝佳场所。山居是自古以来文人阶级层累而成的文化理想，它既是现实，也是一种符号。所以，沈括才会在梦溪的茂水美荫之间畅想与古人同游，特别是他最仰慕的陶潜、白居易和李约。[3]在幻想与这些著名隐士"酬酢于心"时，沈括为他被迫远离庙堂的现实找到了文人传统中的理想解释，不可谓不是一种慰藉。

而野居山林的不同经验也开始让沈括重新思考一些问题，比如人类和山林走兽的关系。在《箫箫堂记》中，人与"物"（这里的物特指非人类的动物）的相处是他思考的一个重点。此文开篇写到沈括在梦溪园里的亲身经历，他在竹林中弹琴时，鸟儿鸣叫于上，鱼儿游弋于下，各自相安无事。而当他起身前进一步时，鸟儿则惊飞而走，鱼儿急急潜入

---

1 以上两处引文见沈括：《随州法云禅院佛阁钟铭》，《长兴集》，卷24，10页A。
2 沈括：《自志》，《嘉定镇江志》，卷11，447页。
3 同上。

水底深处。沈括这才恍然大悟此前鱼鸟是将他当作草木了。这点领悟让他开始感叹人与动物的关系，其长久的共处本来是历史的一部分，用他的原话说，就是"物之于人，相为邹楚久矣"[1]。在人类文明的开端，世间草木茂美，鸟兽足迹遍布各处，人类只不过是栖居洞穴的一种生物，以鸟兽之余为生。这是一个和谐且不以人类为中心的生态世界。而文明渐起之后，人类则"驱虎犀，放龙蛇，胥山林而童艺之"，殚精竭虑地围捕鸟兽。很显然，人与兽之间的关系对立起来了，之前的和睦相处不复存在。用沈括的话说，就是"人之所弃，鱼鸟之所牧，鱼鸟之所乐也"。叹惋之余，沈主张缓解这种对立，人类尤其要节制自己的贪欲，正所谓"处乎物之所不求则深"[2]。

沈括隐居生活中的第三个文化理想则是"田畴山林百工之事"。他不仅动手操练各种技艺，也乐于下笔记载这些活动。他著有《忘怀录》一小册，其中尽是山居生活中的乐事与要事。该书涉及林林总总一众话题，譬如家具制作、园艺与烹调心得，还有山林中观察到的鸟兽。大致因为对茶艺兴致最浓，沈括又以《茶论》为题专门撰写了一本小册子。也在这个时期，沈括将其长期以来在医方、医学中的积累编成了一部《良方》，其中收藏了他亲测有效的十卷医方。[3]

---

1 沈括：《箫箫堂记》，《长兴集》，卷24，8页B。此处取的是春秋时期邹楚两国相争的典故。

2 以上引文均见沈括：《箫箫堂记》，《长兴集》，卷24，9页A。

3 以上提到的几种文献，详情见附录二。

倘若没有家庭问题，沈括在梦溪园的最后十年堪称惬意——他与岳父张刍亦师亦友，相处融洽，但与自己的太太张氏却关系紧张。夫妇二人的矛盾到了晚年有加剧之势，张氏有次打骂沈括，连胡须带血肉一起揪下，儿女号泣而拾之，其状甚惨。他们移居梦溪园后数年，张氏突然因病去世。但是沈括大约因为心理创伤未愈，恍惚不安，在路过扬子江时几欲投水自尽。[1]最终他在六十五岁那年病逝于梦溪园。

封笔之作

沈括在生命的最后十年，除了逍遥于佛老、山居、百工之事外，其实尚有未竟的心事。在归隐耕读的日子里，他打起精神，完成了自己最负盛名的作品《梦溪笔谈》。这部著作是他最后的文字，也是他有意为之的最后的思想声音。这个声音之所以是思想性的，是因为它是对沈括一生经历的回应，是他终于以不同于统理的方式表述出了自己偏离于统理之外的立场。这个声音是迟来的，也是克制的，因为它来自晚年柔顺、愈合中的心境；但是它却是一个精心打造的声音，精确而有力度，在世间回响袅袅。

沈括给《笔谈》作的序言简短而又谨慎。他首先声明，该书是他隐居林下的作品，所谓的"笔谈"，是因为隔绝人世，独自在缄默中写作，所以只能与笔砚交谈。而《笔谈》所收藏的内容，据其自述，多来自从

---

1 朱彧：《萍洲可谈》，上海：上海古籍出版社，1989 年，卷 3，62 页。

前与朋友客人的晤谈。沈括也特意指出该书刻意规避的内容：

> 圣谟国政及事近宫省，皆不敢私纪。至于系当日士大夫毁誉
> 者，虽善亦不欲书，非止不言人恶而已。

也就说，《笔谈》避免谈论政治，也无意臧否人物、涉及是非。沈括对
该书的主要内容描述如下：

> 所录唯山间木荫率意谈噱，不系人之利害者，下至闾巷之言，
> 靡所不有。亦有得于传闻者，其间不能无缺谬。

而在结尾处，沈括的语气尤为谦卑：

> 以之为言，则甚卑，以予为无意于言，可也。[1]

但他提到"言"却是值得注意的。所谓言，指的是"立言"，即与"立
德"与"立功"并列的"三不朽"。[2]自古以来，立言者的理想就是以著
书立说以留下永恒价值，对抗生死无常。沈括在这里特别指出，《笔谈》
不是什么不朽之言，他本来也无意于立言。

---

1 以上几处引文均见《梦溪笔谈》，15 页。
2 《春秋左传正义》，襄公 22 年，卷 35，277 页。

对于沈括的谦辞，我们当然不能只取字面意思。《笔谈》其实在方方面面都有异于他在自序中这般卑谨的描述。首先，该书的内容之丰富，大大超越了所谓"山间木荫"之事。有关山居耕读的各种物事，其实沈括专门著有《忘怀录》一书。《笔谈》中确实包括一些与园艺、走兽相关的内容，但是只是少数，而且值得注意的是，这些内容与《忘怀录》并无重合。鉴于此二书是在同一时期完成的，几乎可以肯定的是，它们在沈括心中是两个不同的项目，各司其职。而且就山居内容比例上来看，《笔谈》也绝对不是《忘怀录》的续编。

其二，沈括要远离政治的声称可以说是真心不虚的，不过这句话不可以简单理解为不涉政事。很明显，《笔谈》中根本就有"官政"这个类别，包含了大量他对数十载朝廷任官经验的回顾，涉及到时政的方方面面，譬如钱粮、司法、军事，以及帝国行政的日常运作。沈括同时也记录了大量士人官僚的言行活动。所以他真正想要规避的是政事中有争议的方面，特别是与党争相关的事宜。这一点他似乎也做到了，《笔谈》行文中确实罕见对人事的褒贬，尤其回避议论他本人侍奉过的君主（宋神宗）。沈括有几次提到过王安石，但多是与政治不甚相关的话题，譬如私人生活或者诗文书画，而且褒扬有加，无一恶言相向。[1]在回顾新政的条目里，沈括以叙述技术性细节为主，对其间的政治风云不置一词。尤可注意的是，他几乎很少提到任何旧党人士。所以大概可以公允地

---

1 比如，见《梦溪笔谈》，168 条，卷 9，76 页；180 条，卷 9，80—81 页；260 条，卷 14，109 页；《补笔谈》，582 条，卷 3，228 页；《续笔谈》，609 条，239 页。

说，《笔谈》回避的是党争而非政事本身。

此外，《笔谈》其实也并不是什么"率意谈噱"。无论是钱粮、军事还是其他活动，沈括都讨论了大量精确的技术性细节，这些信息根本不是家常聊天或者粗疏回忆可以得来的。此外，他特意提到的"得于传闻"的内容，其实只占该书很小一部分，大部分内容按照他的叙述都是他亲身经历的。所以说，沈括提到"传闻"，并不是因为真的记录了大量传闻，反而是因为他不信赖这个信息来源，下意识里格外留意，才会在序言中专门提到。

进一步讲，将《笔谈》与沈括生平其他作品相比较，更能看出他对最后一部著作的用心。《笔谈》涉猎很广，几乎涵盖了之前所有作品涉及过的话题，但是在具体内容上，却与其之前的著作几无重叠。在《笔谈》成书之前，沈括经著述颇丰，在时人里有"喜述作"的名声，现存便有三十五种专著。[1]他早年为几种经书做注疏，比如《春秋》和《孟子》。为官三十年里，又积累了大批记录具体职务的著作，比如六种与《奉元历》相关的文献。沈括还有两个篇目是记录使辽经历的，一篇是文字性记述为主的《乙卯入国奏请》，另一篇是以地图为主的《使虏图钞》。此外，他还有涉及官书格式的《诸敕格式》等三种，以及财务管理的规章《熙宁详定诸色人厨料式》。沈括早年也写过不少与政事无涉的话题。比如《清夜录》是一部志怪小说，而《图画歌》是对历代著

---

1 朱彝尊：《点校补正经义考》，台北："中研院"中国文哲研究所筹备处，1997年，卷183，10页。沈括的诸种著作简介见附录二。

名画家的评估。他一生爱好医学，所以著有数种医书，除了之前提到的《良方》之外，早年还有一部《灵苑方》。

沈括已有著作的深度和广度都是令人赞叹的，而《笔谈》的成书是在这两个维度上的进一步拓展。除摘抄了《良方》中数量不多的医方之外，《笔谈》中几乎全是新内容，而且这些新内容涉及多方多面，囊括了沈括一生涉猎的广度。值得强调的是，《笔谈》的新意是沈括刻意为之的，在数条记录里，都提到他曾经在别处讨论过某事某物，所以现下将不再重复自己过去的观点。[1]总的来说，《笔谈》作为沈括的封笔之作，是一部全新的作品。这种投入的程度和设计的精心根本与"率意谈噱"背道而驰。

当然了，沈括不以《笔谈》为他的不朽之言也不全然是自谦之词。与同时期的文人同僚相比，选择《笔谈》作为封笔之作也确实是一个不同寻常的决定。沈括的同代士人中，不少都以著书立说为人生最后的一个目标。这大概也与党争的时代背景相关：激荡的政治环境中，大多数人的职业生涯都不能善终，而被倾轧流放的结果往往就是对其立场和主张的全面封禁。许多人在晚年即使不是真的身陷囹圄，也处于思想上失语的状态。所以，也有许多人选择著书立言，对抗的不仅是一般意义上的生死腐朽，也是特殊时代极度的无常。

不少耳熟能详的北宋名士都选择了在生命最后几年完成一部封笔之

---

1 比如，在《笔谈》103 条中沈括曾经提到自己在《乐论》里已经详细讨论过"纳音"这个系统，故在《笔谈》里不再赘述。《梦溪笔谈》，103 条，卷 5，48 页。

作。比如王安石在去世四年前完成了《字说》。[1]这本著作看起来是训诂小学，但事实上是另一个宏大的系统宣言：以佛典教义为基础看世界的棣通之观。晚年的王安石放弃了对法的专一执着，开始向佛教寻求古圣人之意。用他自己的话解释，就是"成周三代之际，圣人多生儒中。两汉以下，圣人多生佛中"[2]。另一个例子是苏轼。晚年的苏轼被流放在帝国的最南端，他一反早年对佛老的爱好，在最后的岁月里选择以注解《尚书》为绝笔，表明自己意图"推明上古之绝学"，并对王安石的治国统理多有驳斥。[3]

并不出人意料的是，这些早年的统理建设者其实在封笔之作中依然关注的是统理，尽管他们的具体主张可能发生了变化。王安石离儒入佛，但是他对统理的信念如一，即坚信可以为天地万物找到一个统一的秩序，只不过新秩序姓释不姓孔了而已。苏轼本是王安石统理的坚定反对者，尤其不赞同它高度的约束力。在封笔之作中，苏轼却反其道而行之，打出旗帜成为了矩范立则的一个声音，以规则对抗规则。所以，营造统理的精神与劲头其实也渗透在其他封笔立言的人心里。

从这个背景来说，沈括选择以《笔谈》的形式来立言确实有些不同寻常，但同时也非常契合他一生为学积累至此的轨迹。作为一个非统理

---

1 原书已亡佚。今辑佚本见张宗祥、曹锦炎：《王安石〈字说〉辑》，福州：福建人民出版社，2005 年。

2 惠洪：《冷斋夜话》，北京：中华书局，1988 年，卷 10，79 页。

3 比如，晁公武就曾议论到："此书驳其（王安石）说为多。"晁公武：《郡斋读书志校证》，卷 1，58 页。

者，他最后的立言就应当是一个非统理的声音。所以，沈括的序言并不是苍白的自谦之词，而是一个宣言：《笔谈》的确不是时人所想要的不朽之言，因为它无意阐发统理；统理，非沈括所欲也。

《笔谈》的体例

要剖析《笔谈》的思想声音，首先要从考察它的体例做起。这部书的结构和写法有三个显著的特征，即广泛的涉猎范围、条条并立的记录形式以及细节描述上的详备。[1]第一个特征是最明显的，《笔谈》以一书之篇幅，广泛囊括了沈括毕生涉及过的知识信息类别，并且这些类别被不分高下、不列等级地总和到了一起。上节已经讨论过，《笔谈》是沈括其他所有著作之知识类别的大集合，于此同时，它又以这种总和之势，在体例上超越了之前所有专著的维度。《笔谈》分为十七类，[2]依次为：故

---

1 细节上的描述详备原文作"thick description"，但取的不是格尔茨（Geertz）的概念，而是Gianna Pomata与Nancy G. Siraisi对该词更加直观的定义，见Gianna and Siraisi, "Introduction," in *Historia*：*Empiricism and Erudition in Early Modern Europe*，26。

2 当代学者普遍认为《笔谈》的分类确实出于沈括之手。见胡道静：《新校梦溪笔谈》，3—4页。《笔谈》正文之外另有《补笔谈》与《续笔谈》。其结构见胡道静的介绍，《梦溪笔谈校正》，4—5页。《笔谈》十七门类勒分为二十六章。现代学者也普遍认为《笔谈》原本就是二十六章。明代书目中有记载一个三十章的版本，但是目前没有依据表明三十章的版本先于二十六章的版本。有关这些版本的辨析，见Fu, "A Contextual and Taxonomic Study," 34—35以及蒋湘伶：《沈括著述考》，硕士论文，中国文化大学，2011年，22—24页。

事、辩证、乐律、象数、人事、官政、权智、艺文、书画、技艺、器用、神奇、异事、谬误，讥谑、杂志及药议。[1]

这些称谓大部分都指代明确，一目了然地解释了每一类的内容，比如"乐律"、"艺文"、"书画"、"药议"分别代表的就是这些具体的知识领域。"象数"指代的是数之学，包括术数和历算。"神奇"和"异事"以志怪为主旨。而"故事"、"辩证"和"谬误"这三类则指代的是几种不同的认知论方法，这一点笔者将在第九章详细分析。

这十七个类别下共计有 507 条，每一条都短小精悍，但是首尾齐全，都是完整的叙述或者议论。十七个类别里条数有多有少，但沈括似乎并没有在重要性上厚此薄彼，对这些类别有任何等级上的区分。从整体而言，《笔谈》以一个均等的分类结构展现了海量的丰富信息（见表一）。

除了内容博杂外，《笔谈》的第二个特色是以条为单位、条条并立的结构。[2]每一条的内容都有独立的完整性，条与条之间没有系统性的结构联系。从某种意义上来说，《笔谈》所呈现的是一种"丸粒装知识"

---

1 过去二十年里学者们对其中部分门类做了详细讨论，譬如，见傅大为的一系列研究，Fu, "On *Mengxi bitan*'s World," "A Contextual and Taxonomic Study," 以及雷祥麟、傅大为：《梦溪笔谈里的语言与相似性》，《清华学报》（新竹），23 期，1993 年，31—60 页。

2 傅大为对此形式有所论述，见 Fu Daiwie, "The Flourishing of *Biji* or Pen-Notes Texts and Its Relations to History of Knowledge in Song China (960–1279)," *hors série*, *Extrême-Orient Extrême-Occident* 27 (2007)：103–130。

表一 《梦溪笔谈》标准版本的分类与结构

故事 　卷一，条1—30 　卷二，条31—41	技艺 　卷十八，条298—318
辩证 　卷三，条42—70 　卷四，条71—81	器用 　卷十九，条319—337
乐律 　卷五，条82—110 　卷六，条111—115	神奇 　卷二十，条338—356
象数 　卷七，条116—142 　卷八，条143—150	异事 　卷二十一，条357—387
人事 　卷九，条151—182 　卷十，条183—188	谬误 　卷二十二，条388—400
官政 　卷十一，条189—212 　卷十二，条213—223	讥谑 　卷二十三，条401—419
权智 　卷十三，条224—244	杂志 　卷二十四，条420—449 　卷二十五，条450—479
艺文 　卷十四，条245—262 　卷十五，条263—273 　卷十六，条274—276	药议 　卷二十六，条480—507
书画 　卷十七，条277—297	

来源：胡版笔谈（见附录一）

（nuggets of knowledge）。[1]这种结构强调的是每一个丸粒的自给自足性和它自身的价值，弱化的是任何可能将它们联系起来的大结构（遑论统理）。

《笔谈》的分类和条条并立这两种结构结合起来，令《笔谈》有了一种不起分别心的平等之意。不同的知识门类显然有不同的社会地位，但是《笔谈》基本回避了这些区别。"艺文"和"官政"这样的话题显然更加隶属权势精英阶层，但是沈括却把它们和医方、志怪还有器物制作等等堆放在一起。《笔谈》对社会等级意义的淡化处理不仅体现在十七个门类的平等上，也表现在条与条的并列关系之中。如何制作一张耐久的弓弩和如何押某个险韵各自据有地位平等的一条。[2]在《笔谈》的世界里，可谓丸丸无贵贱，粒粒皆平等。

《笔谈》的第三条特征是描述上的详实。该书收录的大多数条目都是描述性的，或介绍一个物，或讲明一件事。沈括对物、事的特征、性质有浓厚的兴趣，故以描述而记录之。他也间或在描述之外讨论因果，但是大部分情况下对因果的诠释都锁定在对局部的、直接的前因之上。[3]沈括对活字印刷的记录就很好体现了他对描述的兴趣：该条翔实地介绍了这项技术所需的设备以及基本步骤。沈括以一个操作者的视角来组织

---

1 此说法是受Lorraine Daston对"事实"（fact）的定义之启发，她的定义是"脱离理论的丸粒装经验"，见Lorraine Daston，"The Factual Sensibility," *Isis* 79（1988）：465。

2 《梦溪笔谈》，303条，卷18，128页；251条，卷14，106—107页。

3 有关沈括这一倾向，见第九章的论述。

他的描述，读者们依靠这条文字可以了解到如何在排版时保证字印平整，如何选择原料从而制作出好用的字印，以及如何保证排版中常见字能有足够的字印供使用。[1]沈括详实又具体的描述使这条文字成为中国印刷史上最常被引用的活字印刷材料；这种描述性正是它史料价值高的原因。

沈括对描述的兴趣在"官政"中体现的更加明显。在这个类别中，沈带领着读者快速浏览了他职业生涯里涉及到的方方面面：水利建设（207、210、213 条）、立法司法（196、198、199、201、202、209、214 条）、茶法（189、190、219、220、221 条）、粮食买卖（192、222 条）、税法（194、195、215 条）、盐法（211、212 条）以及边境兵事（191、200 条）。绝大多数的条目将重点放置在这些事务的技术细节上。比如 220 与 221 条介绍茶法，就是以详实的数据逐一介绍茶价、茶税和茶利。[2]这两条有数页的篇幅，但是其中数字几乎超过文字，而此处数据的详实丰富正是描述的另一种手法。

综上所述，广博而又平等的分类、条条并列的体例以及详实深密的描述令《笔谈》以有序的方式组织起了数量可观的深广信息。当然，组织形式只是手段；对于沈括寄诸《笔谈》更加深刻的用意，笔者将通过比较《笔谈》与同时代的类似文本进一步说明。

---

1 《梦溪笔谈》，307 条，卷 18，130 页。

2 《梦溪笔谈》，220、221 条，卷 12，94—95 页。

《笔谈》不是类书

对熟悉宋代文献的人来说，《笔谈》上述的几个体例特征非常容易令人联想到类书。[1] 沈括本人对当代的类书显然是非常熟悉的。他的十七种类别里，有好几个都是类书中常用的分类。而以分类组织条目这种形式也是典型的类书体例。与此同时，信息话题的广博性当然也是类书的特色之一。对于宋代读者来说，一部类书的主要功用是搜集并展示一众丰富的话题，并提供查找任何一个话题的便利；正因为如此，类书常常被比作现代书籍世界里的百科全书。以宋代最著名的类书《太平御览》为例。这部著作堪称浩瀚，总括 55 个类别，5474 个子类。编撰者的目的就在于以此书行"包罗万象"之意，55 个类别遍布天、地、人事，从山川湖海到兵器军事，从宫室衣冠到花果鸟兽，无不囊括。[2]

但是将《笔谈》简单地类比于类书其实会造成对沈括用意一个很大

1　有关对"类书"这一体裁的反思，见 Bretelle-Establet and Chemla, "Qu'était-ce qu'écrire une encyclopédie en Chine?," in *Qu'était-ce qu'écrire une encyclopédie en Chine*，特别是 9–11 页。有关类书写传统的基本介绍，见孙永忠：《类书渊源与体例形成之研究》，《古典文献研究集刊》，台北：花木兰文化出版社，2007 年；以 及 Jean-Pierre Drège, "Des Ouvrages Classés par Catégories：Les Encyclopédies Chinoises," in *Qu'était-ce qu'écrire une encyclopédie en Chine*，19–38。有关宋代类书的系统研究，见张围东：《宋代类书之研究》，《古典文献研究集刊》，台北：花木兰文化出版社，2005 年。

2　对《太平御览》分类的详细讨论，见郭伯恭：《宋四大书考》，台北：台湾商务印书馆，1967 年，17—25。

的误读。首先，类书是编撰的结果，而《笔谈》是一部专著。这个区别有几方面的含义。其一，大多数类书是集体编撰的结果，而不是某一个人的作品。《太平御览》就是宋太宗召集一批文臣共同编辑的成果。[1]其二，类书作为工具书的功用在编者与读者心目中都是非常明确的。这两方面综合起来，给类书带来了一种意识形态中立的面貌。[2]

类书与《笔谈》的另一点不同在于呈现知识和信息的形式。以《太平御览》为例，其实这部书是以文摘汇集而成的，又可以比拟为"丸粒装文本摘要"（nuggets of texts，与《笔谈》的"丸粒装知识"相较）。《御览》编撰者从浩如烟海的书籍中搜集文摘并汇集到相关条目之下。对于被选入的文本，编撰者也基本不做修改，一般都以原貌呈现。比如，"雾"这个子目下有45条内容，有的是"雾"字字义的训诂，有的是涉及雾的史事或者逸闻，还有提及雾的诗文辞章。[3]这种组织形式使

---

1 Johannes Kurz 对《太平御览》编纂与人事背后的政治有一些分析，见Kurz, "The Politics of Collecting Knowledge：Song Taizong's Compilation Projects." *T'oung Pao* 87（2001）：295–301，以及氏著 "The Compilation and Publication of the *Taiping yulan* and the *Cefu yuangui*," in *Qu'était-ce qu'écrire une encyclopédie en Chine*, 39–76。

2 这里所谓的意识形态中立当然不是指的全无意图（包括政治意图）。比如Kurz 就指出《太平御览》包罗万象式的编纂和分类正是宋代新一统的一种象征。见 Kurz, "The Politics of Collecting Knowledge"。但是这个意图基本是置身书本内容之外（以及凌驾之上）的。与《笔谈》不同的是，《御览》没有一个一以贯之、与文本内容相交织的思想性声音。

3 《太平御览》，《天部》，卷15，76—78 页。

《太平御览》成为了一部便利查找的工具书。读者可以按目索骥，找到与任意一个话题相关的文献与修辞，然后用于自己的写作。[1]与当代的工具书类似，类书是为读者提供原材料和研究起点的地方。

与类书相比，《笔谈》则具有强烈的原创性。书中条条都是沈括的原创文字，无一条来自其他文献的直接摘抄。前文也提到过，沈括甚至不愿意重复自己过去已有的文字。并且，《笔谈》的内容虽然博杂，但是与《太平御览》不同，它没有为博而博的意图。[2]《笔谈》的博完全是沈括本人丰富经验的写照，它的涵盖范围没有超过沈括涉猎的广度。比如，《笔谈》中文化活动的类别样样都是沈括自己亲自参与并且喜好的，比如"乐律"、"象数"、"艺文"、"书画"、"器用"和"药议"，每一种都能在沈括的生平里找到对应，每一样沈括都有不少原创心得可以分享。这些门类毫无疑问在宋代士人世界里普遍颇为流行，但是它们出现在《笔谈》里显然与它们在沈括个人世界中的地位更加相关。所以，《笔谈》与类书在表面上的相似具有迷惑性，不可不澄清。

总的来说，《笔谈》是沈括晚年在隐居的心境中完成的最后作品。

---

1 有关类书的用法，见唐光荣：《唐代类书与文学》，成都：巴蜀书社，2008 年，5—12 页，以及 Hilde De Weerdt, "The Encyclopedia as Textbook: Selling Private Chinese Encyclopedias in the Twelfth and Thirteenth Centuries," in *Qu'était-ce qu'écrire une encyclopédie en Chine*, 79–90。

2 艾朗诺讨论了沈括在筛选上的用心，见 Egan, "Shen Kuo Chats with Ink Stone and Writing Brush," in *Idle Talk: Gossip and Anecdote in Traditional China*, ed. Jack W. Chen and David Schaberg (Berkeley: University of California Press, 2014), 134。

彼时的他，正从大起大落的挫折中慢慢恢复平静，思考写作的思路也日益明晰，最后完成的作品其宽度与广度令人赞叹。但是必须要强调的是，与当时力求宽广的文种——类书——相比，《笔谈》有诸多相异之处；它发出的是一个清晰的、原创性的思想声音，是沈括身没之前最后的誓言。

接下来的问题是，《笔谈》中这些博杂的丸粒装知识在怎样的意义上构成了一个整合的声音呢？这个问题对于现代读者来说尤其有挑战，因为现代思想主要依赖理论与命题的形式表述观点，这些元素恰恰不是《笔谈》中所有的。从当时读者的角度来说，阅读《笔谈》和阅读类书的感受究竟是否如此不同？在接下来的一章里，笔者将在"非统理"这个概念之下逐一解决这些问题。

第九章 营造非统理

　　沈括在他封笔之作《梦溪笔谈》中寄托了一个思想性的声音，这个声音的思想性正在于它是对统理时代的回应。对他来说，一个必须回答的问题是：统理的反面是否意味着混乱？如果不是的话，统理解体之后又能带来怎样的新秩序？沈括在《笔谈》里提供了一个答案，那就是非统理。本章伊始将回顾闻见之知的含义，它是沈括认知导向的一个重要部分，也是他的非统理的出发点。接下来，笔者将从认知论的角度讨论笔记这个文体——流行于宋代的笔记体是沈括建造非统理的重要工具。接下来的两节则进一步介绍"信验性"这个概念以及如何获得信验性的方法，这二者是非统理的核心所在。在其后一节，笔者将对比统理与非统理以及比较他们所代表的认知群体。最后，笔者将对非统理的哲学特征做统一概括和总结。

《笔谈》与闻见之知

　　为了更深入地讨论《笔谈》与宋代思想的关系，特别是它与统理之间的微妙对立，闻见之知这个概念是一个重要的出发点。尽管沈括本人并没有明言《笔谈》是一本"闻见"之书，但自宋以来历代书目都常以这个概念来定义这部著作。[1] 该书也确实记载了大量沈括在世间行走的所闻所见；序言中所提到的那些在现代最著名的例子，比如陨石的面貌、流水对山体的侵蚀以及石油的颜色，都是他以闻见获取的信息。

鉴于闻见之知在本书的中心地位，笔者将进一步界定它的涵义。第二章和第四章已经介绍了它与模比之间的对立，即在哲学意义上，闻见描述的是一个作为个体的物体/事体，强调的是该物的感官特征；而模比与之相反，强调的是物事在大秩序中的所由所在。闻见之知因此常常被认为是等而下之的一种认知方式。

在哲学讨论之外，闻见还有一层更广博的意义；在这个意义上，闻见不一定总与模比相较，所以也不见得带有前述的负面涵义。这种广义的闻见强调的是求知者在认知上的自给自足，它关注的是个人在求知过程中的存在感。这种存在感可能来自于个人耳闻或者目睹的感官活动，也可能来自别的认知活动。比如说，当某人声称他是通过听闻知道某事时，他可能强调的是他从一个社交场合（比如一场与朋友的对话）中得知此事的，并且他本人身临其境，直接获知。在这个过程里，此人当然使用了听力，但是听力的使用并不是他强调的重点。此外，在宋代的用法里，闻见之知也可以是某人通过读书获取知识；这里同样强调的是个人在学习过程中的存在。不管是社交还是读书，求知者都要通过一些思辨技能（critical skills）来获取信息；这些技能有时候是字面意义上的闻和见，有时则不是。

---

1 具体例子与分析见本书第十一章。

这种广义的闻见正是沈括在《笔谈》中所展现的闻见主义的基础，它的中心用意在于以闻、见以及其他思辨活动尽可能广泛地确立个人认知上的自给自足。在这个语境里，闻见与模比的二分依然是一个相关问题，但是它不再是中心的议题，对这二者孰轻孰重的判断也因具体知识实践者而异。一个闻见的实践者可以完全依赖视听认知而不涉足深层真际；另一个闻见实践者则可能对深层真际抱有兴趣，并试图以广义闻见中的诸种思辨技巧来满足这种兴趣。在《笔谈》中，沈括展现的正是后者，而不是狭义的、限制在二元哲学讨论中的闻见。在接下来的讨论里，我将讨论《笔谈》中的闻见主义实践，并详细介绍一个与之相关的概念——信验性。

作为笔记的《笔谈》

沈括所处的时代为他提供了一种系统展示闻见之知的方便资源——笔记。笔记以弹性大而著称，这一体裁囊括了 5 世纪到 19 世纪之间的一大批文献；[1]这些文献内容迥异，结构上也变化多样。正因为如此，有

---

1 有关笔记兴起的近年来的一些研究，见Ellen Cong Zhang, "To Be 'Erudite in Miscellaneous Knowledge'：A Study of Song（960–1279）*Biji* Writing," *Asia Major Third Series* 25.2（2012）：46–52，以 及Hilde de Weerdt, *Information，Territory，and Networks：The Crisis and Maintenance of Empire in Song China*（Cambridge，MA：Harvard University Asia Center，2016），281–394。魏希德（Hilde de Weerdt）的研究尤其为考察笔记作为体裁的整体特征提供了新思路。

些学者甚至认为笔记不构成一种定义明确的体裁。[1]但是总体来说，宋代的笔记还是有一些突出的共性。首先，它们大多数具备条条并列的结构，而且每条的长度、结构以及条与条之间的互相关系都没有一定之规。上章中讨论的"丸粒装知识"正是这种结构的一个好例子。第二个共性是笔记题材的多样性。[2]有的以补充正史为己任，有的则记载神异鬼怪或者谈谐戏谑；另有一些笔记则专注于一种或者多种专门知识，譬如一种文化活动或一件特别的器物。[3]第三，笔记普遍被视作有别于注疏、诗词等主流体裁之外的写作样式。这种边缘化的地位在不同语境中褒贬不一。北宋士人往往选择在退休之后撰写笔记，所以他们的笔记作品多

---

1 魏希德对笔记的共性有如下总结：选题的广泛与自由、文本组织结构的松散性、个人对记载内容的验证，以及以条为组织的结构。见de Weerdt, *Information, Territory, and Networks*, 285。笔者在本书中的分析与她的意见相符。

2 有关笔记题材多样性的研究，见Zhang, "To Be 'Erudite in Miscellaneous Knowledge'," 51–52。

3 有关笔记与私人撰史的关系，见Herbert Franke, "Some Aspects of Chinese Private Historiography in the Thirteenth and Fourteenth Centuries," in *Historian of China and Japan*, ed. W. G. Beasley and E. G. Pulleyblank (Oxford：Oxford University Press, 1961), 116–117。宇文所安和魏希德认为笔记中的私人写史往往也是对官史权威的一种挑战。见Stephen Owen, "Postface：Believe It or Not," in *Idle Talk：Gossip and Anecdote in Traditional China*, 217–223 以及de Weerdt, *Information, Territory, and Networks*, 374–375。有关笔记与小说、志怪的关系，见Alister Inglis, *Hong Mai's Record of the Listener and Its Song Dynasty Context* (Albany：State University of New York Press, 2006), 108–109。有关笔记作为专门知识的载体，见Fu, "The Flourishing of *Biji*," 104–108, 116–122 页。

少有一些退隐之后的自娱精神，也常常有一种主动背离早年严肃作品的刻意。这也是为何不少北宋的笔记撰著者（包括沈括在内）自谦地将这类作品称为谈谐卑下之言。[1]但在一些其他的语境里，笔记有鲜明的正面意义，因为它可以丰富、补充正史。这一点笔者将在以下详述。

沈括能在笔记群体中找到关注闻见的知音并不奇怪。首先，这个文体的宽松度正为宋代士人自由记录所见所闻提供了平台，而它与主流体裁之间的距离也在某种程度上鼓励了作者在求知写作中寻求自我的精神。从这个意义上来说，点滴记录个人闻见和撰写笔记正是内容和形式之间的相辅相成和互促互进。[2]

进一步讲，笔记体内部的一些分类也能帮助我们了解沈括在笔记群体中的所在所由。随着这个体裁的迅猛发展，笔记作者开始提出一些评判高下的标准，其中的一个就是"信"。12世纪的张邦基在《墨庄漫录》的后记中明确将笔记划分为可信与不可信两种。不可信的笔记在他看来是"神怪茫昧，肆为诡诞"，所以"无所取"，比如唐代的《玄怪录》。而张邦基对可信度高的笔记大为赞赏推崇，认为它们是"后史官采摭者甚众"的重要史料，所以是"可观而传者"。他还特别将《笔谈》归为可信的一类。[3]在他看来，笔记可信与不可信的区别在于是否能为正史史官所用，这种说法其实并非12世纪的发明，一百年前就有相关讨论了，

---

1 另一个例子是欧阳修，见Egan，*The Problem of Beauty*，64–65。

2 Zhang，"To Be 'Erudite in Miscellaneous Knowledge'."

3 以上三条引文均见张邦基：《墨庄漫录》，北京：中华书局，2002年，281页。

比如著名的笔记作者范镇和欧阳修都阐发过类似观点。[1]与他们同时代的沈括当对此观点并不陌生。倘若沈括能得知一百年后张邦基对《笔谈》的归类，大致也会有知音之感。从这个角度来说，笔记体的宽松度对沈括来说是创造新知的基础，而并不是肆意漫谈的借口。

何为信验性

笔记体固然为所闻所见所思辨提供了一个良好平台，但是沈括必须回答的一个问题是：为什么闻见思辨是值得推崇的？他在《笔谈》中提供的答案是：因为这些认知活动是信验性的保证。与同时代的统理相比，《笔谈》对各种物体/事体的认知处理是零散无统一性的，但是这种零散恰恰来自于求知者时时处处对可靠性的追求。《笔谈》从两方面定义了何为信验性，一是它记录了大量具体的可靠知识，另一方面，它也展示了获得这种可靠性的诸多具体方法。

沈括对信验性的追求首先体现在他对《笔谈》内容原创性的严格要求。在《笔谈》里，沈括本人自始自终以一个谨密的求知者的形象出现（间或也是其他谨密求知者的观察者与代言人）。这种谨密的求知之所以可贵，用他自己的话来说就是因为它产生的是"信"、"验"、"必

---

1 范镇：《东斋记事》，北京：中华书局，1980 年，1 页；欧阳修：《归田录》，《全宋笔记》，第 1 编，第 5 册，郑州：大象出版社，2003 年，269 页。

然"的信息。[1]翻译成现代语言，这些特色大致就是有根据、可验证、有理有节，等等，总括起来，就是信验性。与现代哲学语言相较，信验性是具有"真理传导性"（truth conduciveness）的，但它与真理不同，不追求严格意义上的确定性（certainty）或者逻辑上的不容置疑性（logical infallibility）。比起欧洲传统中的真理，信验性这个概念更加适合描述沈括对可靠知识的追求。[2]

---

1 沈括用"信"处，见《梦溪笔谈》，74条，卷4，36页；81条，卷4，38页；357条，卷21，357页。用"验"和"必然"处，见《梦溪笔谈》，116条，卷7，53页；430条，卷24，166页。

2 笔者选用信验性，即reliability这个概念，是受到当代分析哲学的启发。"Reliabilism"或曰可靠主义是一种确证（justification）方法，它与"evidentialism"（取证主义）是相对的。可靠主义的路径依靠的是可靠的求知过程（reliable process），而非"证据"（evidence）。笔者引入这个哲学概念是因为提供证据并非是确证知识的唯一方法。比如沈括就详细记录了大量他认为可靠的求知过程，这些正是他追求好的知识的方法（且不属于追求验证的求知模式）。有关可靠主义的定义，见Alvin I. Goldman, "Reliabilism," in Alvin I. Goldman, *Reliabilism and Contemporary Epistemology*: *Essays* (Oxford：Oxford University Press，2012），68–94，以及氏著"Toward a Synthesis of Reliabilism and Evidentialism," in Alvin I. Goldman, *Reliabilism and Contemporary Epistemology*: *Essays* (Oxford：Oxford University Press，2012），123–150。笔者在历史语境中援引信验性这个概念，是取"信"与"验"之广义，既包括可靠主义，又包括取证主义。前人学者也有在宋代语境中起用"reliability"这一概念的先例，比如Alister Inglis以此形容洪迈，并将其诠释为"史实性"（historical factuality），见Inglis, *Hong Mai's Record of the Listener*，123–151页，引用123页。与之相较，笔者的信验性是一个类似的概念，但是背后有着更详细的哲学考量。

准确讲来，《笔谈》中的信验性是一种实践中的志向（practical commitment）而不是一个命题性的理论（propositional theme）。首先，沈括就没有将它与一个特定的词语挂钩，前述的"信"、"验"与"必然"这几个词都是对它的描述。换句话说，沈括不是靠定义一个词汇来讲述这个概念的。而信、验与必然等这些特色将一个谨慎的求知者与诸多可能的认知恶习（epistemic vices）区分开来。所以，《笔谈》所展示的是一个谨密求知者如何在不同情境下获取可靠的知识，它的这种展现方式并不系统性地依赖命题和理论。

这种论证模式在《笔谈》中是非常鲜明的；事实上，在大多数例子里，沈括靠的是对认知行为的描述来表征可靠性，而甚少假以矩范立则之言。以下就是一个典型的例子。在第148条中，沈括考察历代历法中五星行度的计算，他留意到历家常在行星逆行或者"留"（顺行与逆行之间的过渡期）时发生计算偏差。他的原话是如此表述的："予尝考古今历法五星行度，唯留逆之际最多差。"[1]在这个表述里，沈括将他的认知自我置于中心地位，描述自己的研究过程并铺陈自己的主张。对古今历法的检阅是他所选择的认知路径，通过这个行为沈括很有可能（likely）得出一个对行星行度计算错误的可靠判断。对这个行为的描述正是他表述信验性的方式。

而沈括追求信验性最显著的证据来自于他对表面上看起来最难以置信的信息的处理——即《笔谈》中的"神奇"与"异事"两类。这两个

1《梦溪笔谈》，148条，卷8，67页。

门类里的许多记述乍看都令人难以置信，比如佛状的菜花、龙卵、能预知自己死期的僧人、纹理类字的木纹，等等。常理来说，这些话题正是所谓的"神怪诡诞"，代表的是前述二分中不可信的一类笔记。而沈括对这类题材的处理颇耐人寻味：他始终寻求为这些神怪异闻找到证据。从他的角度来说，《笔谈》向读者呈现的是一部分由他亲自验证可信的神异事件，而不是一般意义上的神怪漫谈。[1]

沈括最常用于验证神奇异事可信度的手法就是亲闻亲见。《笔谈》中几乎每一条记录都标明了一个可靠的信息来源，时而是他本人，时而是他信赖的人。比如，沈括本人在润州做官期间见到同僚李宾客家中的佛状菜花，在这段叙述里，他详细交代了具体的人物和地点。[2]而所谓的龙卵，也是他自己亲眼"屡见之"的一个现象。[3]预知自己死期的僧人乃是沈括的一个远亲，他对此人的事迹生平"知之甚详"。[4]在这些例子里，沈括反复强调自己的亲身经历，从而向读者证明它们纵然看似荒诞，但却真实不虚。在最不可信验处寻求信验，这恰恰表明了沈括对信验性的执着。

沈括对信验性的执着也体现在对无根游谈的敏感。在《笔谈》中，

---

1 傅大为对此也有讨论，他认为沈括对神异的考察是《笔谈》整体哲学的一部分，笔者对此深表赞同，尽管笔者与傅在如何定义这个整体哲学上有不同解读。见 Fu, "A Contextual and Taxonomic Study"。

2 《梦溪笔谈》，344 条，卷 20，141 页。

3 《梦溪笔谈》，346 条，卷 20，142 页。

4 《梦溪笔谈》，349 条，卷 20，143 页。

他对不实、无据信息的纠正几乎是习惯性的。"辩证"与"谬误"这两类正是他专门开辟的用于辨识不可靠知识的地盘。比如他批评唐代笔记《酉阳杂俎》"多诞",特别是对草木植物的记录纰缪甚多。[1]导致这些错误的原因,在沈括看来,正是"率记异国所出,欲无根柢"[2],即对信验性的漠视。另一个例子是沈括对郑玄的批评,他指出郑玄因为仅凭揣测而错认了一样事物。《尚书大传》中有云:"文王因于羑里,散宜生得大贝,如车渠,以献纣。"郑玄注曰:"渠,车网也",故这条当理解为一个大如车网的贝壳被用作解救文王的贿赂。沈括认为这完全是误解,因为车渠是个专有名词,指的是南海特产的一种贝类。而此处倘若郑玄要做出一条可靠的注释,则必须先了解这个信息。

沈括对信验性的追求不仅在涉及学理的话题中屡屡可见,也同样表征在另一些看似休闲的议论上,比如"人事"这一类别。在现代学者看来,"人事"中的记述大多是谈谐戏谑之言,笔者也并不否认沈括在编撰这一部分时必然有几分自娱的心情。但是,他对可靠性的追求似乎并没有因为谈笑的气氛而有所松懈。事实上,信验性为我们提供了一个角度来解读数条因为极度短小而意义不明的记录。比如以下一条仅有十三字(可能是《笔谈》中最短的一条):

王子野生平不茹荤腥,居之甚安。[3]

1 《梦溪笔谈》,391 条,卷 22,156 页。

2 同上。

3 《梦溪笔谈》,169 条,卷 9,76 页。

王子野即王质，史载他出身富贵，但是却与自家兄弟不同，全无纨绔之气。[1]沈括这条记录，看似极其简短，但却正是对史书中王质"自奉简素如寒士"的克己作风的一句注脚。这十三个字的记录其实并不诙谐，也不是多么出色的谈资，但从可靠性的角度来看，它的价值就体现出来了——因为它证印了一条史实。

综上所述，《笔谈》正是一本信验之书。那么，沈括追求信验性的方法究竟有哪些？下一节，笔者将以"非统理"为框架来逐一讨论。

非统理与信验性

《笔谈》记录的是沈括筛选出的可信验的知识，而他用于获取信验性的认知方法汇集成并定义了他的非统理。换言之，《笔谈》并不以提出一套认知理论为目的，它着重的是例举演示可信验知识的获取手段；沈括对非统理的表述也是以描述为基础的。[2]

沈括对取信方法的重视从《笔谈》的结构就能看出来。《笔谈》的十七个类别里，一部分是知识内容的主题，比如"乐律"和"药议"，而另一部分的性质截然不同，明显代表的是认知方式，比如"故事"、"辩证"和"谬误"。这些认知方式适用于多种知识类型，并不局限于某

---

1 《宋史》卷269《王质传》，9244页。

2 已有学者留意到这个特色，并以不同语言表述之，比如Joël Brenier称其为"比较与类比"（rapprochements et analogies），与"正式表述"（les articulations discursives formelles）相异。见Brenier et al., "Shen Gua et les sciences," 350。

一个专题。这个内容和方法的两分，更加明确地把《笔谈》和类书区分开来，也表明了沈括对认知规则的兴趣。"故事"和"辩证"这两个代表认知方式的类别位列《笔谈》前两名，居于所有知识主题之前，可见它们在沈括心目中的重要性。

作为《笔谈》的首发章节，"故事"主要记载官政类的典故；更重要的是，它也是沈括的一个认知展示，即依赖先例（precedent）以获取信验性。从某种意义上来说，合理利用故事以获得新知不仅是一种方法，也是一种"认知德性"（epistemic virtue）。《笔谈》中的"故事"一章囊括了自唐代到宋代早期官政中的诸多活动，小至馆阁校书官以雌黄涂抹误书处，大至君主郊庙之礼。沈括筛选内容的标准似有二端。一个是方便用于当下的可靠典故，另一个是对认知方法的展示，即列举典故促生可靠新知的例子。

比如，沈括以唐代科举的故事来证明宋代科举某些制度的合理性。在宋代，礼部贡院试进士之日，"有司具茶汤饮浆"，"供张甚盛"，但是明经考生的待遇却明显相差甚远，所在房间帐幕氈席尽数撤去，可谓寒酸。时人多认为这是进士与明经受重视程度不同所造成的，比如欧阳修就这么议论过。但是沈括发现其实不然，宋代的这个安排本承唐制，而唐代与宋代恰恰相反，明经的地位要高于进士，完全没有优待后者的理由。进士考生可以用茶汤的根本原因是他们在考试进行中接触或不接触其他人区别不大，而明经考的是背诵经文，与外界的接触可以方便舞弊。所以自唐代起明经试场就明确规定无茶水供应，考生如果渴了只能在喝砚台中调墨的水。通过探索唐代先例，沈括证明了当朝科举安排并非出于社会偏见，其实是一个正当的制度。

与"故事"类似，"辩证"展现的是另一种获取信验性的认知德性：名实相符。沈括曾经批评时人"好用古人语而不考其意"，欲以精确用词、准确定义来纠正这种行为。[1]在他看来，一个物体/事体与一个语义单位的精准匹配是促生可信验知识的一个重要前提，而展示这种匹配度的具体方法正是他在"辩证"这一章节中的中心任务。

一个显著的例子就是沈括对《庄子》中的"野马"一词的讨论；与过往注疏都不同的是，他主张将这个词和一个不同的物理现象对应起来。[2]《庄子》的原文如下：

> 野马也，尘埃也，生物之以息相吹也。[3]

历来注家对这个词的理解都争议重重，因为字面意义上的野马在这个语境里很难找到合适的解释。不少人认为这就是一个互文，"野马"就是"尘埃"，即尘埃呈现为野马的形态。沈括不赞同这种看法。他认为野马指代的其实是田野间的浮气。提出这个物与名的匹配，是沈括"辩证"中的第一步——"辩"。他接下来以对田野的观察为依据来"证"明这个匹配，即为第二步。沈括提到一桩他亲身闻见的证据："（田野间浮气）

---

1 《补笔谈》，523 条，卷 1，202 页。

2 《梦溪笔谈》，66 条，卷 3，32 页。

3 《庄子集释》，北京：中华书局，1961 年，卷 1，4 页。

远望如群马，又如水波。"除此之外，他还引用了佛书中的说法作为间接证据，"如热时野马阳焰"[1]；此处野马是对阳焰形态的描述，所以它可能是一种约定俗成的对热空气的比喻。沈括由此以亲身闻见与文本见证为双重证据，完成了以野马之名符合热气之实的任务。

在另一个名实不符的例子里，沈括指出这个问题的本源是所谓的"实"已经不存在了。自唐以来，形容武人的打扮常常有"衣短后衣"这个说法。[2]沈括对此感到困惑，因为宋代的文人庶人的打扮都是短后衣，所以该样式作为武人衣着的特色似乎无从说起。沈括在《庄子》中找到了这个词的来源和时代背景。原来战国时代的士人贵族所着之衣都有长后襟，穿短后衣的则是少数，一般都是武人。所以，这个词其实对应的是战国时代的史实，而在宋代已经无实可以相符。有名无实，则当然不可信验。

沈括对认知信验的方法表征绝不仅限于"故事"和"辩证"这样以方法论为题的门类。事实上，好几个获取信验性的方法贯穿了《笔谈》全书，在各门各类中都能见到。最常见的一个就是狭义的闻见——即以视觉、听觉等感官功能获取信息；用沈括自己的话来说，就是"余亲见之"[3]。前面已经讨论过，沈括将这个方法充分扩展到了最难亲见的领域——神奇与异事。而在比较日常的情景里，他又设计发明了种种观测

---

1 以上几处引文均见《梦溪笔谈》，66 条，卷 3，32 页。

2 《补笔谈》，523 条，卷 1，202 页。

3 《梦溪笔谈》，363 条，卷 21，149 页。

手法，将视觉的认知功能发挥到了极大。

沈括对彩虹的记述充分展示了他善用闻见的系统性和巧思。该条以"信"这个概念开篇："世传虹能入溪涧饮水，信然。"[1]所谓彩虹饮水，大致指的是彩虹的尽头与当地水道在视觉观察中重合的现象。沈括在使辽途中以自己的亲身观察证实了这两者之间的联系。一日雨过天晴，一道彩虹出现，直入沈括帐前的溪水中。沈括于是和同行的人一起出帐观察，发现虹的两头都与溪水相连；他还请一位同僚到溪水对面观察，从不同角度进一步凿实虹与水之间的联接。与此同时，沈括也琢磨彩虹的成因，提出了彩虹来自日光的假设。为了证实这个猜想，他变换了多个不同的角度观察。沈括留意到，当夕阳西下时，他的视线由西至东（即顺日光方向）则可见彩虹，而当他由东至西反方向观察时（即逆日光），彩虹就消失了。由此看来，彩虹既然能"为日所烁"[2]，那么它的存在则很有可能就是与日光紧密相关的。为了证实这一点，沈括在第二日又在不同的地点和角度重复观察了一次，得到了相同的结论。在他看来，这种可重复性使他的闻见所得成为了可信的证据。

在视觉之外，听、味、嗅觉也是沈括常见的观察手法。他曾经记载一面颇为有趣的古镜，以手按中心则会听到灼烧龟甲的沙沙声，沈括敏锐地捕捉到了这个声音并想探其究竟。有人认为这面镜子是夹层中空的，才有此特别声效，但是他不以为然，认为以当时的工艺制作铜镜，

---

1 《梦溪笔谈》，357 条，卷 21，147 页。

2 同上。

夹镜不能靠铸造，只能靠两面焊接合起；而这面镜子一来没有焊接痕迹，二来发出的声音"泠然纤远"，不是焊接器物沉滞的声响。[1]由这些声音为证据看来，这面镜子不可能是夹层中空的。在与食物和药物的条目里，沈括也常常记录自己对味觉的使用。比如他提到柚皮极苦，而橙皮甚甘，以此经验反驳《本草注》中"橘皮味苦，柚皮味甘"的记录。[2]他亦以嗅觉辨别植物，比如识别芸草，他提到"其叶极芬芳"。而在区别黄药和甘草这两种药草时，他以触觉为准，指出甘草"叶端微尖而糙涩"[3]。

除了感官闻见之外，《笔谈》中呈现的另一个认知德性是对条分缕析（good reasoning）的尊重。在沈括的知识实践里，条分缕析囊括了多种形态的思维过程，量化的数学研究便是典型代表，而《笔谈》中最受后世称赞的数学成就正是这个认知德性的果实。[4]会圆术和隙积术是其中两个最显著的例子。[5]前者是在已知圆周长、弓高和弦长的前提下求解弧长的一种比较精确的计算法，后者是以堆垛小物体的方法求长方台形的体积。[6]在这些现代人看来属于常规的数学问题之外，沈括也有另外的

<hr />

1 《梦溪笔谈》，360 条，卷 21，148 页。

2 《梦溪笔谈》，486 条，卷 26，186 页。

3 《梦溪笔谈》，53 条，卷 3，30 页；491 条，卷 26，187 页。

4 有关《笔谈》在数学上的记录和成就的总结，见Sivin，"Shen Kua,"13–15。

5 《梦溪笔谈》，301 条，卷 18，126—127 页。

6 有关会圆术的介绍，见Needham and Wang，*Science and Civilisation in China*，vol. 3，39 以及Jean-Claude Martzloff，*A History of Chinese Mathematics*（转下页）

"数"学成就来自于条分缕析，比如他对十二乐律的计算。[1]《笔谈》中纯量化研究的内容只是一小部分，但是它们的高质量说明沈括对量化思维准确性的要求，这正是他索求信验性的一个重要手段。

另一种沈括常用的条分缕析是因果分析。广义上的因果关系（即不局限于18世纪休谟因果模式）包含多种形式，在沈括的时代，其实深层真际大秩序往往是一种重要的因。他对这个时代主流当然非常熟悉，不过对于局部的、直接的、特别是耳闻目睹的前因后果他也有特别的兴趣。所以，沈括的不少因果诠释展现了主流之外的一种思路，而且这种思路正促发了他一系列被类比现代科学的发现，间接促成了他在20世纪的声名鹊起。

比如，沈认为击打乐器（比如磬）的物理特征是它发声的决定性因素。唐代《独异志》中有一则知名记载，说道在隋末唐初之时，宫、商、角、徵、羽里的徵音丢失了，而士人李嗣真试图将它找回来。他采用的方法是，寻得古丧车上的一只铃，在东南角上摇动，听到一处回应的声音，循声而掘，得石一段，然后将其一分为四，其中一段制成一只

（接上页）（New York：Springer，1987），328–329。有关隙积术的介绍，见Needham and Wang, *Science and Civilisation in China*, vol. 3, 142–143；Sivin, "Shen Kua," 14；Andrea Bréard, "Shen Gua's Cuts,"华觉明编：《中国科技典籍研究》，郑州：大象出版社，1997年，149—163页；以及Tian Miao, "The Westernization of Chinese Mathematics：A Case Study of the *duoji* Method and Its Development," *East Asian Science, Technology, and Medicine* 20（2003）：46。

1　Sivin, *Granting the Seasons*, 63.

可以发出徵声的磬。李嗣真的这个方法在制雅乐届是一个常见思路，即所谓的以古器物求古声；东南角这样的细节则遵循的是乐律与五行、五方之间的数理联系。[1]乐律本身是万物彼此关联的宇宙的一部分，一个完美的声音则是顺延宇宙深处结构而流播生发的。李嗣真的思路就是一个典型的以深层真际为基础的因果探索。沈括并不反对这个系统，但是他特别指出这个故事本身是荒谬的，因为即使这段古石确实带有徵声，但却被切成四段后显然无法再复制这个音高，因为"声在短长厚薄之间"[2]。这块石头的整体和它的一部分所生发的音高必然是不同的。这里，沈括将果（生发的声音）与一个局部、直接的前因（乐器本身的物理属性）联系起来。

沈括为 20 世纪学者广泛赞誉的曲面镜光学探索也得益于他对局部、直接的因果关系的重视。《笔谈》中有一条对凹面镜成倒像的讨论。[3]沈括称凹面镜为"阳燧"，取其能聚光取火之意。用他自己的话来说，阳燧之所以能形成倒像之"故"（此词明确地指认前因）是镜子和成像物

1 有关此雅乐制作的思路，见Ya Zuo, "Keeping Your Ear to the Cosmos: Coherence as the Standard of Good Music in the Northern Song（960–1127）Music Reforms," in *Powerful Arguments: Standards of Validity in Late Imperial China*, ed. Ari D. Levine, Joachim Kurtz, and Martin Hofmann（Leiden: Brill Academic Publishing, 2020），277–309。

2 《梦溪笔谈》，97 条，卷 5，63 页。

3 《梦溪笔谈》，44 条，卷 3，27—28 页。

体之间的一个"碍"。[1]沈括的试验如下：他以自己的一根手指为成像物体，在离凹面镜近时，该手指在镜中成正像，而当手指渐渐远离时，镜中像会消失，然后在一段距离之后，手指的像又会出现，但是此时会呈倒置状。他认为，不能成像的那一段距离里正是碍之所在；而这个碍也是造成倒像的原因。沈括对碍的定位很清楚，它是一个在地的、直接的前因。

他接下来讨论如何验证碍的存在，提出了几个可类比的例子，一个是船桨在摇橹时所受到的阻力，另一个是风筝的影子。风筝在飞舞时，正常情况下影子是随着风筝而移动的。但是，倘若在室内透过窗缝来观察风筝的影子，却会发现它与风筝的运动方向是相反的，风筝往东，影子向西。在沈括看来，这个窗缝就是碍之所在，是造成倒影的机制。在他观察到的这几个例子里，影像的颠倒都是碍的直接产物。沈括对碍的指认，正是由于他坚持寻求在地、直接的成因。

就《笔谈》的整体来看，沈括对因果关系的求索自由出入于闻见的范畴。也就是说，他虽然重视闻见，但是也不将自己局限在狭义的闻见中。在耳闻目睹细致观察前因后果的同时，他也指出了感官认知的一些局限。比如，一场"雷火"事件令他反思人类感知的局限性。北宋武臣李舜举家有次遭暴雷，家中一屋因此着火，家人纷纷出门避火，回来后却发现，屋子本身并未被烧毁，更奇怪的是，家中的一个木格里储存了一些漆器和银扣，漆器没事，银子却熔流于地，更有一把坚钢做的宝刀

1《梦溪笔谈》，44 条，卷 3，27 页。

已经熔化为汁水。沈括对此异事作出的解释是从某部佛书中看到的所谓"龙火","龙火得水而炽，人火得水而灾"。所以，此火应是龙火而不是人火。沈括由此感慨道："人但知人境中事耳，人境之外，事有何限？欲以区区世智情识，穷测至理，不其难哉！"值得注意的是，沈将龙火称作"至理"，即最为莫测的深层秩序，绝无可能以耳目感官而探以究竟。[1] 所以说，他对感官之能与不能是有清晰的看法的，不过这个区别并没有再在任何意义上减少他对感官认知的兴趣。这种有重点的平衡正是他在探求因果中关注本地、直接因素的背景所在。

非统理与统理之比较

本章迄今为止讨论了沈括的非统理的一系列基本设置：它是一个以追求信验性为驱动的认知哲学；它在实践中包含了一系列能传导信验性的技术，比如使用先例、以名符实、运用感官以及条分缕析的论证。以下笔者将分析这个非统理究竟在哪些意义上与统理区分开来。

首先，沈括的非统理不构成一个棣通之观。不论是从沈括的定义性论述还是表征性描述，《笔谈》中都难寻统一性。沈括详细记载了大量事物，它们之间并不在任何意义上整合为一个全面秩序。但是沈括的这个世界并没有因此流于彻底的混乱，他的秩序感来自于对信验性持续的追求。这种秩序感显然不依赖任何对宇宙同质的想象，也当然与王安

---

1 以上几条引文，均见《梦溪笔谈》，347 条，卷 20，142 页。

石、邵雍等定义的同一性相去甚远。进一步说，传导信验性的这一系列技术是不能被简化为一种同质的认知过程的，比如，它无法被简化为苏轼和二程主张的所谓"得诸心"的统一模式（见第七章和第十章的详细讨论）。尽管沈括也留意深层秩序，但是他并没有以追求统一为目标探索深层秩序。相反，鉴于他对感官认知的重视，他赋予闻见以高度的认知导向作用，并经常以此挑战以深层秩序为基础的现有认知规则。

第二，通过展现一种新的认知路径，沈括显然有意成为某种意义上的认知权威，不过他这个角色与统理营造者相比，更像是一个评估者而不是确切意义上的为师作范者。第七章里已经讨论过，一个认知师范的作用是以见证来引导他人的求知过程。沈括的做法是不符合这个范式的，他主要是在自己和他人的求知过程中辨识认知德性。所以，沈括的角色更加接近一个评估者，时时处处审视认知手段在获取信验性上的效果。

沈括所寻求的这种评估角色也与非统理的另外一个特色相呼应，即认知德性的常识性。很显然，《笔谈》展示的诸多求知内容和手法并不局限于高度专业化的知识。[1]首先，依赖感官认知是人人皆有的能力。条分缕析的论证既可以促生会圆术与积隙术这样的高精数学发明，也是描述印刷术这种手工实践操作的基础；在这个意义上，同一种认知德性把

---

1 笔者此处对认知德性的讨论受益于Alvin Goldman的"认知习俗"（epistemic folkways）这个概念。见Goldman, "Epistemic Folkways and Scientific Epistemology," *Philosophical Issues* 3（1993）：271–285。

一位士人和一个工匠团结到了一起。沈括并没有发明这其中任何一种常识意义上的德性，他的贡献主要是提炼和记录。所以，以文字手段扬弃认知德性与恶习是《笔谈》的重要目的。

第三，《笔谈》中的非统理记录表征了一个广袤的自然世界——在很大程度上广大过任何一个统理能够摄统的范围（特别是王安石的）；这也正是《笔谈》贡献了大量有关自然世界的原创知识其基础所在。不过，要准确理解这一点，笔者要强调的是不能以一个简单的自然/人文（nature/culture）二分法来区分沈括与其同时代的主流士人。首先，沈括本人就不会认同这个区分，他对可信验知识的追索既在自然世界，也在人文范畴。这也是为什么《笔谈》纵然在现代成为了一本"科学"之书，但是其本身的丰富程度却始终无法以科学一词而概括——这是几代沈括研究者的共识。

必须指出的是，不光是沈括，有宋一代并不见任何学者提出自然与人文二元分离这种观点。道理很简单，因为道本身是囊天括地的，这个宇宙论的基本前提就不支持这种区分。最接近这种二分法的大概是所谓的"天道"和"人道"之分。[1] 前者指代的是宇宙包举之内任何人力控制

---

1 古代中国研究中的"自然"是一个棘手的问题，因为前现代中国思想里没有西方概念意义上的nature的准确对应，只有一些近似理念。就这些概念的搜集和整理，见Christoph Harbsmeier，"Towards a Conceptual History of Some Concepts of Nature in Classical Chinese：*Ziran* 自然 and *Ziran zhi li* 自然之理，" in *Concepts of Nature：A Chinese-European Cross-Cultural Perspective*，edited by Hans Ulrich Vogel，Guenter Dux，and Mark Elvin（Leiden：Brill，2010），220–254。值得强调的是，（转下页）

之外的部分，包括自然世界，而后者则是人力摄持的范畴。这个区分上古已有之，二者关系历代学者也多有讨论，特别是后者相对前者的自主程度。[1]无论如何具体定义这两者的关系，一个不变的前提就是两者并不对立，而是整合在同一个宇宙之中。正如程颐所说："道一也，岂人道自是人道，天道自是天道?"[2]天道与人道非但不对立，还常常直接联系在一起。比如汉代的宇宙论就将天象与人事系统密集连接起来，暗指天道直接率领人道。

时至宋代，士人们大幅度减少了对天人感应的讨论，不少人也明确将二者视作两个有区别的领域。但是承认差别并不意味着将二者隔离开来。人事始终是宇宙流布的一部分，这种整合性并不要求人事在具体机制上是某种自然现象的复制。不少著名的宋代学者，包括本书重点讨论的统理营造者，邵雍、张载、苏轼、程颐以及朱熹，都承认人道与天道

（接上页）这些概念中任何一个，包括此处重点讨论的"天道"，都不是一个与人类空间相隔绝的世界。笔者此处并不是支持对"天人合一"最简单粗暴的理解，即宇宙的连续性是先天既有的；前人学者对这种解读的驳斥，见普鸣的一系列作品，比如Michael J. Puett, *The Ambivalence of Creation: Debates Concerning Innovation and Artifice in Early China* (Stanford, CA: Stanford University Press, 2001)。这种对"合一"的简单理解认为人文是对自然的消极模仿，故天人合一的形态就是天之文理在人间的不断重复。与普鸣的立场类似，笔者认为人道其实展现了人的创造性，与天道其实有区别。但是在宋人看来，这种区别并不是对大道的背离。所谓的"合一"并不需要依靠"同一"来实现。

1 上古思想中的相关讨论，见Graham, *Studies in Chinese Philosophy*, 54–57。

2 程颢、程颐:《河南程氏遗书》卷18，《二程集》，182页。

之间的区别，但同时也以不同的方式将二者整合起来。这也是为什么他们的统理中也常常有涉及自然世界的讨论。从这个角度来说，沈括的非统理对自然世界的兴趣并不独特，相反，它来自一个整合人道与天道的时代风潮。

非统理和认知群体的扩张

《笔谈》中所展示的非统理的另一个特色，就是它率摄了一个大幅度扩张的认知群体；这个特色非常重要，值得另辟一节。毫无疑问，沈括在《笔谈》中展现的是一个全新的、扩展的知识群像，这个群体是他摸索总结认知德性与思辨技能的社会基础。

除了他自己以外，沈括在《笔谈》中记录了一系列的谨密求知者，既有今人也有古人。一些在文化精英阶层中处于边缘地位的人物，尤其是那些不以文才、吏事或者思想著称的知名士人，被沈括发掘并收入了《笔谈》的世界。在现代被指认为"科学家"的那批士人尤其是显著的例子，比如张衡、陆绩、张子信以及舒易简等。[1]这些历史人物当然也著文立说，不过不少投身于比较专门的知识（比如天文历法），于是也被主流历史作为"专家"记载。在《笔谈》中，这些人物的思想与活动被放在与名臣文士平等的地位上讨论，因为二者同为沈括辨识认知德性与

---

1 《梦溪笔谈》，127 条，卷 7，57 页；126 条，卷 7，57 页；133 条，卷 7，60 页；304 条，卷 18，128—129 页；150 条，卷 8，68 页。

恶性的原材料。于是，《笔谈》将边缘与主流精英整合到了同一个认知群体中。

在社会精英团体的主流和边缘之外，《笔谈》的认知群体也囊括了不少布衣平民。书中记载了数位民间的能人巧匠，而这也几乎是他们在现存历史文献中唯一的记载。最著名的是毕昇，现代人称活字印刷之父；另一个著名的例子是《木经》的作者喻皓；除此之外，还有制作《奉元历》的卫朴。以上几位无一人隶属精英阶层。[1] 不过，沈括对平民的关注并非来自追求平等的社会阶级意识，而是他关注认知德性、推行非统理的自然结果。非统理本身就是一个新的认知范式，加入这个新领域，本来就有几分英雄不论出身的开放气息。而非精英的知识实践者甚少受到书面教条的规训，在以闻见知物的实践中当然也有一些天然的优势。

在列举《笔谈》中认知群体的成员之后，有一个必须要问的问题：在同时代的士人群体中，有多少人是赞同沈括的非统理立场的？为了回答这个问题，有两个群体值得进一步考察，一个是所谓的"博学"之士，另一个是修撰笔记的群体。"博学"或"博"在北宋思想界是一个甚为流行的身份标签。在不少情况下，博学指的是一个人的知识兴趣驳杂多样，超越了经学、文章与史事这些主流话题。[2] 沈括本人就被同时代人颂为博学，

----

1 《梦溪笔谈》，307 条，卷 18，130 页；299 条，卷 18，125 页；308 条，卷 18，130—131 页。

2 张聪认为"博"是一种有别于正统经学的文化理想。笔者基本赞同这个立场，不过更准确地说，博学并不意味着对书本知识的背离。见 Zhang，"To Be 'Erudite in Miscellaneous Knowledge'"。

而享有相同声名的宋人还有张耒、朱熹、马端临等大量其他例子。[1]

博学这个概念看似常见，但其涵义随语境而变，在关乎知识论的讨论中尤其需要谨慎辨识。博学本身是一种成就，一种知识面貌，但是它背后的知识立场——即达到博学的路径，却并不单一。就本书关心的话题来说，一个博学者可以是一个统理者，也可以是一个非统理者。值得注意的是，尽管博学这个词本身指代的是学识广博这样一个普遍的意义，它其实更加常见地与另一个概念——"约"——组成一个二分法。博约之对比是一个与营造统理相关的常见概念。比如，苏轼曾敦促为学者应"博观而约取"[2]。在很大程度上博、约的二分与闻见和德性的认知区别是相呼应的。所谓的"约"往往指的是深层真际，是宇宙万象可闻见的表面之下隐藏的通约结构。所以，所谓的博学者不能止于博学，而需进一步探求大结构以及最终求得统一性。由此可见，博学在认知上的地位是等而次之的；为博学而博学本身没有太大意义，一个博学者必须同时以约和统为自己更高的认知目标。[3]

必须要指出的是，享有博学之誉的士人里确实有一批与沈括在认知倾向上是类似的。这批学者悉心闻见，对通约的兴趣不甚强烈；而且正

---

1 见张耒：《明道杂志》，14 页；朱熹：《朱子语类》，卷 92，2342 页；马端临：《文献通考》，卷 216，10 页。

2 苏轼：《稼说送张琥》，《苏轼文集》，卷 10，340 页。

3 有关博的负面意义，也见 "The Rise of Local History: History, Geography, and Culture in Southern Song and Yuan Wuzhou." *Harvard Journal of Asiatic Studies* 61.1 (2001): 58–59。

因为对前者的兴趣，他们往往倾向于挑战有关约、统的规则（即对深层真际的矩范立则的权威性表述）。所以，他们的博学不仅仅是多观博识的表象，而更是如何观、如何识的方法和能力。

这个阵营中一个显著的例子是苏颂，一个与沈括同时代且多有可供类比之处的人。[1]他也是当时著名的博学之人，精通一系列专门知识，尤其擅长历算和医学。[2]苏颂也反复强调天文观测对历算的重要性，并制作了一架更为先进的浑仪。[3]他重视感官认知在药学中的作用，并在他自己编撰的方书里专门以图像记录药草的形色。[4]除了这些知识兴趣之外，他与沈括在职业轨道上也颇为相似。两人都曾身居高位，都经历了王安石新政（尽管苏颂是一个新法的反对者）。[5]他们显然是彼此相识的。苏颂

---

1 西文研究中对苏轼的生平简介，见 Joseph Needham, Wang Ling, and Derek J. de Solla Price, *Heavenly Clockwork：The Great Astronomical Clocks of Medieval China.* Second edition (Cambridge：Cambridge University Press, 1986)，5–9。西文学者中，席文对沈括与苏轼的对比最有兴趣，见 Sivin, "Shen Kua," 31–32。

2 比如，见苏象先：《丞相魏公谭训》，卷 3，1133 页。

3 有关苏颂浑仪的详情，见 Needham, Wang, and Price, *Heavenly Clockwork*；王振铎：《宋代水运仪象台的复原》，《科技考古论丛》，北京：文物出版社，1989 年，238—274 页；李志超：《水运仪象志——中国古代天文钟的历史》（附《新仪象法要》译解），合肥：中国科技大学出版社，1997 年，76—101 页；苏颂：《新仪象法要》，沈阳：辽宁教育出版社，1997 年，18—40 页。

4 苏颂：《本草图经》，《苏魏公文集》，北京：中华书局，1988 年，卷 65，996—998 页。

5 有关苏颂的政治立场，见王瑞来：《苏颂论》，《浙江学刊》，4 期，1988 年，120—122 页；以及金秋鹏：《略论苏颂的政治生涯》，《自然科学史研究》，1 期，1991 年，5—7 页。

改革浑仪时，沈括制作的浑仪是他可参考的一个先例。在现有的材料里，沈括不曾提及苏颂，大概与他们的政治立场相左有关。[1]但是此二人的相似之处也是毋庸置疑的，他们都是积极又高效地实践闻见之知的人。

另一类博学者事实上是统理派；他们的终极理想在于统一性，但也对均等的同一性抱有疑虑。在第七章中，笔者以苏轼为代表讨论过这个认知立场。苏轼毫无疑问是一个博学者，他现存的文章广泛覆盖了草木自然、医方药理等话题。[2]但是这种博学在他本人看来是为学的初级步骤，博必须进一步归化为约和统。这个知识立场由他的一个弟子张耒阐述得很清楚。张耒著有《明道杂志》，一部乍看与《笔谈》十分类似的笔记，记载了其本人所闻所见所读的种种发现。[3]并且，张耒在《明道杂志》里也表示了对思辨技巧的浓厚兴趣，常常纠正前人错误（包括纠正了沈括两次）。[4]张耒还对沈括颇有惺惺相惜之意，称

1 沈括与苏颂之间可能的政治摩擦在一系列事件中都有所体现，比如苏颂强烈反对王安石对李定的任命（见本书第三章）。他就此事的奏折，见苏颂：《缴李定词头札子》，《苏魏公文集》，卷16，220—224页。与此同时，苏颂与苏轼是好友，两者都是乌台诗案的受害者，而沈括是疑似陷害苏轼的人（见本书第六章）。有关此事的详细讨论，见管成学、王兴文：《苏颂与苏轼交谊考述》，《清华大学学报（哲学社会科学版）》，2卷，17期，2002年，85—89页。

2 苏轼以草木自然为题材的写作甚多，聊举数例，见苏轼：《种松法》、《节饮食说》，《苏轼文集》，卷73，2361页，2371页。他的医方和药学写作多收于《苏沈良方》。

3 Peter Bol, "A Literati Miscellany and Sung Intellectual History: The Case of Chang Lei's Ming-tao tsa-chih." *Journal of Sung-Yuan Studies* 25 (1995): 121–151.

4 张耒：《明道杂志》，14页，16页。

《笔谈》"颇有佳处"[1]。

但是与此同时张耒也明确表示，他的这些博学之实践是手段而非目的。在《明道杂志》的序言中，他表述了一个《笔谈》所未见的立场：

> 夫学有道，道有序，循其序而积之者，行而能远，涉而能高。下则鸟兽虫鱼器械服物之理无不通，中则修身正家治天下之业无不立，上则达性命，通死生，官天地，府万物，独立于万物之上而无与为侣，而学庶乎至矣。[2]

张耒的这段文字里中其实颇有几个熟悉的论点。首先，他对学的阶梯式描述与王安石在《致一论》中的论述是非常接近的。其次，他把"下则鸟兽虫鱼器械服物之理"列为上中下三等中的下等，并且明确指出学的最终目的是"独立于万物之上"。这正是模比的思路，即以最终对通约的理解超越繁杂的闻见之象。

张耒积极有效地实践了闻见，但是他同时也没有打破闻见/德性的框架，依然默认闻见在认知中的次等地位。从这个意义上来说，他与沈括是意见相左的。但是一个值得进一步澄清的问题是：倘若张耒在《明道杂志》中的知识表述与沈括在《笔谈》中的没有什么大区别，那么这个哲学上的分别还有意义吗？答案是肯定的。这个区别主要体现在营造

---

1 张耒：《明道杂志》，14 页，22 页。

2 张耒：《张耒集》，卷 48，758 页。

统理的整体过程中。对约和统的追求最终促生的是一种新的认知模式，就是张耒的老师苏轼所说的"得诸于心"；与此同时，以耳闻目睹以及具体思辨技巧为基础的闻见则会愈加边缘化。这种高下的分离发生在不少学者身上，笔者将在第十和十一章中以二程和朱熹为例讨论。所以，"博学"这个标签表面上是一个包括沈括在内的许多士人共有的一种特质，但是细看之下，它其实又囊括了不同的知识立场，这一点是不可忽视的。

第二个可为沈括觅得知音的群体是笔记作者。正如张聪研究指出，笔记这个体裁正是闻见之知和博学之士汇集之处。[1]而根据前述张邦基对笔记的二分评判，沈括的《笔谈》并非随意漫谈，隶属"可观而传"的信史一类。而沈括当然并不孤立，有不少笔记作者与他志趣类似，积极地以闻见与思辨探寻万物，并以其可靠见识斥诸记录。这个群体当是孕育非统理的一片沃土。

当然了，鉴于笔记群体的驳杂多样，任何比较都不应大而化之。尽管诸多笔记作者乐于使用和记录闻见，他们对笔记在认知作用上的评估却不尽相同。在沈括的非统理里，他将追求信验性本身作为一个终极目标，这个认知理想并不适用于所有精于闻见的笔记作者。为了尽可能在比较中做到精确，笔者将分开讨论两个时段。在 10 到 11 世纪（即沈自身的时代以及略早），不少笔记作者对信验性的追求其实是其他文化理想的副产品，并且，信验性往往被视为一种手段而非目的。到了 12 世

---

1 Zhang, "To Be 'Erudite in Miscellaneous Knowledge'."

纪之后，不少笔记作者开始将信验性作为核心目的，并且对闻见思辨的认知价值有了根本上的肯定。本章将着重讨论第一个阶段，至于第二个阶段的发展将在第十一章中作为《笔谈》接受史的一部分来讨论。

10 世纪晚期的一个风潮就是将可信的笔记与信史做比较；不少情况下，对笔记可靠性的评判之词与对信史的赞誉如出一辙。这个特色也反映了许多笔记作者的写作目的，他们确实意图以个人记载来修正补充正史，而他们个人作品的质量正是继承史学传统中直笔、实录精神的结果。从这个角度来说，这不是一个新的发展，而是新瓶装旧酒。比如，在《归田录》中，欧阳修就提到他著此书是以《国史补》的作者李肇为榜样，以求对官修史"或阙则补"[1]。而在《东斋记事》的序中，范镇也提到自己参与修《唐史》的经历，《东斋》正是这段工作的延续，旨在以个人书写增修官史。[2]

此外，不少笔记作者对信验史实的追求其实是一种参与政治的方式。在 11 世纪跌宕起伏的政治环境里，不少严肃的笔记作者意欲以这种有别官史的形式发出自己的声音、标明自己的立场。比如在《归田录》里，欧阳修就号称自己要"掩恶扬善"，因为这正是"君子之志也"[3]。而《渑水燕谈录》的作者王辟之赫然以"帝德"、"谠论"和"名

---

1 李肇：《唐国史补》，上海：上海古籍出版社，1979 年，3 页。

2 范镇：《东斋记事》，北京：中华书局，1980 年，1 页。

3 欧阳修：《归田录》，269 页。

臣"这样的标签为分类,其臧否人物、评判时政的意图不言而自明。[1]

　　细观之下,诸多笔记作者的政治声音其实也非常多样,表征了不同的政治诉求。比如早期的一个显著例子是对地方文化以及政治声音的宣扬,因为笔记与正史的体裁对比正对应了地方与中央的结构性区分。[2]钱易所著《南部新书》很大程度上就是为了在北宋统一南北之后为南唐地方文化立言。他的儿子钱明逸在序言中明确表达了这个目的:

> 其间所纪,则无远近耳目所不接熟者,事无纤巨善恶足为鉴诫者,忠鲠孝义可以劝臣子,因果报应可以警愚俗,典章仪式可以识国体,风谊廉让可以励节概。[3]

进入 11 世纪之后,随着新法党争的甚嚣尘上,以笔记补正史的诉求逐步变成了新旧党互相拉锯的一个手段。[4]这其中的一个重要背景是正史的编撰受到了党争的严重影响;由于新旧党轮番当权,一朝实录可以几经颠覆性的修改。所以,笔记作者号称的公正与信验往往也是针对和反驳相左政见的一种武器。比如,田况著有《儒林公议》,主旨就是重写自

1　王辟之:《渑水燕谈录》,北京:中华书局,1981 年。

2　有关此风潮的分析,见江湄:《宋代笔记、历史记忆与士人社会的历史意识》,《天津社会科学》,4 期,2016 年,146—155 页。

3　钱易:《南部新书》,1 页。

4　就此阶段笔记与党争之关系的分析,见江湄:《宋代笔记、历史记忆与士人社会的历史意识》,148—151 页。

太祖到仁宗的政治史。田况是范仲淹和欧阳修这样的革新派的同情者，所以他虽号称写的是无偏见的信史，事实上还是对范和欧阳多有维护。[1] 而这种写法到了王安石时代就更加明显了。比如《孙公谈圃》这样的作品，几乎完全就是在党争分裂的局势下宣发己见的政治武器。

所以，当我们将《笔谈》和这些同时代的笔记相比较时，万不可因为表面相似的对信验的追求而抹杀它们之间具体而微妙的区别。首先，《笔谈》对信验性的追求远不是直笔信史这个框架可以涵盖的，它本身内容的多样性远远超过了写史的范式；沈括本人也完全没有明言过《笔谈》是任何意义上的历史书写。其次，《笔谈》虽然出现在党争时代，但是它的政治声音并不明显。这部作品固然是非统理向统理的挑战，但是这个目的本身并不服务于党争。第八章已经讨论过，沈括非常小心地回避了新旧党之间的矛盾，比如在讨论新法时，他多着重技术性的内容。沈括本人当然想彰显自己与统理营造者（比如王安石）的不同，不过这种思想挑战与反对还是支持新法没有直接关系。所以，沈括的非统理在他的时代虽不是孤立的现象，但是细看之下，却有自己独特的思想声音。这个立场逐步找到知音并扩张成为一个知识群体是一个发展的过程，到了南宋才变得较为明显。这一点，将在本书的最后一章中详细交代。

---

1 漆侠：《范仲淹集团与庆历新政——读欧阳修〈朋党论〉书后》，漆侠编：《宋史研究论丛》，第 2 辑，保定：河北大学出版社，1993 年，2 页。

作为认知立场的闻见主义

在本章结束之际，让我们来总结一下沈括非统理的哲学特色，即作为认知立场的闻见主义究竟有哪些哲学诉求。笔者的总结也将与经验主义的理论框架相比较。从很大程度上来说，沈括的非统理确实是一个建立在 11 世纪思想基础和资源之上的经验主义立场，它展现了一些与其他经验主义的共性，也有自己明确的时代特色。

首先，作为认知立场的闻见主义在沈括的表征中既包括了狭义的耳闻目睹，也包括在此基础上的广义的延伸。沈括对感官知觉的强调令他的立场与现代意义上的经验主义颇有可比之处，因为二者都强调感官知觉作为知识来源的重要性。前文已经讨论过，他在《笔谈》中赋予了感官知觉极其重要的地位：耳闻目睹是他最常引用的认知德性；他在实践中也用遍视、听、嗅以及触觉；甚至还设计了一些实验手段以系统地利用视觉。进一步说，耳闻目睹作为一种认知德性不是孤立的，在沈括笔下，它还渗透到了其他认知方法里，譬如"故事"一章倡导的是参考先例的认知路径，而在沈括眼里，一个可靠的先例往往也是靠耳闻目睹得来的。沈括在探究因果关系时，也常常以耳闻目睹来寻找在地的、直接的前因与后果。他在求名实相符时也有类似诉求。在诸多例子中，他着重寻找一个"名"背后的"实"，这个实通常能以感官辨认；他也坚持但凡一个"名"有任何能以闻见得知的内容，求知者就必须谨慎察明这个"实"，从而做到与名相符。

但是沈括的闻见主义不局限于狭义的耳闻目睹，还囊括了其他认知思辨手段，从而为确立个人认知的自给自足提供了更为广阔和坚实的技术基础。在《笔谈》中，沈括的知识来源包括耳闻目睹、社会交游和引经据典；具体的知识内容也既有万物表象，也有深层真际。通过展现一系列的可传导信验性的认知技巧，沈括开凿出了一个以认知自给自足为诉求的新立场，也与此同时挣脱了对认知师范的依赖。

另外值得注意的是，沈括的闻见主义也是一个典型的学院派的经验主义，这与他本身作为士大夫的身份是密不可分的。[1]在《笔谈》的世界里，书面知识与闻见主义不是对立的；值得强调的是，沈括在认知立场上绝不反对书本和经籍，他一直是它们的拥护者。书本中记载的有关他人耳闻目睹的信息，但凡沈括有证据可据，就会选择信赖。沈括本人还会主动找寻有关某物的书面记载来验证自己耳闻目睹得来的信息。与此同时，他也将自己对闻见的敏感带入了阅读经典的过程中，以耳闻目睹来协助理解经典。前文讨论过的庄子野马以及短后衣都是这方面的例子。所以，经验与文本的二分法不适用于沈括的闻见主义。尽管沈括对涉及深层结构秩序的认知规则时有质疑，但他质疑的是它们的内容，而不是以书面为载体的呈现形式。他喜好观测，但并不以观测为获取知识的唯一途径，相反，与文本知识相辅相成的观测更能促成高效的认知活动。

沈括的闻见主义的另一个特色是它与深层秩序之间没有二元分割，这

---

1 这点与Pomata and Siraisi所谓的"饱学经验主义者"（empirisme érudit）类似，见Pomata and Siraisi，"Introduction，"*Historia*：*Empiricism and Erudition in Early Modern Europe*，17。

一点微妙之处也是现代读者必须注意的。[1]他的非统理依然以一个有一定结构的宇宙为背景。正如笔者在第四章已详细讨论,沈括眼中的宇宙是为阴阳五行所架构的,这也是为什么《笔谈》会为"象数"另辟一章节。沈括的闻见主义立场令他对象数的认知向导作用有自己的定义,但是他并不排斥象数本身。对沈括来说,在某些领域他完全避开了对深层秩序的讨论而几乎全以感官知识为向导,比如天文观测;而在其他不少领域里,闻见之知和深层真际是并存的,而沈括也专注于协调这二者在认知活动中的关系。

就第二种情形而言,本书的第四章已经提供了一个很好的例子。沈括对五运六气的使用始终以协调气象与数理为核心。他强调气象的认知向导作用,在此基础之上以闻见信息来调整修改数理规则。这正是他在一个特定宇宙结构中发挥闻见主义的特色做法。

而沈括的这个特色在他对医药的钻研中体现得特别明显。[2]无论是在

---

1 傅大为以"二层知识论"(two-tier theory of knowledge)来描述沈括这种立场,可立为一说。见Fu, "When Shen Gua Encountered the 'Natural World': A Preliminary Discussion on the *Mengxi bitan* and the Concept of Nature," in *Concepts of Nature: A Chinese-European Cross-Cultural Perspective*, ed. Hans Ulrich Vogel, Guenter Dux, and Mark Elvin (Leiden: Brill, 2010), 285–309。

2 值得注意的是,所谓的"经验"在医学语境中的涵义是非常复杂的。冯珠娣(Judith Farquhar)和席文都曾指出,中医的实践中所谓的经验和概念型知识是无法相分离的。这种双生关系类似于笔者在本书中讨论的闻见与德性的关系。见Judith Farquhar, *Knowing Practice: The Clinical Encounter of Chinese Medicine* (Boulder, CO: Westview Press, 1996), 2–3 以 及 Nathan Sivin, "Text and Experience in Classical Chinese Medicine," in *Knowledge and the Scholarly Medical Traditions*, ed. Don Bates (Cambridge: Cambridge University Press, 1995), 195–198。

医论还是药学中，沈括对闻见之知都抱有极大热忱。前文已经讨论过，在辨别药草时，他特别注重使用感官，观其貌，嗅其味，尝其甘苦，以及触之于手感。同时，他还认为医者必须重视在实际经验中某种药草在与其他药草的不同组合中相异的药效。比如，钟乳与白术这两味药材在不同的方子里可能有完全相反的互相作用。[1]所以，在《良方》的序言中，沈如是说：

> 予所谓良方者，必目睹其验，始著于篇，闻不预也。[2]

沈括在对感官认知的强调的同时，也始终将医学中涉及深层结构的准则囊括在自己的视野里。在同一篇序言里，他还强调学医者应熟练掌握五运六气这样的"天理"，并以古人为范例，"古以治疾者，先知阴阳运历之变故，山林川泽之窍发"[3]。

沈括兼具感官与数理的认知路径也体现在他对诊断的看法里。他敦促医者必须"目不舍色，耳不舍声，手不释脉"，并且"察其声音、颜

---

1 《梦溪笔谈》，314 条，卷 18，132 页；也见苏轼、沈括：《苏沈良方》，北京：中医古籍出版社，2009 年，3 页。

2 苏轼、沈括：《苏沈良方》，4 页。

3 苏轼、沈括：《苏沈良方》，1—2 页。有关运气在医学中的使用，见 Despeux，"The System of the Five Circulatory Phases," 139–140，以及 Asaf Goldschmidt, *The Evolution of Chinese Medicine：Song Dynasty，960–1200*（London：Routledge，2009），175–176。

色、举动、肤理、情性、嗜好"，"问其所为，考其所行"并且"遍诊人迎、气口、十二动脉"[1]。很显然，他意图以广泛的闻见搜集尽可能详细的信息。与此同时，他如此阐释诊断的基本原则："疾发于五脏，则五色为之应，五声为之变，五味为之偏，十二脉为之动。"[2]此处谈的正是以五行为结构的疾病与脏腑功能之间的关联。[3]所谓的五脏译成现代语言应作"脏器的基本功能"，它们与解剖意义上的内脏相关联，但是并不等同。[4]所谓的五脏六腑是支撑各种关联的一个重要深层结构，也正是笔者所谓的"网中绳络"。与五脏类似，五色、五声以及五味其实都是以分类为主要目的的模态；它们与感官认知中的声色味相关，但在存有意义上并不与它们等同。比如，诊断中的病人面色黑并不意味着其人面色如墨（虽然它确实与一定程度上的面色晦暗相关联）；它更重要的意义是表征病人肾气有郁结。[5]肾和黑气之间的关联正是网中一绳。

---

1 苏轼、沈括：《苏沈良方》，1 页。

2 同上。

3 Sivin, *Health Care in Eleventh-Century China*，83.

4 "脏器的基本功能"这个提法见 Charlotte Furth, *A Flourishing Yin：Gender in China's Medical History，960–1665* (Berkeley：University of California Press，1999），23。有关对脏腑系统的介绍，见 Paul Unschuld, *Huang Di nei jing su wen：Nature，Knowledge，Imagery in an Ancient Chinese Medical Text* (Berkeley：University of California Press，2003），129–136。

5 《黄帝内经素问校注》，北京：北京卫生出版社，1992 年，卷 3，165 页。有关中医中色的微妙涵义，见 Shigehisa Kuriyama, *The Expressiveness of the Body and the Divergence of Greek and Chinese Medicine* (Brooklyn, NY：Zone Books，2002），153–192。

与在五运六气上的操作类似，沈括在疾病诊断中的第一步就是尽详尽细地实行闻见。[1]这些由感官认知得来的种种线索正展现了许多"网中绳结"。而沈括将这些绳结逐步编织纳入网的现有数理结构之后，网本身当然就能更加确切地与经验感知相符。如此一来，沈括再度展示了他是如何以闻见为主要认知向导、并以闻见为基础来修改象数规则的。这也是为什么他如此投入象数的同时，又能在感官认知的领域中获得比许多人深刻得多的见解。

此处让笔者来回答读者可能有的两个问题。其一，在五运六气和医药的例子里可以见到沈括对修正完善系统的用心，那么从这个角度来说，他与醉心象数的统理营造者邵雍又有何不同呢？这其中至少有两点重要的分别。一方面因为对闻见的重视，沈括对象数的运用显然更有批判性。他不断以认知获得的信息来修改数理规则，修改手法也是因地制宜，相对多样化的；这一点与邵雍很不同，邵雍的变通主要是依靠数理规则本身已有的结构进行繁殖推演。在沈括对深层秩序关注的背后，他并没有什么强烈的愿望以发现千变万化之下的通约。他对象数的使用是开放式和具体而微的，随着感官认知在细节中的拓展而不断延伸。另一方面，不论是在运气还是医学里沈括都没有以象数提炼出任何以道为宗的统一方法论。这也是为什么在《笔谈》中象数与万物闻见和谐杂处；前者对后者并没有认知论上的统领权威。

第二个问题是，如果沈括承认闻见和象数是认知中的双重导向，那

---

1 苏轼、沈括：《苏沈良方》，1 页。

么他与任何一个推崇"德性之知"或模比的求学者又有什么区别？这其中也至少有两个重要区别。首先，沈括在认知向导上是偏向闻见的，闻见是结构性修正象数规则的基础。另一个更重要的区别在于对认知过程的想象。对于一个模比者来说，最终理想的认知手段是"以心得之"，无需思虑。而沈括则正好相反，他强调思辨技巧的使用，所以一定意义上说，沈括的主张是对思虑的系统性推崇。

沈括的闻见主义的最后一个特色在于它是一个涵盖认知态度、倾向和具体手段的立场，而不是以论点和命题立身的矩范立则之言。《笔谈》提供了大量对具体认知过程的描述，而不致力于定义一个以概念、命题为主导的认知理论。对于沈括来说，他真正的独特之处是在知识实践和成果中体现出来的。这也是《笔谈》成为沈括闻见主义之载体的原因。

综上所述，《梦溪笔谈》呈现了沈括所发出一个最后的思想性声音。作为一部笔记，《笔谈》以该体裁的多样性和非主流精神作为平台，展现了沈括的非统理。这个非统理的核心特色就是对信验性的追求；而达成信验性的方法包括了诸多思辨技巧，沈括在《笔谈》中一一以具体事例展示。沈括的非统理正是他在认知立场上实践闻见主义的结晶；这个主义强调的是闻见的认知导向作用以及个人在认知活动中的自给自足性。尽管沈括的闻见主义依然以深层宇宙结构为基础，它却与追求德性之知的模比在事实上分道扬镳。这种区分在与统理的进一步发展对比之下会更加明确，这一点笔者将在下一章详议。

第十章 分道扬镳

　　本章将探究作为主流的统理营造的进一步发展，并将其与沈括思想做进一步对比分析。笔者为这些比较另辟一章有几个原因。其一，以二程为代表的统理营造第二阶段有几个显著的新特征，这些特征超出了第七章对统理的概述。其二，本章的比较在性质上更加哲学，因为二程与王安石不同，与沈括在实际中的交集不多。[1]但是，这些哲学性的比较依然是服务于历史、特别是思想史书写脉络的。因为二程为朱熹的理学集大成说打下了基础，而朱熹的思想又统领主流学说直至 20 世纪，所以将沈括的思想与这条主流的脉络做一个长时段的比较，能够更加清晰地说明他在思想史上的历史地位。本章将分别介绍二程和沈括对"理"和"心"这两个核心概念的定义。前四节介绍程颐和程颢是如何以这些概念为基础打造他们的统理的，后二节则介绍沈括如何与他们理解相左，最终分道扬镳的。

---

1 除了沈括在寥寥几处引用过程颐，比如，见沈括：《论日月》，《长兴集》，卷3，14 页A。

作为"相融性"（Coherence）的理

在第七章中笔者已经简要介绍过，以二程为代表的第二阶段的统理与第一阶段至少有两个重要区别：一是它放弃了对单一关联性秩序的坚持，扩张并囊括了所有关联性秩序；二是它对模比这个认知过程有了一个清晰的心理学描述。以下笔者将逐步澄清二程是如何达到这些哲学目的的。

程颐和程颢对"理"这个概念的重整与创新是中国思想史上的一个里程碑。在本书中，笔者将"理"阐释为"相融性"，力图以现代哲学语言清晰地表达这个概念的意义。[1]本章对理的讨论着重于它在统理营建

---

1 在西文学界，如何翻译"理"这个概念引发了长达几十年的辩论。学者们曾提出"reason,""law,""pattern,""principle,""form,""coherence"等一系列英文词汇作为备选。有关这些翻译的长短利弊，见 Willard J. Peterson，"Another Look at Li."*Bulletin of Sung-Yuan Studies* 18（1986）：13–14，以及 Brook Ziporyn，"Form，Principle，Pattern，or Coherence? Li 理 in Chinese Philosophy，"*Philosophy Compass* 3（2008）：1–50。本书的英文原稿取的是"Coherence"（C 大写）的译法，即相融性。这种对理的诠释基于几代学者努力的结果。自裴德生（Willard J. Peterson）提出了"coherence"之后，数位学者做出了进一步探讨和验证。包弼德将其运用于对宋明理学的历史探索，见 Bol，*Neo-Confucianism*，163–168。任博克（Brook Ziporyn）和安靖如（Stephen Angle）就相融性这个诠释做了系统的哲学论证，见 Ziporyn，"Form，Principle，Pattern，or Coherence，"氏著 *Beyond Oneness and Difference*：*Li and Coherence in Chinese Buddhist Thought and Its Antecedents*（Albany：State University of New York Press，2014），321–344，以及 Stephen Angle，*Sagehood*：*The Contemporary Significance of Neo-Confucian Philosophy*（Oxford：Oxford （转下页）

中的作用，即，理的出现提供了一个可以囊括所有关联性秩序的形而上结构。笔者将考察理与其他深层秩序之间的连贯性，从而凸显理所带来的形而上学的新论点在思想史上的地位，并以此终结本书的比较脉络。

理在中国思想中是一个司空见惯的词汇。在本书的论证过程中它就出现了好几次，譬如第二章中就引用过孟子的"万物之理"。而在11世界的思想世界里，理更是无处不在，本书提到的几乎所有思想家都曾参与过对理的讨论，比如王安石、邵雍、苏轼，以及沈括本人。不过，一个词汇常常可以对应多个不同的概念，理也是如此。在二程的革新以前，大多数理指的是玉的纹样或者农田划分的衍生义，即纹路与次序。[1]自先秦到宋，理这个词汇被广泛运用于天地之间的各种纹样与秩序。比如苏轼就曾议论水之理，"江河之大与海之深……是故千变万化而有必然之理"[2]。

但程颐和程颢把这个朴素的概念变成了一个形而上学概念，以现代

（接上页）University Press，2009），31–50。笔者此处对相融性的理解基于上述学者的成果，采用的是安靖如提出的大写C的Coherence。在他与Justin Tiwald的对话里，安提出的解释是大写开头的相融性特指宇宙形而上的结构问题，而不是任意一种经验中的相融。见Angle，"Reply to Justin Tiwald，"*Dao：A Journal of Comparative Philosophy* 10（2011）：239。在笔者看来，安的观点也受到历史证据的支持。相融性有关宇宙的结构，而这些结构并不是任意的，而是书写传统历史性积累的结果（见本书第七章的讨论）。从历史的角度来说，理当然不是个人主观经验中的任意一种相融性。

1　Peterson，"Another Look at Li，"14.

2　苏轼：《滟滪堆赋》，《苏轼文集》，卷1，1页。

语言阐释，即是"相融性"。简言之，作为相融性的理就是"物与物之间有价值而又可辨识的相融方式"[1]。作为纹路与次序的理的存在是具体而不均匀的，而二程改造过的理是无处不在的。天地之间任何一种物事都有自身的理，一张木椅有其理，一种人事有其理，而囊括万物的天地亦有其理。正如程颐所说，"一物须有一理"[2]。

作为相融性的理最大的特色就是它提出了一个新的统一性的哲学阐释。这个统一性直接表现在程颐最知名的"理一而分殊"之说里。[3]理有诸多分散的殊相，而最终统一于一个大的贯通之理。这个命题背后有两个重要的论点。其一，理的统一性不依赖绝对一致性（selfsameness），因为很显然，世间万物一一相融的具体形式是不同的。一张木椅的腿与面之间的相耦合是一种相融，父慈子孝则是另一种相融。相融性这个概念本意就是要包容这种多样性的。其二，分殊之理最终能够归一是因为"一物之理与另一物之理以及其他所有物相关联"[4]。换言之，天地之间，理理相关联以至于绵延不绝，这才是"一"之所归。一个求知者可以由一物之理"推"至另一物，理理相接，最终万物而归一。[5]这正是理学"格物致知"理想的意涵所在。

---

1 原文作"the valuable and intelligible way（s）that things fit together"，见Stephen C. Angle，Review of *Neo-Confucianism in History* by Peter K. Bol. *Journal of Chinese Studies* 50（2010）：348。

2 程颢，程颐：《河南程氏遗书》卷18，《二程集》，193页。

3 同上，《二程集》，卷9，609页。

4 Angle, *Sagehood*, 48.

5 程颢，程颐：《河南程氏遗书》卷2上，《二程集》，34页。

作为所有关联性秩序的理

在澄清理这个概念的基本要义之后，让我们回到对统理的思考上来。程颐和程颢对理的形而上改造并不是什么孤立的事件；它是北宋思想中为学求道思潮的一部分，也是新一轮在文本传统中寻求秩序的努力。二程与其他统理营造者最大的区别在于他们以对儒学概念的"形而上升级"（metaphysical upgrade），实现了一种不依赖于同一性的统一性。他们所谓的理，能够代表文本传统中任何一种秩序，并令它在任何情境下都具备合理的向导力。理作为一个概念是优先于任何一种秩序的，所以，它在内容上可以是任何一种关联性秩序。正因为理这个特色，以二程为代表的第二阶段统理全面超越了第一阶段，真正提出了一个能包容求道过程中多元秩序的哲学体系。

理与多元秩序的对应在二程的论证中处处可见，以下笔者将列举一组例子。为了论证的严谨，笔者特地选择的是程颐和程颢清楚地提到了理这个概念的例子（在其他许多地方，二程讨论的是一种理但是没有点明这个概念；此类就不入选了）。首先，从最具体的层次开始，理可以是物之用。第七章中已经讨论过，所谓的物之用往往是将它与某种服务于人类的功能联系起来。比如，程颐曾说道："卜筮之能应，祭祀之能享，亦只是一个理。"[1]这里所讨论的理是卜筮与祭祀通于祖先这样一种功能；这显然是一件物（卜筮/祭祀）和一个针对人类的裨益之处

---

1 程颢，程颐：《河南程氏遗书》卷 2 下，《二程集》，51 页。

（通于祖先）之间的关系。

程颐和程颢也经常以理这个概念讨论道德伦理秩序。比如程颢就认为"仁"是一个重要的理。他说道："识得此理（即仁），以诚敬存之而已，不须防检，不须穷索。"[1]与此同时，程颐也认"礼"为理。儒家之所谓礼其实也正是所有道德伦理关系的总称，所以，理之广度可以涵盖整个伦理范畴。[2]

在程颐眼中，数也是理。因为对《易经》的共同兴趣，宋代士人多于数有所涉猎，程颐也不例外。在他看来，"天地间无一物无阴阳"[3]；所以，他也常常以阴阳为例讲理。比如他曾经考虑过以下一个理：

> 长安西风而雨，终未晓此理。须是自东自北而风则雨，自南自西则不雨。何者？自东自北皆属阳，阳唱而阴和，故雨；自西自南阴也，阴唱则阳不和。[4]

此处程颐讨论的是一个他未尝识得究竟的理。虽然未曾明了"长安西风而雨"究竟为何，程认为此理必有阴阳之解。以上只是程颐以数为理的诸多例子中的一个；事实上，他就数与理的对应关系有个非常笃定的概

---

1 程颢，程颐：《河南程氏遗书》卷2上，《二程集》，16—17页。

2 同上，卷15，144页。

3 同上，卷18，237页。

4 同上，卷2上，36页。

论，说易数之"义周尽万物之理"[1]。

此处读者可能有疑问，因为学界有个流行的看法，认为程颐是邵雍的批评者，而邵雍着眼于数，所以在程颐眼里，数和理应是两个不相容的概念。这事实上是个误解。程颐和邵雍事实上都是数的爱好者，也同样视数为一个重要的深层真际秩序。他们的不同见解在更细微处。一个是二人对用《易》的方法论有不同看法，另一个则是他们对数和理这两个概念的优先级意见相左。众所周知，宋代的易学分为义理和象数两派。前一派注重挖掘《易经》行文的微言大义，多以易为基础来讨论人伦和治世。后一派则侧重卦爻之象来解《易》，常以符号、图表的形式出现。[2]程颐坚定地支持义理，而邵雍是象数派的不二代表。[3]二人之间的不同其实是具体方法论上的差异。程颐一来偏爱以文字阐发经义，二来担心侧重卦爻象数会令易学流于卜筮小道。[4]这两点批评针对的都是邵雍数学的具体操作，而并不是对数这个概念本身的否定。

在易学背景下，程颐提出了理先于数这个观点。在他看来，无论是

---

1 程颢、程颐：《经说》卷1，《二程集》，1028页。

2 此处对义理、象数之争的总结基于如下两位学者的讨论，见Wyatt, *The Recluse of Loyang*，91–92，以及Joseph A. Adler, "Chu Hsi and Divination," in Kidder Smith et al., *Sung Dynasty Uses of the I Ching* (Princeton, NJ：Princeton University Press, 1990)，174。更详尽的研究，见朱伯崑，《易学哲学史》，第二册，北京：华夏出版社，1995年。

3 有关程颐的立场，详见Tze-ki Hon, "Redefining the Civil Governance：The *Yichuan Yizhuan* of Cheng Yi," *Monumenta Serica* 52 (2004)：199–219。

4 Wyatt, *The Recluse of Loyang*，88–89.

从存有意义还是概念层面上，理都是第一位的：

> 有理而后有象，有象而后有数。《易》因象以明理，由象而知
> 数。得其义，则象数在其中矣。[1]

程颐进一步描述理为"至微"与"至著"。在他看来，不论是象还是数
都是对一个理的诠释。讨论一个数理关系正是讨论它所代表的理，但数
是理的内容，所以从概念优先级来说，理先于数。理在这个意义上于是
囊括了数。

　　同样在易学的语境里，程颐把气也纳入了理的范畴。第七章已经讨
论过，气是张载所专注的关联性秩序；第四章也曾提到，气与数有密切
关系，前者为后者提供了一种均质的物质基础。以这个论点为杠杆，程
颐将气纳入了以理为首的序列次第里：

> 有理则有气，有气则有数。[2]

张载本人是认为气先于理的，理（纹理与次序的朴素之意）是气的一个
特性。[3]程颐颠覆了张载的排序。这个论点后来为朱熹所继承，在著名的

---

1 程颢，程颐：《文集》卷9，《二程集》，615 页。

2 程颢，程颐：《河南程氏粹言》卷2，《二程集》，1227 页。

3 Ira Kasoff, *The Thought of Chang Tsai*（1020–1077）（Cambridge：Cambridge
University Press，2002），137.尽管张载和程颐在先后次序上意见不同，（转下页）

理气之争中演变成了理先于气说。[1]

理因为与诸种关联性秩序的关系，也继承了后者的存有特色，比如第七章讨论过的事实与价值之混融、对真际的架构作用，以及认知向导力。而最重要的一个特色，是理始终立足于关联性。一个物的理并不是它个体化存有下的"本质"，而是基于某个关联的耦合相融，这也正是程颐所谓的"所以然"[2]。为了澄清这一点，让我们来看一个容易被误解的例子，朱熹对竹椅之理的讨论：

> （竹椅）须着有四只脚，平平正正，方可坐；若少一只脚，决定是坐不得。若不识得时，只约摸恁地说，两只脚也得，三只脚也得；到坐时，只是坐不得。[3]

此篇乍看是对一张竹椅个体化存有的讨论：朱熹提到椅腿的条数，正是对椅子本身结构的勾勒。但此番话的重点其实是落在"坐得坐不得"上，即竹椅为人之所用。准确地说，这里的理其实应该是具有某种结构的椅子与"坐得"这个目的之间的相融性。在讨论这个理时，

（接上页）他们在理气不可分离这点上意见却是一致的；朱熹随后进一步笃实了这个论点。见Yong Huang, *Why Be Moral：Learning from the Neo-Confucian Cheng Brothers*（Albany：State University of New York Press，2015），296。

1　Peterson，"Another Look at Li,"18–20；Angle, *Sagehood*，38–44.

2　Peterson，"Another Look at Li,"21–22.

3　朱熹：《朱子语类》，卷9，156页。

当然也涉及到对竹椅的四腿结构的理解，但这点是副产品，而不是重点，而且和上述之理完全不在同一个范式里。[1]笔者之所以专门举这个例子，就是因为此处谈论关联性相融和个体化特征的区别是很小的，但是在很多其他例子里，这两者的区别则非常明显，而且会越来越大。格物求理的朱熹逐步上移到更大的秩序，而闻见主义的沈括则徘徊在个体化之物组成的世界里。

综上所述，程颐和程颢以一种对统一性的新想象超越了王安石和邵雍的统理。这个新统理保留并涵盖了秩序的多元性，它正是程朱理学崭新的形而上基础。这个新的理论愿景似乎给了二程许多空间去定义大量的、多样的相融性之理，可以立下诸多规则，以为人之师范。但事实上，二程在现今留存下来的文献里却鲜有对具体规则的矩范立则之言。之前引用的那些具体说理的例子，只在他们的论说中占一小部分。二程似乎对制定规则格外谨慎，也并不以此为自己统理的核心所在。

这又是为何呢？一个最需要回答的问题是：这样一个统理该如何指导人们的认知？对多元秩序的包容意味着该统理放弃了基于单一秩序的认知权威性。但与此同时，在各种类、各层面上制定千万种具体规则在实践中其实是难以执行的。所以，二程将他们的统理的认知指导作用由外部移到了内部，这一点，笔者将在以下章节厘清。

---

1 安靖如对此则材料也有一个类似的分析，见Angle, *Sagehood*, 49。

心

在第七章里，笔者就两个特色介绍了心这个概念。首先，它是支持模比/德性之知的认知器官；其二，它令求知者无须思虑就能自然得知。而这种"自然察明"（spontaneous discernment）与遵循规则相比，是更为高级的认知方法。[1]这些有关心的哲学命题是自上古即有之的，任何严肃讨论求道与知见的宋人都必须考虑到心的这些特色，并设法将其吸收到自己的新系统中去。

读者们应该已经意识到，以王安石和邵雍为代表的第一阶段的统理其实与心的认知特征无法相容。这些统理基本是以文本性的规则来指导认知的。王安石是一个比较极端的例子，遵循他的统理就是简单地服从具体规则；邵雍略为柔缓，但使用他的统理也意味着对数理规则的依赖。王和邵其实都谈到过心以及它上述的认知特色，但是他们却没有明确展示过如何调和自然而然之心和服从规则之间的矛盾。[2]这个问题的解决，确实是等到了程颐和程颢才有了新的进展。

在详细讨论二程的处理方法之前，笔者先大略交代一下心这个概念的发展历程。一个自先秦至宋的核心问题是，心的特殊的认知功能究

---

1 此概念来自于Angle and Tiwald，*Neo-Confucianism*，122–126。

2 需要说明的是，邵雍在其晚期发展的"观物"哲学里对心的用途多有讨论。见 Wyatt，"Shao Yong's Numerological-Cosmological System," in *Dao Companions to Chinese Philosophy*，ed. Yong Huang（New York：Springer, 2010），25–29。但就如何缓解心与数理的约束性之间的张力他似乎并未明言。

竟是从何而来的？大部分思想家都认为，这个功能来自于它与宇宙深层秩序之间的联系。首先提出这一点的是孟子，他认为心通过性与天相贯通。[1]在第一章中笔者曾经引用过他的相关议论，"尽其心者，知其性也。知其性，则知天矣"。从这个意义上说，只要心能保持与天之间无碍畅通的联结，那么任何一个发自于心的想法或者认知都是好和准确的。所以，好的知见依赖于运作良好的心。

当然了，个人之心并不可能一直良好无碍地循天运行。事实上，大多数人的心都有偏离正轨的问题。[2]所以，一个勤恳的求道者应该时时察于心性，而就此，11世纪的思想家们提出了诸多方案。比如王安石敦促众人"治心"；人当"虚其心"、"平其意"[3]，然后能见义。邵雍则将心的理想状态比喻为"止水"，言称"止水则定，定则静，静则明"[4]。张载对心的讨论尤有热情；[5]在诸多语境中他提到要"大其心"、"存其心"、"维持此心"以及"虚心"[6]。

---

1 心、性、天的联系也是"德性之知"一词的来源。有关性心联系的详细讨论，见 Graham, *Two Chinese Philosophers* (La Salle, IL：Open Court, 1992), 44–60。

2 另一个与此相关的是"人心"和"道心"之别。所谓道心就是心充分体现宇宙秩序的理想状态，而人心则是时时受到意念、欲望干扰的普通状态。许多11世纪的士人都对此二概念有所讨论，比如苏轼 (Egan, *Word*, *Image*, *and Deed*, 84–85)、程颐 (Graham, *Two Chinese Philosophers*, 64) 等。

3 王安石：《洪范传》，《临川先生文集》，卷65，691页。

4 邵雍：《心学》，《皇极经世书》，郑州：中州古籍出版社，1990年，425页。

5 有关张载对心的系统讨论，见 Kasoff, *The Thought of Chang Tsai*, 85–91。

6 张载：《正蒙》，《张载集》，24页；《经学理窟》，《张载集》，266、275页；《张子语录》，《张载集》，卷2，325页。

程颐和程颢紧随张载，最大限度上强调心与天之间的联系。程颐也进一步明言，心与道、命、理、性都是一体的。比如他说道：

> 心与道，浑然一也。[1]

在程看来，这里所谓的"一"并不仅指心与道之间有个简单的相联关系。他另有一说可注解此句：

> 在天为命，在义为理，在人为性，主于身为心，其实一也。[2]

也就是说，从浑然无碍的全息角度，心和命、理、性其实是同一件东西的不同存在方式。从人类的角度来说，心、理一体即意味着万物之理皆备于心。当一个求道者遇一物而欲格其理时，此理其实已在他心中了，他所要做的就是将它"明"或"烛"之。[3]

自然察明

程颐有关理这个"点亮烛之"的比喻明确点出了明理是一个无需思虑的过程。更具体地说，某个矩范立则的力量有如风一样将求道者带至

---

1 程颢、程颐：《河南程氏遗书》卷 21 下，《二程集》，276 页。
2 同上，卷 18，204 页。
3 同上，卷 18，197 页。

一个信念/行为，而在整个过程里，这个人并不一定对这个规则（的文本性内容）有明确知觉。这种认知方式优于服从文本性规则。

程颐对这两种方式的不同有着详细的讨论：

> 得而后动，与虑而后动异。得在己，如自使手举物，无不从。虑则未在己，如手中持物以取物，知其不利。[1]

当自然察明发生时，一个理被烛明，一个合适的念头/行为随即产生，正"如自使手举物"。相反，如果这个人靠的是思虑（或者遵循规则），那么产生的念头/行为则"未在己"，因为在这个情况下，所有生发这个知识的因素都在人本身之外。程颐所述的这个区别在道德伦理中是最容易体会到的。譬如，一个人决定为先父守丧三年，在理想的情况下，应是不假思索就做出了这个决定，因为他发自内心地认为这就是他应该做的。但是如果他如此举动只不过是为了服从"守丧三年"这条规则，那么这个决定的性质就完全变了，而且明显劣于前者。

自然察明的运用当然不仅限于人伦；理论上，它是格万物明万理的统一认知过程。程颐和邵雍之间有一段著名的对话，正说明了自然察明在观察自然界诸现象时同等重要的作用：

> 邵尧夫谓程子曰："子虽聪明，然天下之事众矣，子能尽知邪？"

---

1 程颢、程颐：《河南程氏遗书》卷 2 上，《二程集》，22 页。

子曰："天下之事，某所不知者固多。然尧夫所谓不知者何事？"是时适雷起，尧夫曰："子知雷起处乎？"子曰："某知之，尧夫不知也。"尧夫愕然曰："何谓也？"子曰："既知之，安用数推也？以其不知，故待推而后知。"尧夫曰："子以为起于何处？"子曰："起于起处。"尧夫瞿然称善。[1]

邵雍为何对程颐看似空言的回答如此激赏，乃至于"瞿然称善"？其中缘由就是自然察明和服从规则之间的区别。在程颐看来，邵雍"以数推之"（即服从数理规则）所得到的知识并不是真知。当雷声起处这个理在一个人心中被烛亮时，在他心中自然而起的才是真知；而这个真知本身并不需要知者对它的内容做什么思虑（即，这个内容可以表述出来，但是真知的达成并不需要这种表述）。

读者们或有疑问，如果仅仅依靠维持此心就能明理，那为何还需要到天地万物间去格物呢？在程颐的统理里，依赖于心的认知机制不应与格物相矛盾。其一，尽管理的内容不需要表述，但是它还是有可以表述的内容的。在以上雷声起处的例子里，程颐反对循数理规则以求知的笨拙办法，但是他并不完全否决理的内容可以被表述。事实上，他自己就试图阐明过雷的来源之理，"雷者阴阳相击也"[2]。所以，从这个角度来说，程颐与邵雍其实意见相同，就是雷之理可谈，并应以数谈之（只不过程颐用数远

1 程颢、程颐：《河南程氏遗书》卷 21 上，《二程集》，271—272 页。

2 同上，卷 2 下，57 页。

不如邵雍那么繁复罢了）。[1]其二，对程颐来说，心之外的天地万物对修心有不可或缺的作用。一方面，人心明烛其理的能力需要通过格物来磨砺。[2]另一方面，程颐视文本传统为养心的重要资源与工具。正如他所言，"义理以养其心"[3]；虽然在他看来以读书养心并不是唯一（也不是最佳）的办法，但却是一个有效的教育机制。如此以来，程颐将内明理和外格物紧密地联系起来，他所谓的自然察明其实没有任何神秘的成分。[4]

程颐放弃单一秩序以及阐明自然察明机制这两个创新之处，为第一代统理面临的过度约束问题提供了解决方案。与此同时，他的统理有了自己独特的导向认知的方法，即助力养心，而不是在具体的问题上制定规则。论及此处，笔者对宋代统理的分析已经与思想史上一个重大的结论汇合，即刘子健所谓的中国思想在程朱理学兴起时发生的"内转"（inward turn）。[5]除了政治、社会因素之外，宋代士人由外王转为内圣同

---

1 此处邵雍可能有的数理解读，见Kidder Smith, "Sung Literati Thought and the *I Ching*," in *Song Dynasty Uses of the I Ching*, 216。

2 Bol, *This Culture of Ours*, 326.

3 程颢、程颐：《河南程氏遗书》卷15，《二程集》，163页。

4 相比之下，不少学者认为程颢对外格物的强调较少，见Graham, *Two Chinese Philosophers*, 95, and Bol, *Neo-Confucianism*, 214。程氏两兄弟的不同为后来理学、心学的分野做下了铺垫。有关这段发展史，见Wm. Theodore De Bary, *Neo-Confucian Orthodoxy and the Learning of the Mind-and-Heart* (New York: Columbia University Press, 1981)。

5 刘子健首先提出了"内转"这个概念，指的是修身代替了治天下成为了思想主流。见Tzu-Chien Liu, *China Turning Inward: Intellectual-Political Changes in the* （转下页）

样也有认知论上的原因。

沈括的闻见之理

沈括对理和心这些概念的讨论远远少于程颐。尽管这个比较看似并非势均力敌，但是沈括对这些主流概念的回避或不同理解恰恰是深入探讨他闻见主义的绝佳入口。总的来说，沈对理这个概念的用法是不系统的。他在一些更加"主流"的作品里（比如注疏和官文），有几处用法与程颐略有类似。比如注孟子时他讨论过"万物之理"；而在《谢复起居舍人充龙图阁待制表》里，则谦逊地称自己能力有限，"烛理甚卑"[1]。而在《笔谈》中，他常常使用的是纹理或次序这个朴素的理的定义，这些理的内容和语境非常驳杂，比如易算之理、十二律音高之理、朱砂药

（接上页）*Early Twelfth Century*（Cambridge，MA：Harvard University Council on East Asian Studies，1989）。另有数位学者未采用内转这个说法，但是提出了类似的论点，比如，见Bol，*Neo-Confucianism*，271 页，273 页。也有学者不赞同这个论点，比如，余英时就提出，12 世纪的宋士人依然积极地参与治国，所以，他主张"内圣"和"外王"在这个时代是并举的。见余英时：《朱熹的历史世界：宋代士大夫政治文化的研究》，台北：允晨文化事业股份有限公司，2004 年。笔者也认为内转一说可以进一步修正，内圣与外王不必此即彼。但是，就本书的研究来看，两宋交际之时确实有一个向"个人之己"的倾斜发展；对个人的内向关怀（比如他的心与性）逐步壮大，与此同时，个人在思想意义上的权威性也进一步发展。这个发展与治天下的理想毫无矛盾，当然了，它会影响个人政治参与的形式。本书中讨论的程颐在认知论上的新贡献正为这个潮流提供了例证。

1 沈括：《谢复起居舍人充龙图阁待制表》，《长兴集》，卷 14，1 页 B。

用之理或者是海滨变大陆之理。[1]

沈括同时鲜明反对理无处不在的属性，这个立场与他引用孟子"万物之理"似有出入。[2]在与一位友人书里，他坦诚发问"理之何在"，并有以下论述：

> 况而又吾之所疑理？理之所在，某不知也。彼说焉，此说焉，审别其是非而取之。以吾子之心信其是，无信其多，虽失之，某犹必谓得之。[3]

不得不说，"理之所在，某不知也"是一句引人注目的宣言，即使是非系统使用理这个概念的学者也很少就这个自古有之的概念如此发问。这个问题至少体现了沈括的一点立场，就是他对理无处不在这个论点抱有疑惑，抑或至少，他不认为如此宣称有什么认知论上的意义。沈括接下来也谈论了自己求理的态度，就是"审别其是非而取之"，宁可只取那些可信验的理，而无需追求数量的多寡。

《笔谈》提及的诸种理，至少有一种是符合以上这个方法论宣言的，

1 《梦溪笔谈》，137条，卷7，62页；82条，卷5，40—42页；432条，卷24，167页；430条，卷24，166页。

2 坂出祥伸也留意到在《笔谈》中沈括似乎对一个统一性的理没有兴趣。见坂出祥伸：《沈括の自然観について》，82—84页。

3 沈括：《答同人书》，《长兴集》，卷19，4页B。杨渭生认为此句应属《答李彦辅秀才书》一文，笔者赞同此判断。见《长兴集》，《沈括全集》，46页。

笔者称之为"闻见之理"。闻见之理可以是描述性的或因果阐释性的。如果是前者，它通常是对一个物体/事体的可闻见现象的描述（这个现象通常也是可重复的）；后者则是对一个基于闻见的因果关系的表述。这两种都来自于闻见，并在沈括眼中具有信验性，所以是他"审别其是非而取之"的结果。

描述性的闻见之理在《笔谈》中处处可见。沈括讨论过"磁石之指南，柏之指西"这样莫测而又常见之理，[1] 也讨论过朱砂可入药也可杀人之理。[2] 与此同时，他还以理为框架分析过一系列的局部的、经验性的因果关系。比如，一个令历官一直感到困惑的现象是，同一架刻漏，在冬天一天的长度会超过一百刻（一百刻是理论上一天的长度），而在夏天却不足百刻。历官们通常认为这是水性造成的，所谓"冬月水涩，夏月水利"。沈括不同意这个看法，宣称要"以理求之"。[3] 他认为这个理其实在于太阳的视运动，而不在仪器本身。视太阳日的长度就是太阳连续两次经过中天的时间间隔。沈括提出一年之间视太阳日的长度是不均匀的。[4] 经过多年观测，他发现冬至时太阳视运动速率高，结束一天的行程早，而夏至附近，太阳视运动减缓，所以"天运未期，而日已至表"。

---

1 《梦溪笔谈》，437 条，卷 24，169 页。

2 同上，432 条，卷 24，167 页。

3 同上，128 条，卷 7，58 页。

4 当然了，这并不意味着沈括提出的意见是这个误差的唯一成因，有关其他可能成因，见郭盛炽：《沈括发现的漏壶迟疾和太阳周年视运动的不均匀性》，《中国科学院上海天文台年刊》，2 期，1980 年，208—209 页。

因此，当以同样的仪器测量时，冬至日和夏至日的日长当然会有出入。[1] 此处沈括辨别的理，是一个闻见现象（刻漏读数有差）和另一个闻见现象（太阳视运动波动）之间的因果关系。

沈括也讨论过所谓"常理"，《笔谈》中提到的常理一般是可重复观察到的规律。比如，凹面镜成倒像是一个常理，窗缝中透进的倒置的风筝影子也是一个常理。[2] 放置在不同房间的弹拨类乐器与管类乐器在奏同一乐调会互有感应——沈括亦以常理称之。[3] 沈还讨论过一个有关植物生长的常理，即海拔越高，植物开花的季节就越晚。[4]

常理对沈括来说不是什么新鲜的概念。本书的第四章就讨论过，在五运六气的语境里，沈括视数理规则为"常"，而与数理规则相左的闻见现象为"变"。尽管"常"相对于"变"似乎依然占据主导地位，但是沈括也强调对常变的知识要兼而有之，不可偏废，所以他在一定程度上提高了变（即闻见现象）的地位。而在本章的例子里，沈括将可重复观察到的规律称之为常理，这是对闻见之知更加明显的推崇。这里的常理是从反复的闻见观测中推理出来的，所以完全是经验性的。

---

1 考虑到视太阳日的长短变化非常小（51 秒以内），学者对于沈括是通过观测还是计算得出的结论是有争议的。见钱景奎：《关于沈括用晷、漏观测发现真太阳日有长短的探讨》，《自然科学史研究》，1 卷，2 期，1982 年，140—143 页，以及华同旭：《中国漏刻》，94—95 页。

2 《梦溪笔谈》，44 条，卷 3，27 页。

3 《补笔谈》，537 条，卷 1，206 页。

4 《梦溪笔谈》，485 条，卷 26，185—186 页。

主体的崛起

本节将从认知论角度讨论沈括对心这一概念的使用。和同辈学人相比，沈括对这个概念比较疏离，而这恰恰反映了他一个重要的认知倾向，即主体和客体之间的分离。尽管这个分离在沈括思想中仅仅是倾向，尚不是一个鲜明的主张，但主客体的二元化依然是一个值得关注的对主流思想的偏离，并且这个倾向在沈括的认知实践中所产生的影响是不容小觑的。

以现代读者的视角观察，认知中的主体和模比的执行者是两个相当不同的概念。[1]首先，认知主体持有她自身的视角，这个视角在整个认知过程中占据中心主导地位，但是模比行践者没有这个特色。二程对心的认知功能的定义进一步强化了这个区别。因为心和天之间的联系是模比认知的基础，任何好的知识事实上反映的都是一个宇宙视角，而不是一个个人主体视角。探究一个物体/事体在某个关联性的所由所在，也正是实现（actualize）宇宙关系里这一小部分的过程。所以，准确地说，在模比的过程中有一个求知者，但是没有一个主体。

---

1 有关主体和主体性的不同定义，见 Amelie Oksenberg Rorty, "The Vanishing Subject： The Many Faces of Subjectivity," in *Subjectivity： Ethnographic Investigations*, ed. João Biehl, Byron Good, and Arthur Kleinman (Berkeley： University of California Press, 2007), 35–45。为了有的放矢、精准讨论，笔者在本书中以笛卡尔对主体的定义为重点。有关此定义，见 Georges Dicker, *Descartes： An Analytic and Historical Introduction* (Oxford： Oxford University Press, 2013), 39–90。

第二，模比中其实也没有真正的客体。既然德性之知是寻求一个物体/事体在某个关联中的所由所在，那么物或者关联中的所由所在都似乎处在客体的位置上，但又都不完全是客体。并且，这两者都不能独立于求知者之外。前文已经提到，程颐视心和理为一种东西的不同存在。类似的，物和"我"之间在存有上也是没有分割的。二程主张物我一体，程颢尤有名言，称人应"浑然与物同体"[1]。程颐的立场相比之下略收敛，但同样反对分离物我。曾有学生询问程颐，格物之物指的是外物还是性分中物；程颐表示并没有这个内外之分，格物应当无差别，因为"物物皆有理"[2]。对于二程或者任何一个严肃的模比者来说，因为宇宙之内是无差别的普遍关联、遍周相通，所以其实也没有哲学依据可以将人与物在存有意义上区分开来。

在沈括的认知实践里，一个类似于主体的知见者在逐步崛起。首先，这个知见者没有义务反映宇宙视角，所以他在认知中秉持的是个人视角。这当然与闻见是相关的。与心相反，耳目这样的感官是属于个体的，所以代表的是个人中心的角度。其他囊括在闻见麾下的各种思辨技术也都是以一个个体知见者为核心的。这个知见者思、辨、疑，执行各种认知德性来达成以自身为中心的认知实践。所以，沈括的认知论事实上是以一个纯粹的单数视角（a mathematically singular point of view）为立足点的。

---

1 程颢、程颐：《河南程氏遗书》卷 2 上，《二程集》，16 页。
2 同上，卷 9，247 页。

沈括的知见者有一个新的认知对象：个体存在意义上的物。这个知见者首先并不求忘我于遍周相通的宇宙秩序中；他自赋优先的认知地位，以自身的感官和思辨来检阅个体化的万物。在这个过程中，他把物变成了客体，也将自己变成了万物的"关联性枢纽"（relational center）。[1]如此一来，一个主、客体二元分离的结构就在沈括的认知世界里逐渐成形了。

除了上述这些重大的结构性特征之外，沈括尚有一些其他认知倾向反映了一个主体的思考方式。一个例子就是他对以名符实的追求。尽管任何一个严肃学者都会不同程度地讲究用字准确，但沈括对此事的追求是远超同辈的（毕竟占据了笔谈的整整两个章节）。他在名实上的敏感其实正反映了对主客体二元的认识。总的来说，用词准确成为一个哲学命题的重要前提在于视语言为媒介。在沈括看来，一个名是将物和他（认知主体）联结起来的媒介。"短后衣"这个词表述的是一种衣物，并阐明了这种衣物的核心特色（短的后衣襟，而不是长的后衣襟）。这个词作为媒介的准确性直接影响了主体对客体的理解，是主体形成信验性知识的基础。

值得强调的是，沈括这种以名符实的追求虽然在现代读者看来司空见惯，但却与宋代主流对语言的看法相左。比如，程颐就认为名是物的存有的一部分；名来自于物之气，同时源自物之理。物与名之间没有存

---

1 Martin Heidegger, *The Question Concerning Technology and Other Essays*, trans. William Lovitt（New York：Harper Perennial，2013），128.

有上的罅隙。程议论道：

> 凡物之名字，自与音义气理相通。除其他有体质可以指论而得名者之外，如天之所以为天，天未名时，本亦无名，只是苍苍然也，何以便有此名？盖出自然之理，音声发于其气，遂有此名此字。[1]

除了程颐之外，还有不少宋人（比如王安石）都持有此"自然主义"的语言观。[2]而这个观点亦源自上古。从孔子开始就有著名的"正名"一说。尽管正名乍一看与沈括的以名符实十分相似，但其实是一个完全不同的哲学命题。在"正名说"里，名和实在存有上是浑然一体、不可分离的。[3]名是一种社会政治意义上的催化剂，它有一种述行的力量（performative force），故所谓的正名，其实是将一个名与实际相勾连并促成它最终实现的过程（即名成为实）。[4]比如，以父之名是在宣明为父之道并且敦促此人履行相关职责，最终成父之实。由此可见，正名这个命题是有深广的

---

1 程颢、程颐：《河南程氏遗书》卷1，《二程集》，9页。

2 王安石：《洪范传》，《临川先生文集》，卷56，608—609页。有关程颐与王安石的此类观点的分析，见林素芬：《北宋中期儒学道论类型研究》，台北：里仁书局，2008年，438—439页。

3 有关"正名"在上古哲学里的系统分析，见John Makeham, *Name and Actuality in Early Chinese Thought*（Albany：State University of New York Press, 1994）。

4 Makeham, *Name and Actuality*, 46；Allen, *Vanishing into Things*, 31.

社会意义的，它远不是一个简单的寻求精确语言的文本操作。

沈括对以名符实的追求从本质上来说是一个不同语境下的不同诉求。他的动机，如前所述，更可能来源于他对语言和真际关系的不同看法，在他看来，这两者分属不同的存有空间，从而需要更严谨地检视它们之间的相符相合。尽管程颐在日常写作中也一定有斟酌字句的习惯，但是沈括的这一层哲学动机却是他没有的。沈括的这个追求，大致要等到几百年后考证运动的正式兴起，才真正找到了理论和实践双重意义上的知音，这一点笔者将在第十一章详细讨论。

另一个体现沈括主客体分离主张的例子是他对所谓"前知"的思考。沈括同时代的不少统理者都对前知深信不疑，因为理论上它是心的一个重要功能。既然心和天之间有着紧密联系，那么心对任何一物在此时或者任何一彼时的所由所在应该都是明了的。心所具有的浑然无碍的全息视角令时间这样一个单维度线性的概念失去了意义。正如邵雍说过："以今观今，则谓之今矣；以后观今，则今亦谓之古矣。"[1] 所以，在一个全息的心面前，未来这个时间维度与当下、过去一样，都是观之无碍的。程颐曾经赞叹邵雍"智虑绝人，遇事能前知"，究其原因，正是因为邵雍有一颗"虚明"之心，宇宙秩序在其心中一览无余。[2]

---

1 邵雍：《皇极经世书》，493 页。有关邵的相对主义的分析，见 Don Waytt, "The Transcendence of the Past：Objectivity, Relativism, and Moralism in the Historical Thought of Shao Yong," *Monumenta Serica* 61（2013）：212–215。

2 以上引文见《宋史》卷 427《邵雍传》，12728 页。

沈括对前知的看法却很有自己的特色。一方面，他也是易学象数的爱好者，所以自然也相信并实践占验之术。但是另一方面，他对前知这个概念却有一番不同寻常的批评，认为前知之"知"与一般意义上的知不是一回事。沈如此说道：

> 人有前知者，数千百年事皆能言之，梦寐亦或有之，以此知万事无不前定。余以谓不然，事非前定。方其知时，即是今日，中间年岁，亦与此同时，元非先后。此理宛然，熟观之可谕。或曰："苟能前知，事有不利者，可迁避之。"亦不然也。苟可迁避，则前知之时，已见所避之事；若不见所避之事，即非前知。[1]

此篇的前半部分里，沈括指出所谓当下和未来这两个时间点其实是相对的，它们的区分是人类强名的结果；这一点他与邵雍是一致的。后半段里，他却集中批评了前知这个概念里自相矛盾的地方，认为一个人只有真正看"见"了未来里"所避之事"才能算是拥有前知。但是，如果一个人成功地回避了未来可能发生的某事，那么他必然就没有"见"（即亲身经历）过它。沈括并不是否认预知未来不可能，而是反对将前知与知混为一谈，因为在他眼里，所谓知必须是经验性的。这个定义也回应了他在前半段提出的一个论点——"方其知时，即是今日"，即一个人在知这个行为发生时必然是身临其境的。所以很显然，在沈括眼里，知

---

1 《梦溪笔谈》，350 条，卷 20，143 页。

就是一个由感官支配、以个人视角发出的认知行为；换句话说，知就是一个主体的行为。

沈括对心这些不同而又不甚系统的用法并非故意为之的反叛，更可能是他的闻见主义在实践中产生的自然结果。在某些情境里他亦承认心与深层秩序之间的关系。比如第一章就讨论过，沈括认为心以及心与天的联系就是人伦道德的终极标准，"度于心而安者则为之，不安者而去之"。在象数领域里，沈括当然依赖心的自然察明功能，因为感官认知本无涉于象数这样的深层真际。比如他提到人在卜筮必须使用龟甲这样的物品，因为"人未能至乎无心也，则凭物之无心者而言之"[1]。沈括这里的"无心"与前引王安石的"虚其心"以及邵雍的心如"止水"是类似的，指的都是心与深层真际无碍相联的一种理想状态。在讨论历法的缺陷问题时，沈括提到一个概念"真数"，并认为欲得真数"其术可以心得，不可以言喻"[2]；这里，他指的是心与最精微的数之间的特殊联系。如果将沈括这些对心的不同用法加以总结，可以说他在哲学层面并不反对德性之知相对于闻见的次第和特权，但是在知识实践里，他对二者的使用是划出了明确界限的，前者用于几个特别的语境，而后者则有着广泛的实用性。

另一点值得注意的是，沈括也间或用心来表述他闻见主义的知识实

---

1 《梦溪笔谈》，144 条，卷 8，66 页。沈括另有一处表达了类似观点，见《补笔谈》，551 条，卷 2，215 页。也见席文的简单分析，Sivin, "Shen Kua," 35–36。

2 《梦溪笔谈》，128 条，卷 7，58 页。

践，从这个意义上来讲，他将心与模比系统互相剥离开来。沈括曾经议论到，医之为术，当"得之于心"而不是"恃书以为用"[1]，而讨论的是钟乳在不同药方中的不同药效，敦促医者要积极运用自己的观察和思辨来辨别这种复杂的情况。此处，心指的是医者的闻见与思虑，而并不是模比系统里的自然察明功能。

综上所述，沈括与二程的哲学对比揭示了程朱理学兴起前夜的一系列有趣现象。程颐和程颢以新的形而上主张实现了二代统理的革新，重新定义了理和心这样的核心概念。而沈括对这些概念的用法都有自己的主张，在不同程度上将它们也代入了自己闻见主义的轨道。这两者之间的认知差别不断深化和扩张，直到思想界下一波主流再起时，这些差别才又被夷平。

1《梦溪笔谈》，314 条，卷 18，132 页；也见苏轼、沈括：《苏沈良方》，4 页。

第十一章　回响于世（1100—1800）

尽管沈括的闻见主义并未在北宋时代掀起一场革命，但是却余音缭绕，回响愈见强劲，乃至于成为另一个有趣的故事。沈括的接受史可以分为三个重要阶段，主角分别是 12 世纪的统理营造者（道学家）、12 到 13 世纪的信验性求索者（笔记作者）以及 17、18 世纪明清时代的考证学家。很显然，在不同的时代里沈括的思想经历了旨趣迥异的新诠释和再构建。本章开端先介绍沈括与《笔谈》接受史的大致特征，然后将逐一介绍以上提到的三个分期。最后，笔者将进一步总结沈括对中国思想研究带来的启发。

沈括与《笔谈》的接受史

沈括没身之后，对他的历史记忆分成了两条线索，一条是对他本人的抑扬褒贬，而另一条则是对《笔谈》的传承。《笔谈》的引人瞩目是毋庸置疑的。自北宋晚期到 19 世纪，《笔谈》在现有的传世文献里被引述超过一千多次，而且遍见于经、史、子、集各部。引用《笔谈》最多的属子部文献，尤其是所谓的杂家；其次是经部注疏；紧随其后的是集部。

最常引用笔谈的文体则是类书。虽然《笔谈》本身与它同时代的类书有着严格的不同，但它却成了后世类书编纂者的最爱之一。大量引用《笔谈》的后代类书包括 12 世纪的《宋朝事实类苑》、13 世纪的《古今事文类聚》、14 世纪的《说郛》、17 世纪的《艺林汇考》以及 18 世纪的《格致镜原》。毫无疑问，类书对《笔谈》的高引用率是《笔谈》历史声名的重要成因之一。因为被类书反复引录，《笔谈》中不少条目成为一些事物的字典性定义，真正具有了矩范立则的权威。大概正因为如此，《笔谈》在不少读者心目中成为了一部工具书。虽然这并非沈括的本意，但是读者对《笔谈》信验性的依赖想必也是沈括所乐见的。

相比之下，对沈括本人的接受史则更加微妙。一方面，后世对他本人的兴趣显然远远低于《笔谈》。可以说从他没身之后到 19 世纪，沈括都不算什么显赫的名人；他不是任何一个重要思想传统（比如道学）的成员，所以没有一个便于立名的框架。对于主流的道学家来说，沈括是个提供了诸多有趣零碎知识的人，似乎不值得特别抑扬褒贬。对沈括全面的推崇其实是一个 20 世纪的现象。但是另一方面，沈括的影响力是持久且逐渐增强的。从 12 世纪的笔记作者到 17、18 世纪的考证学家，一部分学者越来越明显地对沈括有了整体上的认识和评估，尤其是对其以信验性为中心的认识论的欣赏。对这些学者而言，沈括变成了一个重要的先驱，一个可以为新思潮新方法开道的历史声音。在以下的章节里，笔者将从三个方面介绍对沈括的历史评价，它们分别来自于道学家、追求信验性的笔记作者以及考证学家。

筑统理者说

对沈括最早和最直接的历史评估来自于宋代后半段的士人。北宋过渡到南宋之后，统理建设的大潮愈加强劲，最终集大成于朱熹之手。在二程、张载、邵雍等人的基础之上，朱熹呈现了道学最系统的面貌，也形成了一个最自洽的统理。本书第十章中讨论的二程思想种种特色基本都为朱熹所继承，并注入了这个新统理之中。

几乎可以想见的是，坚持闻见、德性二分认知法的统理者将沈括纳入了闻见一派，即一个次要之地。比如，《笔谈》12世纪一个版本的整理者汤修年就在新版序言中提到：

> 《笔谈》所纪，皆祖宗盛时典故，卿相太平事业，及前世制作之美。虽目见耳闻，皆有补于世，非他杂志之比云。[1]

汤修年一方面因为《笔记》仅仅是"目见耳闻"之记录，所以言语间对其评估颇为保留，而另一方面，他也赞扬《笔谈》内容的实用性，"皆有补于世"，是杂志中的佼佼者。很显然，他对沈括的态度是贬中有褒的，贬的是闻见在德性面前的不入流，褒的是《笔谈》对闻见的出色把握。这个立场与主流的北宋统理者十分一致。

集大成的统理者朱熹对沈括的态度也十分类似。朱熹赞赏沈括的博

---

1 《梦溪笔谈》，毛晋编校：《津逮秘书》，台北：艺文印书馆，1996年，卷26，12页。

学，后者记录的形色闻见为他提供了格物致知的原材料。但是朱熹并不看重沈括，在他一手撰造的道学谱系里，沈括并没有一席之地；除了一些零星的知识点，朱熹也没有就沈括的方法论做过任何评价。从某种意义上来说，朱熹对沈括的不重视正是统理与非统理之间的关系：非统理能为统理提供一鳞半爪的信息，但是从统理的高度观之，非统理永远不过是一个低端的准备阶段。

不过朱熹对沈括虽然评价不高，但总的来说还是颇为留意的。朱熹的时代去沈括不远，沈括生前的种种政治争议还未从历史记忆中淡去，有一些士人大概受党争余波影响，对《笔谈》颇为不屑。朱熹曾经主动出来维护《笔谈》，认为此书的优质不应被作者的声名所连累：

> 吕伯恭不喜《笔谈》，以为皆是乱说。某与言："未可恁地说，恐老兄欺他未得在，只是他做人不甚好耳。"[1]

而朱熹对沈括文章的多处引用坐实了他对沈括知识水平的欣赏。朱熹曾在二十二个不同话题引用过沈括，大部分都出自《笔谈》，[2]内容集中在

---

1 朱熹：《朱子语类》，卷92，2343 页。

2 有关朱熹对沈括的引用详情，见胡道静：《朱子对沈括科学学说的钻研与发展》，胡道静著，虞信棠、金良年编：《胡道静文集·沈括研究　科技史论》，147—152 页。近年来从科学史角度出发研讨朱熹的学者多有谈到沈括，比如 Yung Sik Kim, *The Natural Philosophy of Chu Hsi*（*1130–1200*）（Philadelphia：American Philosophical Society，2000）以及乐爱国：《走进大自然的宋代大儒——朱熹的自然研究》，深圳：海天出版社，2014 年。

闻见知识上，比如历算星象、山中蚌壳以及丧服制度。[1]朱熹对星历颇有兴趣，他不仅思考琢磨沈括所记下的知识，而且一度亲自动手以沈括所记述的方法观测极星。[2]

大概正是因为朱熹的推崇，《笔谈》中数条有关星历的记载成了后世文献争相引用的材料。朱熹最为激赏的一条是沈括对赤道、黄道性质的辩驳。[3]本书第四章已经讨论过，宋代不少历官将黄道和赤道视为经验中实有之物，而没有意识到它们其实是为了便于计算观测的数学模型，这一点沈括着重批评纠正了。朱熹非常赞同沈的看法，翔实地将其观点重述了一遍。不少后世学者因为朱熹而注意到了这个问题，纷纷表示赞同。比如明代士人马明衡在《尚书疑义》中专门提到了这一条。[4]《尚书疑义》是普通的经学注疏之作，在沈括去世几百年之后，这个原本非常专门的技术讨论进入了普通经疏的视野，足可见其流传之广。另一条经朱熹引用而广泛流传的是沈括对日月食的看法。沈括认为日月食的成因是日、月"相叠"的结果，本是一个光学现象，并不是太阳或月亮的物理性状发生了变化。[5]在沈括时代，这个说法还颇为惊世骇俗；但是在

---

1 朱熹：《朱子语类》，卷94，2367页；卷64，1597页。

2 同上，卷23，536页。对此条详细探讨，见Kim, *The Natural Philosophy of Chu Hsi*，147–148。

3 朱熹：《晦庵先生朱文公文集》，卷45，710页。对此条详细探讨，见Kim, *The Natural Philosophy of Chu Hsi*，149。

4 马明衡：《尚书疑义》，《景印文渊阁四库全书》，卷4，30页。

5 朱熹：《朱子语类》，卷2，19页。

朱熹引述赞同此条之后，这个看法迅速地成为了主流知识。

在朱熹眼里，沈括最大的优点就是博学。他曾经议论道：

沈存中博览，《笔谈》所考器数甚精。[1]

这里的博学指的是一般意义上的涉猎广泛。在第九章中笔者曾经讨论过博约之分，一个与闻见、德性相勾连的二元说法。博学不是最终目的，而是实现通约前的一个初级准备阶段。朱熹正是这个二元论的积极支持者。[2]在他的议论里，博学并不是一个单纯的优点；与致力于理解宇宙深层秩序的格致相比，博学只是一个次等的特色。[3]在朱看来，求学者当追求"大本"[4]。这里的"约"和"大本"指的都是深层真际，朱熹这样的要求也正与北宋时代就提出的求道之阶梯次第相吻合（见第二章和第七章的讨论）。

朱熹追求合理地平衡博学与通约，这一点在他著名的《读书法》里有详细讨论。首先，他认为博是一个不可或缺的准备阶段，初学者不可以只约而不博，"不知不求于博，何以考其约！"这也正是朱熹欣赏《笔

---

1 朱熹：《朱子语类》，卷 92，2342 页。朱熹此言的语境是制乐，所以器指的是乐器，数指的是乐律。

2 朱熹从经学角度对此二元亦有类似议论，见 De Weerdt, Hilde, *Competition over Content：Negotiating Standards for the Civil Service Examinations in Imperial China* (*1127–1279*)（Cambridge, MA：Harvard University Asia Center, 2007），240。

3 Benjamin Elman, *On Their Own Terms：Science in China, 1550–1900* (Cambridge, MA：Harvard University Press, 2005), 5–6.

4 朱熹：《朱子语类》，卷 11，188 页。

谈》的缘故。但他也认为博而不约者不可取，认为这种琐屑的视野丧失了求道的本意。正如他对后者的批评：

> 今日考一制度，明日又考一制度，空于用处做功夫，其病又甚于约而不博者。[1]

按照这个说法，像沈括这样的博学之人，在朱熹的世界里主要起到提供零碎知识的作用；这些知识只有最终被纳入通约的视野才能拥有真正的重要性。朱熹代表的是统理极盛的历史时刻；而一个极盛的统理，可以毫不费力地将沈括的非统理吸收到自己的系统之内。

求信验者说

在道学家之外，另外一批南宋士人也对沈括颇有赞赏之意，而且可能他们才算沈括真正的知音。这批学人主要的贡献是撰写笔记，并且，他们也对以笔记体记载、传播可信验知识抱有浓厚兴趣。[2]这个群体与北

---

1 以上两条引文均见朱熹：《朱子语类》，卷 11，188 页。
2 数位学者已对此现象有所讨论，比如 Alister Inglis 用"可靠性"来讨论洪迈的笔记，见 Inglis, *Hong Mai's Record of the Listener*，123–151。魏希德留意到南宋笔记作者开始注重对记载内容进行个人验证。见 de Weerdt, *Information, Territory, and Networks*，285。傅大为将一些宋代笔记归类为考据，强调这些作者对寻求证据的兴趣，见 Fu, "The Flourishing of *Biji*," 109 页，115 页。

宋时代相比有着明显的变化；一是参与者人数明显增多，二是他们开始以一套新的哲学语言明确地指认知识论意义上的信验性作为核心价值。

值得注意的是，尽管这些南宋笔记作者确实视沈括为他们的先驱，并对《笔谈》赞赏有加，但他们并未将沈括抬上宗师或者鼻祖这样的神坛。笔者认为比较公允的说法应是：对信验性的诉求成为一场声势逐渐浩大的运动，而在这个运动发展过程中，沈括被越来越多的后人所认识和重视。在以下的例子里读者将看到，沈括（或者对他的历史记忆）在这场运动里并不占据中心地位，但是他和《笔谈》确实构成了一个著名的先例，不断地被引用、议论和评估。

笔记在经历了北宋的持续发展之后，到南宋进入了大盛时代。其中佼佼者有洪迈的《容斋随笔》和王应麟的《困学纪闻》。这两部笔记后来与《笔谈》一起成为"宋三大笔记"。这个说法主要流行于明清时期，但是这三者的并列相较却不无道理，其中一个重要的类似点就是它们对信验性的追求。

在南宋笔记的世界里，一种以信验性为中心、倡导思辨技术的新哲学语言逐步壮大。尽管以史学传统为依托的信史之说依然流行，南宋的笔记作者逐渐将信验性作为一个单独的认知德行而与前者分离开来。比如，何异在《容斋随笔》的序言中赞扬此书"可以稽典故，可以广闻见，可以证讹谬，可以膏笔端，实为儒生进学之地"。何称赞《容斋随笔》是"进学之地"，因为它不仅为学者打下广闻博见的基础，而且提供"证讹谬"的思辨工具。在《容斋随笔》跋中，丘橉进一步讨论了这些思辨工具是如何促进信验性的：

其为书也，阴阳象纬，是钩是索，经籍传注，是纠是砭。

同时，洪迈也在该书中作出大量"正伪考异，核伪剖微"[1]的努力。丘横在这段评价里使用了一系列的动词，钩、索、纠、砭、正、考、核、剖等，这些都是指向信验性的方法与手段。

这种基于信验性及其方法的评估体系当然远超《容斋随笔》这一部书之外；事实上，它在南宋广泛可见，上及笔记名著，下至无名之作。再举一个例子，戴表元曾对周密所著的《齐东野语》有如下评价：

今夫周子之书，其言蔽，其事确。其询官名，精乎其欲似郏子也；其订舆图，审乎其欲似晋伯宗也；其涉词章礼乐，瞻乎其欲似吴公子札也。[2]

他列举了该书几个突出介绍信验知识的门类，包括官制、舆图和礼乐词章等。

读者们应该已经留意到，这些笔记虽然冠以"闻见"之名，但是其中不少内容涉及了礼乐以及经籍注疏这种通常与德性之知相关的话题。换句话说，追求信验性作为一种方法广泛进入了各种知识议题，特别是从前主要与深层秩序相关的模比诸议题。这一点，其实沈括在《梦溪笔

---

1 以上三条引文均见洪迈：《容斋随笔》，北京：中华书局，2005 年，980 页。
2 周密：《齐东野语》，北京：中华书局，1997 年，1 页。

谈》里已经开创了先例，南宋笔记作者真正将这个做法推广成了运动。

一些南宋笔记作者开始有意识地重新审视"闻见"一词，清理它因为被德性之知矮化而带来的负面含义，并且将信验性作为一种新的认知德性加以推广。比如，刘董在给龚颐正《芥隐笔记》所作序中提到："士非博学之难，能审思明辨之为难。"[1]此处，刘董提出了另外一个二元论，但是这次"博学"没有与通约相对，而是与"审思明辨"相较——所谓的审思明辨正是获取信验性的思辨手段。所以，刘董的这番话里，事实上是以信验性取代了德性之知（追求通约）成为了新一代的认知理想。

另一个类似的例子来自于张世南，他在自著的《游宦纪闻》后记中论道：

> 博物洽闻，儒者事也。非足迹所经历，耳目所睹记，则疑以传疑，犹未敢自信，况取信于人乎？[2]

这段话开篇即将"儒者事"定义为"博物洽闻"，而不是德性模拟之知，继而强调以"足迹所经历，耳目所睹记"为方法才能做到"取信于人"。此处，以闻见思辨所获的信验性正是张世南所强调的核心认知德性。

对信验性的追求不仅只出现在笔记的序与跋里，也渗透到笔记的分

---

1 龚颐正：《芥隐笔记》，《全宋笔记》，第 5 编，第 2 册，郑州：大象出版社，2012 年，121 页。

2 张世南：《游宦纪游》，北京：中华书局，1981 年，95 页。

类结构之中。越来越多的南宋笔记作者开始以思辨技术的关键词作为笔记内部的分类，这一点正与沈括《笔谈》中的"故事"、"辩证"等类似。比如《能改斋漫录》的作者吴曾就以"事始"为首发章，着重讨论各类词源、官制来源以及一些事物的典故。[1]这个章节正与《笔谈》中的"故事"相对应，是在文献和经验中寻求先例的成果。吴曾还开辟了"辨误"一章，主要用以考订各种早期文献中的遣词和概念，是《笔谈》中"谬误"的姊妹篇。[2]

南宋的求信验者十分留意沈括，也非常敬重《梦溪笔谈》。他们明确将沈括当作信验性运动的一个早期人物，并且常常援引《笔谈》。不过，他们并未将沈括推为这场运动的鼻祖，而且对《笔谈》的引用也是褒扬与批判兼有之。南宋士人对沈括有保留的敬意是多种原因造成的，其中一个，恐怕还是与沈括本人在政治上的争议有关。

洪迈在《容斋随笔》里就多次引用沈括，在对其大加赞赏的同时也是不失批判。在某一条目里洪迈指出了三处前人笔记中所犯的错误，其中两处来自《笔谈》。第一处是沈括指认向敏中为宋真宗年间右仆射的第一人。洪迈指出，在向之前已经有六人担当过此官衔。[3]第二处谬误发生在沈括对丁谓的记载里。丁谓某次跟随宋真宗巡幸视察，礼成后，真

---

1 吴曾：《能改斋漫录》，《全宋笔记》，第5编，第3册，郑州：大象出版社，2012年，8—48页。

2 同上，76—206页。

3 洪迈：《容斋随笔》，卷4，53—54页。沈括原文见《梦溪笔谈》，175条，卷9，78页。

宗欲赐随从大臣玉带。但是当时手头上只有七条玉带，随从辅臣却有八人。丁谓意识到自己是八人中品级最低的，所以很可能会轮不到自己，为了不错失这个机会，他私下知会皇上，说自己恰好随身携带了一条小玉带，可暂时作为替代品，真宗可待回京后再补赐他一条真正的玉带。[1]洪迈认为这个故事不可信，因为他仔细研究了真宗三次巡幸的时间和情境，认为丁谓根本不可能有机会做这件事。[2]尽管此处洪迈对沈括尽是批评，但是在结尾却依然流露出对沈作为知音的赞赏，指出："魏泰无足论，沈存中不应尔也。"[3]魏泰是三处错误之一的作者，洪迈似乎认为以魏的水准，犯错并不奇怪，而沈括则并不应该。言下之意，对沈括还是有相当敬意的。

不少南宋笔记作者对沈括的态度都类似于洪迈。他们频繁引用《笔谈》，且有破有立地深入讨论其优缺点。这种批判性其实也正是信验思辨运动本身的精神，不可谓不是一种合适的致敬。前述吴曾就是一个好例子。在《能改斋漫录》中他几次对沈括所述信息的可靠性提出质疑。比如，沈括曾经讨论过唐人诗中"吴钩"一词，他认为是弯刃之刀的代称；[4]吴曾则认为它其实是春秋时代吴国工匠所制的一种钩子。[5]沈括认为"乌鬼"一词指的是鸬鹚这种鸟；吴曾表示怀疑，并反问"知又何所据

1《梦溪笔谈》，392 条，卷 22，157 页。

2 洪迈：《容斋随笔》，卷 4，54 页。

3 同上。

4《梦溪笔谈》，321 条，卷 19，135 页。

5 吴曾：《能改斋漫录》，卷 3，72 页。

也？"[1]此处，吴曾质疑的不仅仅是沈括的结论，也是他的方法，"何所据也"是对沈括取证的质问。这其中对方法论的重视跃然纸上。

这种以信验性为框架的对沈括的褒贬从南宋延续到了明清时代。不少明清目录学家都以类似的语言评估沈括和《笔谈》。比如《笔谈》一个重要版本的整理者马元调就如是说：

> 考据议论之书，莫备于两宋，然北则三刘、沈括，南则文敏兄弟，欧、曾辈似不及也。[2]

这番话里颇有几处值得回味的地方。首先，倘若宋人知其将沈括置于欧阳修、曾巩之上，必会惊愕。其次，将沈括与三刘并举也很有趣。刘敞以经学著称，曾著有《七经小传》，其弟刘攽和子刘奉世以史学闻名。[3]在马元调看来，这些经史学家与沈括、洪迈等笔记作者应归为一类，理由当然就是他们"考据议论"的功力以及在此基础上对信验性的良好把握。而马元调提到的"考据"一词，正是下一阶段沈括接受史的关键词。笔者将在下一节中详细讨论。

---

1 吴曾：《能改斋漫录》，卷6，159页。

2 文敏兄弟指的是洪迈、洪适（1117—1184）、洪遵（1120—1174）三兄弟。洪迈：《容斋随笔》，984页。

3 三刘在《宋史》中的列传见卷319，10383—10390页。《宋史》中三刘的传记与欧阳修、曾巩是在同一章的。这说明至少从官修史的角度来说，三刘与欧、曾是类似的，都以经、史、文学闻名。

考证者说

著名的考证学派在 17 世纪兴起，而沈括被这个新运动迅速包装为自身前史的一部分。与南宋的求信验者相比，考证学家对沈括的兴趣更大，热情也更高；同时，他们乐于评价沈括的整体方法论，而不仅仅是在零星知识上考究其是非。明清时代的学人还明确将沈括命名为考证运动的先驱之一。尽管沈括依然不是这场运动的核心所在，但这是历史上首次对沈括及其方法论有了一个全面积极的评估。

考证学从本质上来说是一种批判文本研究。考证学者着眼于使用各种以证据为基础的批判手段来辨证文本信息的准确性。裴德生（Willard J. Peterson）对考证的意涵有一个精当的总结，即学者"提出一个对某文本的观点或者诠释，而读者可以在其提供的证据基础上对其观点/诠释进行评估，也可以在新的证据出现之后商榷调整这个观点/诠释"[1]。在 17 世纪的思想世界里，考证学欲挑战和取代的是所谓的"宋学"。宋学是个驳杂的概念，它囊括了两宋时代的主流学术以及后朱熹时代的明清理学（但出于种种原因，往往把朱熹本人排除在外）。从考证学家的角度来看，这个跨越长时段、多群体的传统专注于"义理"。这个特色从某

---

1 Peterson, "Confucian Learning in Late Ming Thought," 779. 就"考证"这个概念的详细讨论，见 Benjamin A. Elman, *From Philosophy to Philology*: *Intellectual and Social Aspects of Change in Late Imperial China*, second edition (Los Angeles: UCLA Asian Pacific Monograph Series, Asia-Pacific Institute, 2001), 72–122。

种意义上来说，正与本书所讨论的追求棋通归一的统理是类似的。[1]而考证学家则认为自己是"汉学"的传人，视汉唐经学为师承。他们对义理多有批判，称其不实而"凿空"，故以考证——即对证据的考索——来取代对义理的诉求。[2]

考证学家对沈括的欣赏来自于他们学派内部的一条历史身份叙事。许多考证学者认为，两宋时代虽然义理之学是主流，但是汉唐传统并未丢失，而是潜伏在笔记小说中。正如四库编者王燕绪和吴裕德所说，"于是汉儒考证之学，遂散见杂家笔记之内"[3]。这股潜流复又萌动而出，进而促成了 17 世纪考证学的崛起。这个看法当然是明清时代考证学出于自身关照而重建的叙事，而在这段潜而又发的"汉学史"里，沈括成了早期对抗义理之学的一个重要例子。

所以，考证学家常常把沈括和其他几个南宋作者归并在一起作为"考证型笔记"作者。比如钱大昕就点名沈括、吴曾、洪迈、程大昌、

---

1 就"宋学"框架中的"义理"之定义，见Elman, *From Philosophy to Philology*，46—47。就义理这个概念的综合谈论，见朱汉民、王琦：《"宋学"的历史考察与学术分疏》，《中国哲学史》4 期，2015 年，80—86 页。

2 戴震：《题惠定宇先生授经图》，《戴震全书》，第 6 册，合肥：黄山书社，1994 年，505 页。

3 《提要》，郑方坤：《经稗》，《景印文渊阁四库全书》，1—2 页。此言当出自四库馆臣王燕绪（1730—1800）和吴裕德（约 1770 代）。四库馆臣中有相当一部分是考据学家，就此现象的讨论，见Elman, *From Philosophy to Philology*，100–102。艾尔曼也留意到一些四库馆臣注重从笔记中寻找考据运动的前史。见Elman, *From Philosophy to Philology*，212 页，242 页。

孙奕以及王应麟为"实事求是"学风的代表，[1]赞赏他们"卓然成一家言"；尤其因为他们对证据的重视，远超同时代的"游谈无根之士"，而像《梦溪笔谈》这种的著作不能与其他"稗官小说"混为一谈。[2]

与此同时，明清学者频频将《梦溪笔谈》与《容斋随笔》和《困学纪闻》相提并论，形成了"宋三大笔记"的说法。洪迈的传人洪璟就在重印《容斋随笔》时有如下议论：

> 先文敏公容斋先生《随笔》一书，与沈存中《梦溪笔谈》、王伯厚《困学纪闻》等，后先并重于世。其书自经史典故、诸子百家之言，以及诗词文翰、医卜星历之类，无不纪载，而多所辨证。昔人尝称其考据精确，议论高简，如执权度而称量万物，不差累黍，欧、曾之徒所不及也。[3]

在洪璟眼中，《笔谈》和《随笔》、《纪闻》并列成为"考据精确、议论高简"的代表作。而且，与马元调类似，他也认为沈、洪等人的成就超越了欧阳修和曾巩。

类似的例子在清代文献中屡见不鲜。特别是深受考证学风影响的四

---

1 钱大昕：《潜研堂文集》，《嘉定钱大昕先生全集》，第 9 册，卷 25，405 页。程大昌以历史地理学著称，著有《禹贡论山川地理图》。孙奕著有笔记《履斋示儿编》。

2 以上几处引言，见钱大昕：《潜研堂文集》，卷 25，405 页。

3 洪迈：《容斋随笔》，986 页。

库馆臣频频提到沈括、洪迈和王应麟这个组合。在《旧五代史》的提要里，他们称其三人为"一代博洽之士"[1]。而在介绍《经稗》时，他们再次指认沈、洪、王三人为考证学的先驱，而对沈括的介绍尤为有趣。他们指出，考证学虽然看似饾饤琐屑，但实则有益于理解"圣人之本旨"；所以，"亦朱子注《中庸》不废沈括《梦溪笔谈》之意也"[2]。很显然，这些馆臣对朱熹与沈括之间的区别是很清楚的，并且试图重新包装这个差别，从而将其写入考证学派的前史。

必须要注意的是，考证学家对沈括在历史叙事中的定位当然不是简单的"史实"陈述，而是基于自身关注的叙事重建。[3]沈括在《梦溪笔谈》里展示的非统理并不能和后代的考证学在方法上完全吻合。本书中第九章里讨论的沈括采纳的一系列认知德性，并不是每一种都以辨求证据为核心；追索证据只是他诸多诉求之一（最显著体现在"辩证"一类中）。

其二，明清时代的考证学家其实与沈括有诸多不同的认知观点。其中一条频频出现的是对文本知识重要性的强调，并指出宋人的问题就在于不读书。在《经稗》的提要里有馆臣议论道："宋代诸儒……大抵断之

---

1 薛居正：《旧五代史》，《景印文渊阁四库全书》，40 页。

2 郑方坤：《经稗》，2 页。

3 余英时认为，清代学者对宋学的评价是有偏颇的，主要是为了突出他们眼中宋、汉学之间的区别。见余英时：《中国思想传统的现代诠释》，南京：江苏人民出版社，2006 年，172—173 页。

以理，不甚观书。"[1]而前述钱大昕对沈括等人欣赏有加，一个重要原因是他们的观点"要皆从读书中出"[2]。这些观点其实都不能准确反映宋儒或者沈括的所思所为。读书对于宋人来说显然是重要的。对于统理者来说，文本传统是一个重要的贮备，为探求秩序提供各种历史见证；与此同时，读书也是重要的养心之法（见第七章和第十章的详细讨论）。公允地说，宋学和考证都依赖书本，但是依赖的原因和方法各有不同。[3]对于沈括来说，读书与文本知识也是非常重要的，但是在他的闻见主义框架里，文本知识不构成一个哲学争议，所以不是一个独立的问题。

在考证流行的时代，另一个因素进一步促成了沈括在历史记忆里的崛起，那就是中西交通。欧洲的自然研究与科学在 18 世纪随着传教士来到了中国。不少精通格致的考证学者感受到了西学带来的挑战，所以一股探求西学中源的学潮随之兴起。[4]这些学者在中土传统中寻找西学根源的过程中发现了沈括。《畴人传》的作者阮元就认为，重视观测是中国历算传统中自古已有的特色，早期现代欧洲的观测仪器与方法不过是

---

1 郑方坤：《经稗》，2 页。

2 钱大昕：《潜研堂文集》，卷 25，405 页。

3 清代学者对宋学不甚观书的印象也可能是明代心学发展之后的结果。王阳明之后，得之书本和得之于心的知识来源之对立开始变得显著，清代考证学者对书本的强调应与此有关。有关清代对书本知识的强调，见余英时：《中国思想传统的现代诠释》，174—186 页。

4 有关此风潮的详细研究，见 Catherine Jami, " 'European Science in China' or 'Western Learning' ? Representations of Cross-Cultural Transmission, 1600—1800," *Science in Context* 12.3（1999）：413–434.

西人对中法的传袭。为了证明这个说法，阮元从上古到清朝的历史里选取了一系列精通观测的畴人，沈括就是其中重要一员。[1]于是，沈括再次被清代学者指认为一名历史先驱，不过这次则是关乎科学。

沈括与科学的挂钩让我们回到了本书的伊始。当20世纪来临时，《梦溪笔谈》与现代科技之间的对比成为了席卷学界和民间的一个热门话题。从他的时代到我们的时代这一千年间，有关沈括的历史记忆之变迁着实令人唏嘘；沧海变作桑田，沈括终于从一介流放之臣变成了民族英雄。

沈括对中国思想史研究的启迪

在本书的开始，笔者提出要以沈括的思想为探照灯，顺沿其光柱的走向，以小见大地观察它照亮并点明的思想因缘与际遇。以下就让我们总结一下这盏探照灯为我们揭示了哪些思想史研究中的大问题。

首先，沈括展示了一个广阔驳杂、生机盎然的闻见世界。在这个世界里，人们触碰物体，周旋事体，与色、形、香具备的万物相交接。他们可凭耳闻、目见、读书和思辨来可靠地认识这个世界。这个世界为工

---

1 阮元：《畴人传》，上海：上海商务印书馆，1955年，2页。有关阮元对沈括评价的详细研究，见Jean-Claude Martzloff, "French Research in to the *Mengxi bitan*: Its Past, Present, and Predictable Future," in *Current Perspectives in the History of Science in East Asia*, ed. Kim Yung Sik and Francesca Bray (Seoul: Seoul National University Press, 1999), 45–46。

匠、农人和各色手作劳动者所共享，也吸引了不少爱物的士人，并触动他们在注重通约的主流思想之外寻求认识物、了解物的方法。《梦溪笔谈》把这种隐藏在日常认知实践中的闻见主义带入了书面世界，在纸墨之间为它找到了一种表述。

沈括的思想同时也敦促现代学者进一步精细化分析中国思想的概念语言，摒除一些看似合理但其实欠缺准确的术语。比如，沈括的闻见主义可以定义为"实践知识"（practical knowledge），从而与主流儒家的"理论知识"（theoretical knowledge）相对立吗？[1] 答案是否定的，且理由有多重。首先，古代中国的存有论并不支持这个二分法。从历史人物的角度来说，一个宋人所做的看似非常抽象的思考（比如象数）在他眼里与理论完全无关；他不仅不是在做超越性的理论化，相反，却是在向真际本身中纵深探查。

另外，即使我们不考虑历史语境中的存有论，姑且接受这个二分法在现代分析中的便利性，它也依然不符合历史人物的实践。有关如何区分实践知识和理论知识的讨论有多种，但是没有一种真正符合本书讨论的史实。一种解释是将这个二元法等同于"知其然"（know that）与"知其何以成"（know how）的区分。[2] 但沈括和他的时代并没有见证这种差

---

1 有关这个二元对立的几种可能定义，见 Jeremy Fantl, "Knowing How," *The Stanford Encyclopedia of Philosophy*, Spring 2016 edition, edited by Edward N. Zalta, http://plato.stanford.edu/archives/spr2016/entries/knowledge-how/（2022 年 7 月访问）。

2 "knowing how" 和 "knowing that" 之区别在 Gilbert Ryle 首次提出之后，引发了一系列复杂的哲学讨论。此处笔者以他最基本的定义为讨论基础，见 Gilbert Ryle，（转下页）

别。事实上，沈括与其同时代的统理者在各自的认知框架里都关注"知其何以成"。对于统理者来说，这个"何以成"就是顺应事物的所在所由将其合理安置和处理；对于沈括来说，这个"何以成"则重点在于如何寻求到信验性。并且，沈括和统理者都对"知其然"有所好奇，但是他们中没有一方以"知其然"的命题和论点来搭建自己的思想体系。另外，任何一个求学殷切的士人都力图实践于行。特别是在治国入世方面，统理者有着绝对不亚于沈括的行动力，这与他们重视并依赖文本传统并不矛盾。所以，不管是沈括本人还是主流士人都没有摒弃实践一说，也没有把实践与理论相对立一说。

对沈括的研究同样也说明了所谓的自然与人文之分并不是对中古思想的准确表述。沈括与其同时代的士人并没有意图要把这两者划分开来。在囊天括地、流播宇宙的道的笼罩之下，天道与人道之间本没有一个深刻的分界。沈括将他的闻见主义运用于所有他关注的领域，并在各色知识中实践他的认知德性。与此同时，他同时代的统理者——不管是邵雍还是二程，都广泛涉猎自然与人文而无所区分。著名的"格物"之

（接上页）"Knowing How and Knowing That,"*Proceedings of the Aristotelian Society New Series* 46（1945–1946）：1–16 以及氏著 *The Concept of Mind*（Chicago：University of Chicago Press，1949）。就这个问题的后续讨论，见 John Bengson, and Marc A. Moffett, "Two Conceptions of Mind and Action：Knowing How and the Philosophical Theory of Intelligence," in *Knowing How：Essays on Knowledge，Mind，and Action*，ed. John Bengson and Marc A. Moffett（Oxford：Oxford University Press，2011），3–57。

说，从 11 世纪到 20 世纪这一千年间经历各种不同诠释，但从来都是将自然万物囊括在其视野之中。[1]公允地说，大部分士人确实更加擅长议论人事，但如果说他们从哲学上排斥理解自然，就失之谬误了。沈括的认知立场固然有趣且立异，但是他对自然的兴趣却不是一个孤立的现象。

最后，沈括当然也为中国科学史的研究带来新的启迪。著名的李约瑟问题依然回响在读者耳边：为什么科学革命没有发生在古代中国？这个问题正是许多现代人将沈括与西方科学相比较的潜在原因：科学革命其实还是有可能发生在中国的，比如沈括就是一个看似接近的例子！对于历史研究者来说，李约瑟问题却是一个"历史研究无法回答的问题"[2]。科学革命作为一个具体现象，它要么发生过，要么没发生过；与其追问欧洲的经验为什么没有在中国发生，不如更严格地审视一番史学研究方

---

1 就"格物"由宋到明意义的演变，见Elman, *On Their Own Terms*, 5–9。就此概念在明清的具体发展，见Benjamin Elman, "The Investigation of Things (*Gewu*格物)：Natural Studies (*Gezhixue*格致学)，and Evidential Studies (*Kaozhengxue*考证学) in Late Imperial China, 1600–1800," in *Concepts of Nature：A Chinese-European Cross-Cultural Perspective*, ed. Hans Ulrich Vogel, Guenter Dux, and Mark Elvin (Leiden：Brill, 2010)，368–399。

2 Nathan Sivin, "Why the Scientific Revolution Did Not Take Place in China—Or Didn't it?" *Chinese Science* 5 (1982)：45.过去几十年里，研究中国科学史的史家就"李约瑟问题"做出了各种有洞见的反思批评，比如，见Francesca Bray, *Technology and Gender：Fabrics of Power in Late Imperial China* (Berkeley：University of California Press, 1997)，8–9 以及Chemla, Karine, "The Dangers and Promises of Comparative History of Science," *Sartoniana* 27 (2016)：174–198。

沈括的知识世界：
一种闻见主义的实践

法本身的盲点。正是因为现代人对西方科技的熟悉和偏爱才导致了我们对沈括的极大兴趣，而与此同时，却很少有学者以同样的兴致讨论他同时代的士人在"格物致知"的框架中对自然的探究。沈括的行与思自然与现代科学有不少类似之处，但正是因为这种巧合，现代学者应该更加严格地重建他本身的历史语境，更加谨慎地探究他的思想在史实中的根基；这也正是本书从始至终用意以及着力所在。

附录一

《梦溪笔谈》诸版本

《笔谈》正文在沈括完稿之后不久即流传于世（约 1093 年）。《笔谈》的主要版本请见下表。

《笔谈》的主要版本

时间	版本	其他信息
约1087年	元祐本	邹浩 (1060—1111) 刻, 已佚
约12世纪初	扬州公库本	刻书者不详
1166	扬州州学本（乾道本）	汤修年 (ca. 1100—1200) 校刻, 从公库本出
1305	元刊本	陈仁子 (ca. 1250—1350) 校刻, 从扬州州学本出
1495	徐珫本	徐珫 (ca. 1490—1590) 校刻, 从扬州州学本出
1602	沈敬炌本	沈敬炌 (1554—1631) 校刻
1602	稗海本（商本）	商濬 (fl. 1591—1602) 校刻
1630	津逮本（毛本）	毛晋 (1598—1659) 校刻
1631	马元调本（崇祯本）	马元调 (1576—1645) 校刻, 从扬州州学本出
1778	四库本	纪昀 (1724—1805) 等校刻, 以马元调本为底
1805	学津本（张本）	张海鹏 (1755—1816) 校刻, 以津逮本为底
1906	陶福祥本（爱庐本）	陶福祥 (1834—1896) 校刻, 以马元调本为底

时间	版本	其他信息
1916	玉海堂本	刘世珩（1875—1926）校刻，从扬州州学本出
1934	丛刊本（涵芬楼本）	影印津逮本
1957	胡道静本	胡道静（1913—2003）校注，以陶福祥本为底
2006	全宋文本	胡静宜校注，以丛刊本为底
2011	胡道静新本	胡道静、金良年修订
2011	杨渭生本	杨渭生校注，以元刊本为底

表格信息出处：《梦溪笔谈校证》，沈括著，胡道静校注，上海：上海人民出版社，2011年，778—791页；以及蒋湘伶：《沈括著述考》，中国文化大学，硕士论文，2011年，32—39页。

《笔谈》正文之外另有《补笔谈》和《续笔谈》。尽管这两种书名的著录迟至明代，不少文献内部信息可佐证至少《补笔谈》是沈括亲笔而为的。譬如，该书中不少条目下有小字做注，说明这些条目如何补充《梦溪笔谈》中的特定条目。这样详细精准的指示理应是作者所为。《续笔谈》是一本仅有十一条的小册子，其书题注称其可能来自沈括的长子沈博毅。[1]《补笔谈》和《续笔谈》存世的主要版本请见以下两表。

---

1 见《梦溪笔谈》稗海本《序》，《稗海》，卷288，1118页。

《补笔谈》的主要版本

时间	版本	其他信息
约17世纪	汇秘笈本	陈继儒（1558—1639）校刻
1602	稗海本（商本）	商濬校刻
1631	马元调本（崇祯本）	马元调校刻，以稗海本为底
1778	四库本	与《笔谈》正文同
1805	学津本（张本）	张海鹏校刻，以稗海本为底
1906	陶福祥本（爱庐本）	与《笔谈》正文同
1957	胡道静本	与《笔谈》正文同
2006	全宋文本	胡静宜校注，以马元调本为底
2011	胡道静新本	与《笔谈》正文同
2011	杨渭生本	杨渭生校注，以马元调本为底

表格信息出处：与上表同。

《续笔谈》的主要版本

时间	版本	其他信息
1602	稗海本（商本）	商濬校刻
1631	马元调本（崇祯本）	与《补笔谈》同
1778	四库本	与《笔谈》正文同
1805	学津本（张本）	与《补笔谈》同
1906	陶福祥本（爱庐本）	与《笔谈》正文同
1957	胡道静本	与《笔谈》正文同
2006	全宋文本	与《补笔谈》同
2011	胡道静新本	与《笔谈》正文同
2011	杨渭生本	与《补笔谈》同

表格信息出处：与上表同。

附录二*

沈括除《梦溪笔谈》之外的其他著述

1.《易解》，二卷，已佚

著述时间不详。篇幅短小，仅记载大畜、小畜、大过、以及小过等数卦。[1]

2.《丧服后传》，卷数不详，已佚

熙宁年间著。记录沈括对丧服礼制的讨论与辨析。[2]

3.乐论，四卷，已佚

11 世纪 60 年代早期著。包括《乐论》一卷，《乐器图》一卷，《三

---

* 本附录主要参考以下三种沈括著述的研究综述：胡道静：《梦溪笔谈校证》，沈括著，胡道静校注，上海：上海人民出版社，2016 年，816—820 页；杨渭生：《沈括全集》，第 3 卷，杭州：浙江大学出版社，2011 年，963—974 页；以及蒋湘伶：《沈括著述考》，中国文化大学，硕士论文，2011 年。除此之外，其他学者的研究成果但有采用都在脚注里一一注明。本附录未收录《阁门仪制》、《惠民药局记》以及《冲和先生口齿论》，因为据过往学者研究，这三种都有笃实证据并非沈括本人作品。

1 陈振孙：《直斋书录解题》，卷 1，15 页 A。

2 《梦溪笔谈》，46 条，卷 3，28 页。

乐谱》一卷，《乐律》一卷。[1]

4.《春秋机括》，二/三卷，已佚

11 世纪 70 年代之前完成。春秋时期大事记。据《玉海》载有三卷，据《宋史》则只有两卷。[2] 据《点校补正经义考》载，第一卷以鲁国甲子记十二国年谱，中卷记周及十二国世次，末卷记载的是列国公子及诸臣的名姓。[3]

5.《左氏记传》，五十卷，已佚

著述时间不详，是沈括试图将《左传》从编年体转化为纪传体的产物。[4]

6.《熙宁详定诸色人厨料式》，一卷，已佚

1068 年至 1077 年之间完成，诸官员食品支出预算。

7.《熙宁新修女道士给赐式》，一卷，已佚

1068 年与 1077 年之间完成，北宋政府为女道士受戒仪式所颁发的规章。北宋一朝以道禄院来管理道教，给赐式理应是他们的职责。[5]沈括似未在道禄院有正式供职，应是以馆阁文臣的身份受命起草的。

8.《诸敕式》二十四卷，已佚，著述时间不详

9.《诸敕令格式》，十二卷，已佚，著述时间不详

---

1 更多详情见第二章讨论。

2 《玉海》，卷 40，36 页；《宋史》，卷 155，5059 页。

3 朱彝尊：《点校补正经义考》，卷 183，856 页。

4 马端临：《文献通考》，卷 183，1576 页。

5 唐代剑：《宋代道教管理制度研究》，北京：线装书局，2003 年，150—153 页。

10.《诸敕格式》，十三卷，已佚，著述时间不详

以上三种都是沈括为敕、令撰写的书写格式。

11.《南郊式》，一百一十卷，已佚

沈括 1072 年写就，以王安石的名义发布。[1]此书是试图将南郊礼式典章化的成果，是王安石为推动礼法合流所做努力的一部分。[2]尽管此文本已不存，其一百一十卷的篇幅足以说明它的空前性，比过往类似的文件要庞大很多。比如欧阳修修撰的《太常因革礼》有一百卷，但是涵盖的范围广得多，囊括了吉礼、嘉礼、宾礼、军礼和凶礼全五种。南郊礼只是吉礼的一种，在欧阳修的书中只占据五卷。沈括的《南郊式》与后世相比也依然是体量惊人的。宋敏求（1019—1079）于 1078 年修纂了一组礼法，全书分为九部分涵盖一百九十章；而南郊礼只是其中一种，所以其所占篇幅必然远少于沈括的一百一十卷。[3]如此看来，沈括修纂的这个文本很可能同时代最大最详尽的。

12.《使虏图钞》，二卷，已佚

沈括在 1075 年使辽之后所绘制的地图，又名《使辽图抄》、《使北图》、《使契丹图抄》。[4]此图是沈括在考察了辽地"山川之夷险远近，卑高纵横之殊，道途之陟降纡屈，南北之变，风俗、车服、名秩、政刑、

---

1 《宋史》，卷 204，5133 页。

2 《宋会要》，《礼乐》，卷 25，1 页。有关"礼法合流"的现象，见王美华：《礼法合流与唐宋礼制的推行》，《社会科学辑刊》，4 期，2008 年：119—126 页。

3 《宋史》，卷 98，2422—2423 页。

4 胡道静：《梦溪笔谈校正》，1153 页。

兵民、食货、都邑、翻译、觇察、变故之详"[1]之后的作品。杨渭生从《永乐大典》中辑出了部分存留的文本。[2]

13.《怀山录》，卷数不详，已佚

沈括在《忘怀录》一书中序言里提到此书，应是他早年"以资居山之乐"的作品。更多信息见第 17 条。

14.《乙卯入国奏请（并　录）》，一卷，部分保留于《续长编》

沈括使辽后呈进的一则长奏章（见本书第三章的讨论），乙卯是 1075 年。该奏折本身已经亡佚，但是李焘在《续长编》中直接引用，保留了相当一部分。[3]

15.《天下州县图》，已佚

1087 年完成。又名《守令图》，包括二十轴地图：涵盖全境大图一轴（高约 3.80 米，宽约 3.17 米），涵盖全境小图一轴，以及诸路图十八轴。统一使用 1:900,000 比例尺。沈括向朝廷进呈了主副本两组，分别以黄绫、紫绫装裱。[4]

16.《孟子解》，一卷，存于《长兴集》

约 11 世纪 50 至 60 年代之间写就，是沈括为《孟子》的一些篇章

---

1 《宋史》，卷 331，10653 页。

2 杨渭生：《沈括〈熙宁使辽图抄〉辑笺》，《沈括研究》，杭州大学宋史研究室编，杭州：浙江人民出版社，1985 年，297—321 页；也见杨渭生，《沈括全集》，233—242 页。

3 《续长编》，卷 261，6498—6513 页。

4 《补笔谈》，575 条，卷 3，322 页。有关该图的历史语境，也见本书第八章讨论。

所做的疏，包括《梁惠王下》、《公孙丑下》、《滕文公下》、《离娄下》，以及《告子上》等。

17.《忘怀录》，三卷，已佚

1086 至 1095 年间写就，可能是前述《怀山录》的加长版。[1]据晁公武介绍，本书是山居生活之指南，比如"饮食器用之式、种艺之方"，但他不确定作者一定是沈括。[2]陈振孙则认定沈括是作者，并认为《忘怀录》是《怀山录》的续篇。[3]当代学者比如胡道静、吴作忻、杨渭生等做了不少集佚的工作。[4]

18.《清夜录》，一卷，已佚

1069 至 1076 年间写就，是一组鬼神异事的杂记。[5]此书在明初之后才散佚。[6]

19.《熙宁奉元历》，七卷，已佚

20.《熙宁奉元历经》，三卷，已佚

21.《熙宁奉元历立成》，十四卷，已佚

---

1 有关此二文本的比较研究，见胡道静：《沈括的农学著作〈梦溪忘怀录〉》，胡道静著，虞信棠、金良年编：《胡道静文集·沈括研究 科技史论》，18 页。

2 晁公武：《郡斋读书志校证》，卷 12，15 页 A。

3 陈振孙：《直斋书录解题》，卷 10，6 页 B。

4 见胡道静：《沈括的农学著作〈梦溪忘怀录〉》；胡道静、吴佐忻：《梦溪忘怀录钩沉——沈存中佚著钩沉之一》，《杭州大学学报》，11 期，1 号，1981 年，40—55页；以及杨渭生收于《沈括全集》里的成果，第 3 卷，875—916 页。

5 杨渭生编：《沈括全集》，第 1 卷，28 页，以及第 3 卷，917 页。

6 杨渭生收集了一些佚文，见杨渭生编：《沈括全集》，第 3 卷，917—919 页。

22.《熙宁奉元历备草》，六卷，已佚

23.《比较交食》，六卷，已佚

24.《熙宁晷漏》，四卷，已佚

以上六种都是沈括在制《奉元历》期间所著，成书时间约在 1068 年至 1077 年之间。虽然原稿已尽数亡佚，所幸《元史》中保留了《奉元历》的两个关键数据，积年与日法。积年是从上元到《奉元历》编历年份的时长，据沈括计算，应为 83,185,070 年。[1]日法，在沈括的时代又称元法，是计算过程中的分母。清代学者李锐（1768—1817）以此二数据以及其他相关信息为基础做了部分复原工作。比如他参照《明天历》推算出沈括所用的岁周数值为 8,656,273，然后进一步推出回归年的长度为：[2]

$$\frac{8656273}{23700} = 365\,\frac{5773}{23700}\ 日$$

以此为据，李锐推算出一些其它相关数据，比如节气：

$$\frac{1}{24} \times 365\,\frac{5773}{23700} = 15\,\frac{5178\frac{1}{24}}{23700}\ 日$$

以及平朔望月：

1 上元是历法推算的基础数据，即上古时代一个日月同经纬又五星联珠的天象发生时刻。有关上元的详细定义和计算方法，见 Sivin, *Granting the Seasons*, 73–74。

2 以下计算见李锐：《步气朔数》，杨渭生编：《沈括全集》，第 3 卷，923—924 页；也见严敦杰：《奉元历（复算）》，胡道静著，虞信棠、金良年编《胡道静文集·沈括研究　科技史论》，165 页。

$$\frac{699875}{23700} = 29\frac{12575}{23700}\ \text{日}$$

在此基础上，李锐推算出了冬至、经朔以及时和辰的长度。这些成果收录在他的《步气朔术》与《步发敛术》两篇文章中。明代学者袁黄（1533—1606）所著的《历法新书》保留了一些《元史》中没有的《奉元历》的数据。李锐没有见过明代的材料，但他的推算与《历法新书》中的数据基本是相符的。[1] 当代学者李勇的复原计算也与之类似。[2]

25.《边州阵法》，卷数不详，已佚

著述时间约 1075 年，是沈括对已失传的所谓"九军阵法"的研究心得。这个文本由神宗下旨修撰，书成后保存于枢密院。[3]

26.《修城法式条约》，二卷，已佚

此书由沈括与吕和卿合著，时间约在 1074 至 1075 年沈括掌管军器监时期。沈括于 1075 年将此文本进呈神宗。该书内容包括马面、敌楼等军事建筑形式的建造原理。[4]

---

1 严敦杰:《奉元历（复算)》，165 页。

2 李勇:《中国古历经朔数据的恢复及应用》，《天文学报》，46 期，4 号，2005 年：474—484 页；有关《奉元历》复算历史的总结，也见陈久金:《奉元历述评》，《沈括研究文集》，镇江市文物管理委员会办公室编，香港：香港文学报社出版公司，2002 年：408—412 页。

3 《续长编》，卷 260，6342 页。

4 陈振孙:《直斋书录解题》，卷 7，35 页 A。有关这些建筑形式的定义及图示，见曾公亮著，丁度:《武经总要》，卷 12，2 页 A—5 页 B。

27.《图画歌》，一卷，存于《长兴集》

著述时间不详，是沈括对历代著名画师的评论，七言诗体。

28.《茶论》，卷数不详，已佚

著述时间约 1086 年至 1095 年间，记录沈括对茶的知识与心得。[1]

29.《灵苑方》，二十卷，已佚

沈括于 1056 年至 1067 年间搜集的医方。[2]该合集与后来的《良方》有一定重复，尽管重复率可能不高。原书已佚，有一部分内容留存在《证类本草》（1116 年）中。《灵苑方》在《本草纲目》（1593—1594 年）和《老老恒言》（1773 年）中都被引用过。[3]有学者认为此书迟至乾隆年间尚在流通之中。[4]

30.《良方》，十/十五卷，被并入《苏沈良方》（见 31 条）

沈括于 1088 年至 1095 年间编纂和收集的医方。[5]晁公武认为该书

---

1 《梦溪笔谈》，441 条，卷 24，170 页。

2 吴佐忻：《沈括的〈灵苑方〉》，《中华文史论丛》3 期，1978 年，78 页；李裕民：《〈梦溪笔谈〉与沈括〈良方〉研究》，李裕民：《宋史新探》，281—282 页。杨渭生于其他文献中析出了 66 条佚文，见杨渭生编：《沈括全集》，第 3 卷，840—874 页。

3 《老老恒言》后更名为《养生随笔》，见曹庭栋：《养生随笔》，上海：上海书店，1981 年。

4 见吴佐忻：《沈括的〈灵苑方〉》，78 页，以及李裕民：《〈梦溪笔谈〉与沈括〈良方〉研究》，282 页。李裕民在这篇文章里也收录了一些他自行辑出的佚文。

5 胡道静：《〈苏沈内翰良方〉楚蜀判——分析本书每个方、论所属的作者："沈方"抑为"苏方"》，《社会科学战线》，3 期，1980 年：195—209 页。

有十五卷，而《中兴馆阁书目》和《宋史》记载为十卷。[1]该书后来被与苏轼的医方合编为《苏沈良方》。杨渭生从《苏沈良方》析出了170条《良方》内容，从其他文献中辑出了19条。[2]

31.《苏沈良方》，十/八卷，

又名《苏沈内翰良方》，顾名思义，是苏轼和沈括合著的方书。但此合著并非两位作者自行所为，而是后世佚名编者将苏轼和沈括的医方汇合的结果。合编之后沈括的《良方》就基本不单独流通了。当代学者特别是胡道静做出了很大努力以辨析沈括的医方有哪些。[3]该书有两个主要版本流传于世。其中一种是十卷本，另一种是《四库全书》馆臣从《永乐大典》中辑佚后重编的八卷本。

32.《别次伤寒》，卷数不详，已佚

著述时间不详。张蕆（约12世纪）在《活人书》中提及过。[4]十一世纪士大夫热衷于研讨伤寒症，此书应是沈括对此议题的参与。[5]

---

1 晁公武：《郡斋读书志校证》，卷15，18页B；《宋史》，卷207，5321页。

2 后19条见杨渭生编：《沈括全集》，第3卷，827—838页。

3 见胡道静：《〈苏沈内翰良方〉楚蜀判——分析本书每个方、论所属的作者："沈方"抑为"苏方"》，以及杨渭生的考证工作，杨渭生编：《沈括全集》，第3卷，633—838页。杨渭生认为该书中170条为沈括所作，50条为苏轼所作，剩下28条不能明辨作者。

4 朱肱：《活人书》，北京：人民卫生出版社，1993年，23页。

5 Goldschmidt, *The Evolution of Chinese Medicine*, 146–150.

33.《长兴集》，十九/三十卷

《长兴集》是《沈氏三先生文集》中收录的三种文集之一，其他两种是沈遘的《西溪集》和沈辽的《云巢集》。《沈氏三先生文集》最早是由高布（约 12 世纪早期）编纂，起初题为《吴兴三沈集》。宋版的《长兴集》有四十一卷。

流传至今的《长兴集》有两个版本。一个是 15 世纪左右，被收入《四部丛刊》。这本版本只有十九卷，原书的一到十二、三十一、三十三到四十一卷缺失。另一个版本由清代学者吴允嘉（约 18 世纪）1718 年编纂。吴允嘉从其他文献中辑出了一些沈括的作品并入这个版本，将十九卷扩充到了三十卷。这个版本 1896 年由浙江书局重印出版。

34.《集贤院诗》，二卷，已佚

约 11 世纪 70 年代著，其时沈括正供职于集贤院。

35.《诗话》，卷数不详

著述时间不详。《浙江通志》与《杭州府志》中有提及。郭绍虞认为这个文本可能是后世学者把沈括在《梦溪笔谈》里有关诗歌的讨论析出重编的结果。[1]

36.《沈中允集》，一卷

著述时间不详。此一卷载有沈括诗作二十五首，保存在《两宋名贤小集》中。[2]

---

1 郭绍虞：《北宋诗话考》，香港：崇文书店，1971 年，189 页。

2 陈思编、陈世隆补：《两宋名贤小集》，《景印文渊阁四库全书》。

37.《沈括诗词辑存》

现代著作，由胡道静 1985 年编纂出版。该书载有沈括五十五首诗作，由从宋至清的各种文献中辑出。

参考文献

史料

《白居易集笺校》，白居易著，上海：上海古籍出版社，1988 年。

《铁围山丛谈》，蔡絛著，北京：中华书局，1983 年。

《养生随笔》，曹庭栋著，上海：上海书店，1981 年。

《郡斋读书志校证》，晁公武著，孙猛校证，上海：上海古籍出版社，1990 年。

《两宋名贤小集》，陈思编、陈世隆补，《景印文渊阁四库全书》，台北：台湾商务印书馆，1983—1986 年。

《格致镜原》，陈元龙著，《景印文渊阁四库全书》版。

《直斋书录解题》，陈振孙著，钦定武英殿聚珍版书，1774 年。

《寿亲养老新书》，陈直著，《丛书集成续编》，卷 43，台北：新文丰出版公司，1989 年。

《二程集》，程颢、程颐著，北京：中华书局，2004 年。

《春秋左传正义》，《十三经注疏》，北京：中华书局，1982 年。

《戴震全书》，戴震著，合肥：黄山书社，1994 年。

《春秋繁露义证》，董仲舒著，北京：中华书局，1982 年。

《酉阳杂俎》，段成式著，北京：中华书局，1981 年。

《尔雅注疏》，《十三经注疏》，北京：中华书局，1982 年。

《吴郡志》，范成大著，《守山阁丛书》，台北：译文出版社，1968 年。

《东斋记事》，范镇著，北京：中华书局，1980 年。

《芥隐笔记》，龚颐正著，《全宋笔记》，第 5 编，第 2 辑，郑州：大象出版社，2012 年。

《玉山樵人集》，韩偓著，《四部丛刊》，上海：商务印书馆，1929 年。

《韩昌黎文集校注》，韩愈撰，马其昶校注，上海：上海古籍出版社，1986 年。

《容斋随笔》，洪迈著，北京：中华书局，2005 年。

《黄帝内经素问校注》，郭霭春主编，北京：人民卫生出版社，1992 年。

《冷斋夜话》，惠洪撰，北京：中华书局，1988 年。

《宋朝事实类苑》，江少虞著，上海：上海古籍出版社，1981 年。

《太平广记》，李昉编，1566 年，中国国家图书馆藏。

《太平御览》，李昉编，台北：台湾商务印书馆，1968 年。

《竹谱详录》，李衎著，《景印文渊阁四库全书》。

《本草纲目》，李时珍著，北京：华夏出版社，1998 年。

《续资治通鉴长编》，李焘著，北京：中华书局，2004 年。

《唐国史补》，李肇著，上海：上海古籍出版社，1979 年。

《淮南子校释》，张双棣撰，北京：北京大学出版社，1997 年。

《易数钩隐图》，刘牧著，《景印文渊阁四库全书》。

《孙公谈圃》，孙升口述、刘延世笔录，《全宋笔记》，第 2 编，第 1 辑，2006 年。

《吕氏春秋集释》，许维通著。北京：中国书店，1985 年。

《嘉定镇江志》，卢宪著，《宋元地方志丛书》，第 5 辑，台北：中国地质研究会，1978 年。

《文献通考》，马端临著，北京：中华书局，1986 年。

《尚书疑义》，马明衡著，《景印文渊阁四库全书》。

《农桑辑要校注》，石声汉校注，北京：农业出版社，1982 年。

《东京梦华录笺注》，孟元老著，北京：中华书局，2006 年。

《归田记》，欧阳修著，《全宋笔记》，第 1 编，第 5 辑，2003 年。

《欧阳修全集》，欧阳修，北京：中华书局，2001 年。

《文忠集》，欧阳修著，周必大辑，《景印文渊阁四库全书》。

《新唐书》，欧阳修著，北京：中华书局，1975 年。

《潜研堂文集》，钱大昕著，《嘉定钱大昕先生全集》，第 9 册，南京：江苏古籍出版社，1997 年。

《南部新书》，钱易著，北京：中华书局，2002 年。

《钱塘县志》，《中国方志丛书》，台北：成文出版社，1976 年。

《畴人传》，阮元著，上海：商务印书馆，1955 年。

《皇极经世书》，邵雍著，郑州：中州古籍出版社，2006 年。

《西溪集》，沈遘著，《沈氏三先生文集》，《四部丛刊》，上海：商务印书馆，1936 年。

《西溪集》，沈遘著，《沈氏三先生文集》，吴允嘉辑校，杭州：浙江书局，1896 年。

《补笔谈》，沈括著，陈继儒辑校，《宝颜堂秘集》，上海：文明书局，1922 年。

《补笔谈》，沈括著，商濬辑校，《稗海》，台北：新兴书局，1968 年。

《补笔谈》，沈括著，马元调辑校，1631 年。

《补笔谈》，沈括著，《景印文渊阁四库全书》。

《补笔谈》，沈括著，张海鹏辑校，《学津讨原》，台北：艺文印书馆，1965 年。

《补笔谈》，沈括著，陶福祥辑校，上海：上海古书流通处，1922 年。

《补笔谈》，沈括著，胡道静辑校，北京：中华书局，1957 年。

《补笔谈》，沈括著，胡静宜辑校，《全宋笔记》，第 2 编，第 3 辑。

《补笔谈》，沈括著，胡道静辑校。上海：上海人民出版社，2011 年。（本书主要引用版本）

《补笔谈》，沈括著，杨渭生辑校，《沈括全集》，第 2 册，杨渭生编，杭州：浙江大学出版社，2011 年。

《长兴集》，沈括著，《沈氏三先生文集》，《四部丛刊》，上海：商务印书馆，1936 年。

《长兴集》，沈括著，《沈氏三先生文集》，吴允嘉辑校，杭州：浙江书局，1896 年。（本书主要引用版本）

《长兴集》，沈括著，《全宋文》，78—79 册，曾枣庄、刘琳编。上海：上海辞书出版社，2006 年。

《长兴集》，沈括著，《沈括全集》，第 1 册，杨渭生编，杭州：浙江大学出版社，2011 年。

《梦溪笔谈（元刊）》，沈括著，陈仁子辑校，北京：文物出版社，1975 年。

《梦溪笔谈》，沈括著，徐珫辑校，1495 年。

《梦溪笔谈》，沈括著，沈敬炌辑校，1602 年。

《梦溪笔谈》，沈括著，商濬辑校，《稗海》，台北：新兴书局，1968 年。

《梦溪笔谈》，沈括著，毛晋辑校，《津逮秘书》，台北：译文印书馆，1966 年。

《梦溪笔谈》，沈括著，马元调辑校，1631 年。

《梦溪笔谈》，沈括著，《景印文渊阁四库全书》。

《梦溪笔谈》，沈括著，张海鹏辑校，《学津讨原》，台北：艺文印书馆，1965 年。

《梦溪笔谈》，沈括著，陶福祥辑校，上海：上海古书流通处，1922 年。

《梦溪笔谈》，沈括著，刘世珩辑校，1916 年。

《梦溪笔谈》，沈括著，《四部丛刊》，上海：商务印书馆，1934 年。

《梦溪笔谈》，沈括著，胡静宜辑校，《全宋笔记》，第 2 编，第 3 辑。

《梦溪笔谈校证》，沈括著，胡道静校注，北京：中华书局，1956 年。

《梦溪笔谈校证》，沈括著，胡道静校注，上海：上海人民出版社，2011 年；重印，2016 年。

《梦溪笔谈》，沈括著，《沈括全集》，第 2 册，杨渭生编，杭州：浙江大学出版社，2011 年。

《沈括诗词辑存》，沈括著，胡道静辑校，上海：上海书店，1985 年。

《沈括全集》，沈括著，杨渭生编，杭州：浙江大学出版社，2011 年。

《新校正梦溪笔谈》，胡道静校注，北京：中华书局，1957 年。

《新校正梦溪笔谈》，胡道静校注，上海：上海人民出版社，2011 年。
（本书主要引用版本）

《续笔谈》，沈括著，商濬辑校，《稗海》，台北：新兴书局，1968 年。

《续笔谈》，沈括著，马元调辑校，1631 年。

《续笔谈》，沈括著，《景印文渊阁四库全书》。

《续笔谈》，沈括著，张海鹏辑校，《学津讨原》，台北：艺文印书馆，

1965 年。

《续笔谈》，沈括著，陶福祥辑校，上海：上海古书流通处，1922 年。

《续笔谈》，沈括著，胡道静校注，北京：中华书局，1957 年。

《续笔谈》，沈括著，胡静宜辑校，《全宋笔记》，第 2 编，第 3 辑。

《续笔谈》，沈括著，胡道静校注，上海：上海人民出版社，2011 年。
（本书主要引用版本）

《续笔谈》，沈括著，《沈括全集》，第 2 册，杨渭生编，杭州：浙江大学出版社，2011 年。

《云巢集》，沈辽著，《沈氏三先生文集》，《四部丛刊》，上海：商务印书馆，1936 年。

《云巢集》，沈辽著，《沈氏三先生文集》，吴允嘉辑校，杭州：浙江书局，1896 年。

《艺林汇考》，沈自南著，《景印文渊阁四库全书》。

《资治通鉴》，司马光著，台北：萃文堂，1975 年。

《元史》，宋濂著，北京：中华书局，1976 年。

《宋大诏令集》，北京：中华书局，1962 年。

《东坡志林》，苏轼著，北京：中华书局，1981 年。

《书传》，苏轼著，凌濛初辑注，约 17 世纪。

《苏轼文集》，苏轼著，北京：中华书局，2004 年。

《苏沈内翰良方》，苏轼，沈括著，北京：中医古籍出版社，2009 年。

《苏魏公文集（附魏公谭训)》，苏颂著，北京：中华书局，1988 年。

《新仪象法要》，苏颂著，沈阳：辽宁教育出版社，1997 年。

《丞相魏公谭训》，苏象先著，《苏魏公文集（附魏公谭训)》，苏颂著，北京：中华书局，1988 年：1113—1189 页。

《苏辙集》，苏辙著，北京：中华书局，1990 年。

《备急千金要方》，孙思邈著，北京：中国中医院出版社，1998 年。

《说郛》，陶宗仪著，北京：中国书店，1986 年。

《儒林公议》，田况著，《全宋笔记》，第 1 编，第 5 辑。

《宋史》，脱脱等著，北京：中华书局，1977 年。

《临川先生文集》，王安石著，北京：中华书局，1959 年。

《三经新义辑考汇评（3）：周礼》，王安石著，程元敏辑注，台北："国立"编译馆，1987 年。

《王安石〈字说〉辑》，王安石著，张宗祥辑录，曹锦炎点校，福州：福建人民出版社，2005 年。

《太平圣惠方》，王怀隐著，北京：人民卫生出版社，1959 年。

《渑水燕谈录》，王辟之著，北京：中华书局，1981 年。

《困学纪闻》，王应麟著，上海：商务印书馆，1935 年。

《玉海》，王应麟著，南京：江苏古籍出版社；上海：上海书店，1987 年。

《能改斋漫录》，吴曾著，《全宋笔记》，第 5 编，第 3 辑。

《永乐大典》，解缙编，北京：中华书局，1986 年。

《宋会要辑稿》，徐松编，台北：新文丰出版公司，1976 年。

《旧五代史》，薛居正著，《景印文渊阁四库全书》版。

《曾巩集》，曾巩著，北京：中华书局，1984 年。

《武经总要》，曾公亮、丁度著，《中国兵书集成》，北京：解放军出版社，1987 年。

《全宋文》，曾枣庄、刘琳编，上海：上海辞书出版社，2006 年。

《墨庄漫录》，张邦基著，北京：中华书局，2002 年。

《张方平集》，张方平著，郑州：中州古籍出版社，2000 年。

《明道杂志》，张耒著，《全宋笔记》，第 2 编，第 7 辑。

《张耒集》，张耒著，北京：中华书局，2005 年。

《游宦纪闻》，张世南著，北京：中华书局，1981 年。

《张载集》，张载著，北京：中华书局，2006 年。

《经稗》，郑方坤著，《景印文渊阁四库全书》版。

《周礼注疏》，《十三经注疏》，阮元编，北京：中华书局，1982 年。

《齐东野语》，周密著，北京：中华书局，1997 年。

《周易正义》，《十三经注疏》，阮元编，北京：中华书局，1982 年。

《活人书》，朱肱著，北京：人民卫生出版社，1993 年。

《古今事文类聚》，祝穆编，《景印文渊阁四库全书》。

《晦庵先生朱文公文集》，朱熹著，《四部丛刊》，台北：台湾商务印书馆，1979 年。

《朱子语类》，朱熹著，黎靖德编，北京：中华书局，1986 年。

《点校补正经义考》，朱彝尊著，台北："中研院"中国文哲研究所筹备组，1997 年。

《萍洲可谈》，朱彧著，上海：上海古籍出版社，1989 年。

《庄子集释》，庄子著，北京：中华书局，1961 年。

研究论著（东方语言）

安作璋、王志民：《齐鲁文化通史：宋元卷》，北京：中华书局，2004 年。

青山定雄：《宋代における華南官僚の系譜にいつて：特に揚子江流域お中心として》，《中央大学文学部紀要》，1974 年，51—76 页。

荒木敏一：《宋代の銅禁：特に王安石の銅禁撤廢の事情について》，《东洋史研究》，4期1号，1938年：1—29页。

吾妻重二：《宋代の景靈宮について — 道教祭祀と儒家祭祀の交差》，《道教の斎法儀禮の思想史的研究》，小林正美编，东京：知泉书馆，2006年：286—293页。

包伟民：《沈括事迹献疑六则》，《宋史研究集刊》，杭州大学历史系宋史研究室编，杭州：浙江古籍出版社，1986年。

———.《沈括研究论著索引（1926—1983年）》，《沈括研究》，杭州大学宋史研究室编，杭州：浙江人民出版社，1985年。

蔡上翔：《王荆公年谱考略》，《王安石年谱三种》，裴汝诚点校，北京：中华书局，2006年。

曹婉如：《论沈括在地图学方面的贡献》，《科技史文集（三）》，自然科学史研究所编，上海：上海科学出版社1980年。

陈光隘绘画，李光羽、谢宝耿编文：《中国古代科学家·下集·沈括》，上海：上海人民出版社，1978年。

陈昊：《〈证类本草〉与北宋时期对药物之味的认识》，宋史年会会议论文，广州，2016年8月。

陈久金：《奉元历述评》，《沈括研究文集》，镇江市文物管理委员会办公室编，香港：香港文学报社出版公司，2002年。

陈美东：《我国古代漏壶的理论与技术——沈括的〈浮漏议〉及其它》，《自然科学史研究》，1期，1982年。

———.《中国科学技术史：天文学卷》，北京：科学出版社，2003年。

陈戍国：《中国礼制史：宋辽金夏卷》，长沙：湖南教育出版社，2011年。

陈晓珊：《北宋保甲法制定与实施过程中的区域差异》，《史学月刊》，6

期，2013 年。

陈振：《略论保马法的演变——兼评马端临对保马法的误解及影响》，《学术研究集刊》，1 期，1980 年。

陈植锷：《北宋文化史述论》，北京：中国社会科学出版社，1992 年。

陈遵妫：《中国天文学史》，上海：上海人民出版社，1980 年。

程民生：《宋代物价研究》，北京：人民出版社，2008 年。

蒋湘伶：《沈括著述考》，中国文化大学，硕士论文，2011 年。

崔玉谦：《北宋陕西路制置解盐司考论》，《西夏研究》，1 期，2015 年。

戴裔煊：《宋代钞盐制度研究》，上海：商务印书馆，1957 年。

邓广铭：《北宋政治改革家王安石》，北京：人民出版社，1997 年。

———.《不需要为沈括锦上添花——万春圩并非沈括光建小考》，《沈括研究》，杭州大学宋史研究室编，杭州：浙江人民出版社，1985 年。

刁培俊：《宋代"保甲法"四题》，《中国史研究》，1 期，2009 年。

丁超：《晋图开秘：中国地图学史上的"制图六体"与裴秀地图事业》，《中国历史地理论丛》，30 期，1 号，2015 年。

董煜宇：《从〈奉元历〉改革看北宋天文管理的绩效》，《自然科学史研究》，27 期，2 号，2008 年。

董煜宇、关增建：《宋代的天文学文献管理》，《自然科学史研究》，23 期，4 号，2004 年。

范家伟：《北宋校正医书局新探》，香港：中华书局，2014 年。

方药中，许家松：《黄帝内经素问运气七篇讲解》，北京：人民卫生出版社，1984 年。

冯汉镛：《毕升活字胶泥为六一泥考》，《文史哲》，3 期，1983 年。

傅熹年：《山西省繁峙县岩山寺南殿金代壁画所绘建筑的初步分析》，

《中国古代建筑十论》，上海：复旦大学出版社，2004 年。

藤木俊郎：《五味の応用の変遷》，《鍼灸医学源流考：素问医学の世界
II》，东京：绩文堂，1979 年。

高聪明：《宋代货币与货币流通研究》，保定：河北大学出版社，1998 年。

耿虎：《和籴、平籴关系再谈：兼与袁一堂先生商榷》，《中国经济史研
究》，2 期，2002 年。

龚延明：《宋代官制辞典》，北京：中华书局，1997 年。

古丽巍：《"大有为"之政》，北京：社会科学文献出版社，待刊书稿。

管成学、王兴文：《苏颂与苏轼交谊考述》，《清华大学学报（哲学社会
科学版）》，2 期，17 号，2002 年。

郭伯恭：《宋四大书考》，台北：台湾商务印书馆，1967 年。

郭绍虞：《北宋诗话考》，香港：崇文书店，1971 年。

郭盛炽：《沈括发现的漏壶迟疾和太阳周年视运动的不均匀性》，《中国
科学院上海天文台年刊》，2 期，1980 年。

郭正忠：《北宋前期解盐的"榷禁"与通商》，《北京师院学报（社会科
学版）》，2 期，1981 年。

何勇强：《沈括与王安石的关系新探》，《宋学研究集刊》，浙江大学宋
学研究中心编，杭州：浙江大学出版社，2008 年。

东一夫：《王安石と司马光》，东京：冲积舍，1980 年。

胡道静：《古代地图测绘技术上的"七法"问题》，《中华文史论丛》，6
期，1964 年。重刊于胡道静著，虞信棠、金良年编：《胡道静文集·沈括研
究　科技史论》，上海：上海人民出版社，2011 年。

———.《关于沈括评传》，胡道静著，虞信棠、金良年编：《胡道静文
集·沈括研究　科技史论》，上海：上海人民出版社，2011 年。

———.《〈梦溪笔谈〉补证》,《中华文史论丛》,3 期,1979 年。重刊于胡道静著,虞信棠、金良年编:《胡道静文集·沈括研究 科技史论》,上海:上海人民出版社,2011 年。

———.《〈苏沈内翰良方〉楚蜀判——分析本书每个方、论所属的作者:"沈方"抑为"苏方"》,《社会科学战线》,3 期,1980 年。

———.《沈括的农学著作〈梦溪忘怀录〉》,《文史》,3 期,1963 年。重刊于胡道静著,虞信棠、金良年编:《胡道静文集·沈括研究 科技史论》,上海:上海人民出版社,2011 年。

———.《沈括军事思想探源——论沈括与其舅父许洞的师承关系》,《沈括研究》,杭州大学宋史研究室编,杭州:浙江人民出版社,1985 年。

———.《朱子对沈括科学学说的钻研与发展》,胡道静著,虞信棠、金良年编:《胡道静文集·沈括研究 科技史论》,上海:上海人民出版社,2011 年。

胡道静、吴佐忻:《梦溪忘怀录钩沉——沈存中佚著钩沉之一》,《杭州大学学报》,11 期,1 号,1981 年。

胡劲茵:《从大安到大晟》,中山大学,博士论文,2010 年。

华同旭:《中国漏刻》,合肥:安徽科学技术出版社,1991 年。

黄一农:《极星与古度考》,《清华学报》(新竹),22 期,2 号,1992 年。

黄士恒:《王安石老子注的道论与天人关系》,《清华中文学报》,2 期,2009 年。

贾大泉:《宋代四川经济述论》,成都:四川社会科学院出版社,1985 年。

江湄:《宋代笔记、历史记忆与士人社会的历史意识》,天津社会科学,4 期,2016 年。

胡道静、金良年、胡小静:《梦溪笔谈全译》,贵阳:贵州人民出版社,

1998 年。

金秋鹏：《略论苏颂的政治生涯》，《自然科学史研究》，1 期，1991 年。

衣川强：《宋代文官俸给制度》，郑樑生译，台北：台湾商务印书馆，1977 年。

熊本崇：《中書檢正官：王安石政権閣のにないてたち》，《东洋史研究》47 期，1 号，1988 年。

乐爱国：《北宋儒学背景下沈括的科学研究》，《浙江师范大学学报》，32 期，6 号，2007 年。

———.《走进大自然的宋代大儒——朱熹的自然研究》，深圳：海天出版社，2014 年。

雷祥麟、傅大为：《梦溪笔谈里的语言与相似性》，《清华学报》（新竹），23 期，1993 年：31–60 页。

李翠翠：《科学巨星——沈括》，长春：吉林文史出版社，2011 年。

李更：《宋代馆阁校勘研究》，南京：凤凰出版社，2006 年。

李华新：《沈括》（剧本），北京：石油工业出版社，1999 年。

李金水：《王安石经济变法研究》，福州：福建人民出版社，2007 年。

李文泽、吴洪泽：《梦溪笔谈全译：文白对照》，成都：巴蜀书社，1996 年。

李孝聪：《历史城市地理》，济南：山东教育出版社，2007 年。

李勇：《中国古历经朔数据的恢复及应用》，《天文学报》，46 期，4 号，2005 年。

李裕民：《〈梦溪笔谈〉与沈括〈良方〉研究》，李裕民：《宋史新探》，西安：陕西师范大学出版社，1999 年。

———.《沈括的亲属、交游及佚著》，李裕民：《宋史新探》，西安：陕西师范大学出版社，1999 年。

　　李志超：《〈浮漏议〉考释》，《中国科学技术大学学报》，6 期，1982 年。

　　———.《关于黄道游仪及熙宁浑仪的考证和复原》，《自然科学史研究》，1 期，1987 年。

　　———.《〈浑仪议〉评注》，李志超：《天人古义——中国科学史论纲》，郑州：大象出版社，1998 年。

　　———.《沈括的天文研究（二）：日食和星度》，《中国科学技术大学学报》，10 期，1 号，1980 年。

　　———.《沈括的天文研究（一）：刻漏与妥法》，《中国科学大学学报》，1 期，1978 年。

　　———.《水运仪象志——中国古代天文钟的历史（附《新仪象法要》译解)》，合肥：中国科技大学出版社，1997 年。

　　梁思乐：《北宋后期党争与史学：以神宗评价及哲宗继位问题为中心》，宋史年会会议论文，广州，2016 年 8 月。

　　林岑：《略论沈括与王安石的关系》，《北京师范学院学报》，4 期，1980 年。

　　林瑞翰：《宋代保甲》，《宋辽金史研究论集》，《大陆杂志史学丛书》，第 1 辑，第 5 册，台北：大陆杂志社，1960 年。

　　林素芬：《北宋中期儒学道论类型研究》，台北：里仁书局，2008 年。

　　刘尚恒：《也谈万春圩的兴建——试与邓广铭先生商榷》，《学术月刊》，8 期，1979 年。

　　刘子健：《欧阳修的治学与从政》，香港：新亚书院，1963 年。

　　苗书梅：《宋代官员选任和管理制度》，开封：河南大学出版社，1996 年。

宫澤知之：《宋代中國の国家と経済》，东京：湊文社，1998 年。

長瀬守：《宋代における水利開発：特に鄞県とその周域を中心として》，《青山博士古稀紀念宋代史論叢》，青山博上古稀記念宋代史論叢刊行会編，东京：省心书房，1974 年。

中村元：《仏教大辞典》，东京：东京书籍，1975 年。

漆侠：《范仲淹集团与庆历新政——读欧阳修〈朋党论〉书后》，《宋史研究论丛》，第 2 辑，第 2 册，漆侠编，保定：河北大学出版社，1993 年。

———.《王安石变法》，石家庄：河北人民出版社，2001 年。

钱宝琮：《汉人月行研究》，《钱宝琮科学史论文选集》，北京：科学出版社，1983 年。

钱景奎：《关于沈括用晷、漏观测发现真太阳日有长短的探讨》，《自然科学史研究》，1 期，2 号，1982 年。

全汉升：《唐宋帝国与运河》，重庆：商务印书馆，1944 年。

任应秋：《五运六气》，香港：香港卫生出版社，1971 年。

坂出祥伸：《沈括の自然観について》，《东方学》，39 期，1970 年。

沈松勤：《北宋文人与党争》，北京：人民出版社，1998 年。

石云里：《中国古代科学技术史纲：天文卷》，沈阳：辽宁教育出版社，1997 年。

曾我部静雄：《宋代财政史》，东京：生活社，1941 年。

———.《王安石の保甲法》，《宋代政経史の研究》，东京：吉川弘文館，1974 年。

周藤吉之：《王安石の青苗法の起原について》，《东洋学报》，53 期，2 号，1970 年。

———.《王安石の青苗法の施行过程（一）》，《东洋大学大学院纪要》，8 期，1971 年。

孙小淳、曾雄生编：《宋代国家文化中的科学》，北京：中国科学技术出版社，2007 年。

孙永忠：《类书渊源与体例形成之研究》，《古典文献研究集刊》，第 4 辑，第 3 册，台北：花木兰文化出版社，2007 年。

孙远路：《北宋的义勇与强壮》，硕士论文，河北大学，2014 年。

唐代剑：《宋代道教管理制度研究》，北京：线装书局，2003 年。

唐光荣：《唐代类书与文学》，成都：巴蜀书社，2008 年。

寺地遵：《沈括の自然研究とその背景》，《广岛大学文学部纪要》27 期，1 号，1967 年。

梅原郁：《梦溪笔谈》，东京：平凡社，1978—1981 年。

———.《宋代官僚制度研究》，东京：同朋舍，1985 年。

王美华：《礼法合流与唐宋礼制的推行》，《社会科学辑刊》，4 期，2008 年。

王蒙：《北宋景灵宫国忌行香略论》，《宗教学研究》，2 期，2016 年。

王瑞来：《苏颂论》，《浙江学刊》，4 期，1988 年。

王文东：《宋朝青苗法与唐宋常平仓制度比较研究》，《中国社会经济史研究》，3 期，2006 年。

王曾瑜：《宋朝的坊郭户》，《宋辽金史论丛》，第 1 辑，中国社会科学院历史研究所宋辽金元史研究室编，北京：中华书局，1985 年。

王振铎：《宋代水运仪象台的复原》，王振铎：《科技考古论丛》，北京：文物出版社，1989 年。

吴兵：《北宋定州军事若干问题研究》，硕士论文，河北大学，2014 年。

吴慧：《宋元的度量衡》，《中国社会经济史研究》1 期，1994 年。

吴泰：《宋代"保甲法"探微》，《宋辽金史论丛》，第 2 辑，中国社会科学院历史研究所宋辽金元史研究室编，北京：中华书局，1991 年。

吴佐忻：《沈括的〈灵苑方〉》，《中华文史论丛》3 期，1978 年。

武汉水利电力学院《中国水利史稿》编写组：《中国水利史稿》，中册，北京：水利电力出版社，1987 年。

薮内清编：《宋元時代の科学技術史》，京都：京都大学人文科学研究所研究報告，1967 年。

严敦杰：《奉元历（复算）》，胡道静著，虞信棠、金良年编《胡道静文集·沈括研究　科技史论》，上海：上海人民出版社，2011 年。

阎嘉、周晓风：《梦溪笔谈白话全译》，成都：巴蜀书社，1995 年。

杨渭生：《沈括〈熙宁使辽图抄〉辑笺》，《沈括研究》，杭州大学宋史研究室编，杭州：浙江人民出版社，1985 年。

杨渭生编：《沈括全集》，杭州：浙江大学出版社，2011 年。

杨荫浏：《中国古代音乐史稿》，北京：人民音乐出版社，2004 年。

扬之水：《唐宋家具寻微》，香港：中和出版有限公司，2015 年。

叶坦：《论宋代"钱荒"》，《中国史研究》，2 期，1991 年。

吉冈義信：《北宋初期における南人官僚の進出》，《鈴峰女子短大研究集報》，2 期，1955 年。

游彪：《宋代荫补制度研究》，北京：中国社会科学出版社，2001 年。

余英时：《中国思想传统的现代诠释》，南京：江苏人民出版社，2006 年。

———.《朱熹的历史世界：宋代士大夫政治文化的研究》，台北：允晨文化事业股份有限公司，2004 年。

袁一堂：《北宋钱荒：从币制到流通体制的考察》，《历史研究》，4 期，1991 年。

———.《宋代市籴制度研究》，《中国经济史研究》，3 期，1994 年。

张家驹：《沈括》，第二版，上海：上海人民出版社，1978 年。

张围东：《宋代类书之研究》，《古典文献研究集刊》，第 1 编，第 5 册，台北：花木兰文化出版社，2005 年。

张秀民：《中国印刷史》，上海：上海人民出版社，1989 年。

中国科学技术大学、合肥钢铁公司《梦溪笔谈》译注组编：《梦溪笔谈译注（自然科学部分）》，合肥：安徽科学技术出版社，1979 年。

周生春，《沈括亲属考》，《沈括研究》，杭州大学宋史研究室编，杭州：浙江人民出版社，1985 年。

朱伯昆：《易学哲学史》，北京：华夏出版社，1995 年。

朱汉民、王琦：《"宋学"的历史考察与学术分疏》，《中国哲学史》，4 期，2015 年。

竺可桢：《北宋沈括对于地学之贡献与纪述》，《科学》，11 期，6 号，1926 年。刊定本重印于《沈括研究》，杭州大学宋史研究室编，杭州：浙江人民出版社，1985 年。

朱溢：《唐至北宋时期的皇帝亲郊》，《国立政治大学历史学报》，34 期，2010 年。

祖慧：《沈括评传》，南京：南京大学出版社，2004 年。

———.《沈括与王安石关系研究》，《学术月刊》，10 期，2003 年。

研究论著（西方语言）

Adler, Joseph A. "Chu Hsi and Divination." In Kidder Smith et al., *Sung Dynasty Uses of the I Ching*, 169–205. Princeton, NJ: Princeton University Press,

1990.

Allen, Barry. *Vanishing into Things: Knowledge in Chinese Tradition.* Cambridge, MA: Harvard University Press, 2015.

Amelung, Iwo. "Historiography of Science and Technology in China." In *Science and Technology in Modern China, 1880s–1940s,* edited by Jing Tsu and Benjamin A. Elman, 39–65. Leiden: Brill, 2014.

Ames, Roger T. "Meaning as Imaging: Prolegomena to a Confucian Epistemology." In *Culture and Modernity: East-West Philosophic Perspectives,* edited by Eliot Deutsch, 227–244. Honolulu: University of Hawai'i Press, 1991.

Ang, Isabelle, and Pierre-Étienne Will, eds. *Nombres, astres, plantes et viscères: sept essais sur l'histoire des sciences et des techniques en Asie orientale.* Paris: Collège de France, Institut des Hautes Études Chinoises, 1994.

Angle, Stephen C. Review of *Neo-Confucianism in History* by Peter K. Bol. *Journal of Chinese Studies* 50 (2010): 345–352.

———. *Sagehood: The Contemporary Significance of Neo-Confucian Philosophy.* Oxford: Oxford University Press, 2009.

———. " Reply to Justin Tiwald." *Dao: A Journal of Comparative Philosophy* 10 (2011): 237–239.

Angle, Stephen C., and Justin Tiwald. *Neo-Confucianism: A Philosophical Introduction.* Cambridge: Polity, 2017.

Arrault, Alain. *Shao Yong (1012–1077): Poète et Cosmologue.* Paris: Collège de France, Institut des Hautes Études Chinoises, 2002.

Asmis, Elizabeth. "Epicurean Epistemology." In *The Cambridge History of Hellenistic Philosophy,* edited by Keimpt Algra, Jonathan Barnes, Jaap Mansfeld, and Malcolm Schofield, 260–294. Cambridge: Cambridge University Press, 1999.

Ayers, Michael. *Locke: Epistemology and Ontology*. Oxford: Oxford University Press, 1991.

Bacon, Francis. *Francis Bacon: The New Organon*. Compiled by Lisa Jardine and Michael Silverthorne. Cambridge: Cambridge University Press, 2000.

Barbieri-Low, Anthony J. *Artisans in Early Imperial China*. Seattle: University of Washington, 2007.

Bengson, John, and Marc A. Moffett. "Two Conceptions of Mind and Action: Knowing How and the Philosophical Theory of Intelligence." In *Knowing How: Essays on Knowledge, Mind, and Action*, edited by John Bengson and Marc A. Moffett, 3–57. Oxford: Oxford University Press, 2011.

Biard, Joël. "Nominalism in the Late Middle Ages." In *The Cambridge History of Medieval Philosophy*, edited by Robert Pasnau, 661–673. Cambridge: Cambridge University Press, 2009.

Billeter, Jean François. "Florilège des notes du Ruisseau des Rêves (Mengxi bitan) de Shen Gua (1031–1095)." *Asiatische Studien, Zeitschrift der Schweizerischen Gesellschaft für Asiengesellschaft. Renue de la Société Suisse-Asie* 47.3 (1993): 389–451.

Birdwhistell, Anne D. *Transition to Neo-Confucianism: Shao Yung on Knowledge and Symbols of Reality*. Stanford: Stanford University Press, 1989.

Bloom, Irene. "Mencian Arguments on Human Nature (Jen-hsing)." *Philosophy East and West* 44.1 (1994): 19–53.

———. *Mencius*. Edited and with an introduction by Philip J. Ivanhoe. New York: Columbia University Press, 2009.

Bol, Peter K. "Chu Hsi's Redefinition of Literati Learning." In *Neo-Confucian Education: The Formative Stage*, edited by William Theodore de Bary, 151–185. Berkeley: University of California Press, 1989.

————. "Government, Society, and State: The Political Visions of Ssu-ma Kuang and Wang An-shih." In *Ordering the World: Approaches to State and Society in Sung Dynasty China*, edited by Robert P. Hymes and Conrad Schirokauer, 128–192. Berkeley: University of California Press, 1993.

————. "A Literati Miscellany and Sung Intellectual History: The Case of Chang Lei's Ming-tao tsa-chih." *Journal of Sung-Yuan Studies* 25 (1995): 121–151.

————. *Neo-Confucianism in History*. Cambridge, MA: Harvard University Asia Center, 2008.

————. "On the Problem of Contextualizing Ideas." *Journal of Song-Yuan Studies* 34 (2004): 59–79.

————. "Reconceptualizing the Order of Things in Northern and Southern Sung." In *The Cambridge History of China Volume 5: Sung China, 960–1279 AD, Part 2*, edited by John W. Chaffee and Denis Twitchett, 665–726. Cambridge: Cambridge University Press, 2015.

————. "The Rise of Local History: History, Geography, and Culture in Southern Song and Yuan Wuzhou." *Harvard Journal of Asiatic Studies* 61.1 (2001): 37–76.

————. "On Shao Yong's Method for Observing Things." *Monumenta Serica* 61 (2013): 287–299.

————. *This Culture of Ours: Intellectual Transitions in T'ang and Sung*

China. Stanford, CA: Stanford University Press, 1992.

————. "Wang Anshi and the *Zhouli.*" In *Statecraft and Classical Learning: The Rituals of Zhou in East Asian History*, edited by Benjamin A. Elman and Martin Kern, 227–251. Leiden: Brill, 2009. Bossler, Beverly J. *Powerful Relations: Kinship, Status, and the State in Sung China (960–1279).* Cambridge, MA: Harvard University Council on East Asian Studies, 1998.

Bray, Francesca. *Technology and Gender: Fabrics of Power in Late Imperial China.* Berkeley: University of California Press, 1997.

Bréard, Andrea. "Shen Gua's Cuts." In *Zhongguo keji dianji yanjiu* 中国科技典籍研究, edited by Hua Jueming 华觉明, 149–163. Zhengzhou: Daxiang chubanshe, 1997.

Brenier, Joël, Colette Diény, Jean Claude Martzloff, and Wladislaw de Wieclawik. "Shen Gua (1031–1095) et les sciences." *Revue d'histoire des sciences* 42.4 (1989): 333–351.

Bretelle-Establet, Florence, and Karine Chemla. "Qu'était-ce qu'écrire une encyclopédie en Chine?" In *Qu'était-ce qu'écrire une encyclopédie en Chine*, edited by Florence Bretelle-Establet and Karine Chemla, 7–18. Paris: Presses Universitaires de Vincennes, 2007.

Brindley, Erica Fox. *Music, Cosmology, and the Politics of Harmony in Early China.* Albany: State University of New York Press, 2013.

Brokaw, Cynthia J. "On the History of the Book in China." In *Printing and Book Culture in Late Imperial China*, edited by Cynthia J. Brokaw and Kai-Wing Chow, 1–53. Berkeley: University of California Press, 2005.

Buswell, Robert E. Jr. and Donald S. Lopez Jr. *The Princeton Dictionary of*

Buddhism. Princeton: Princeton University Press, 2013.

Campany, Robert F. *Making Transcendents: Ascetics and Social Memory in Early Medieval China*. Honolulu: University of Hawai'i Press, 2009.

———. *Strange Writing: Anomaly Accounts in Early Medieval China*. Albany: State University of New York Press, 1996.

Chaffee, John W. "Sung Education: Schools, Academics, and Examinations." In *The Cambridge History of China Volume 5: Sung China, 960–1279 AD, Part 2*, edited by John W. Chaffee and Denis Twitchett, 286–320. Cambridge: Cambridge University Press, 2015.

———. *The Thorny Gates of Learning in Sung China: A Social History of Examinations*. Cambridge: Cambridge University Press, 1985.

Chemla, Karine. "The Dangers and Promises of Comparative History of Science." *Sartoniana* 27 (2016): 174–198.

Chen, Jack W. "Introduction." In *Idle Talk: Gossip and Anecdote in Traditional China*, edited by Jack W. Chen and David Schaberg, 1–15. Berkeley: University of California Press, 2014.

Cheng, Chung-ying. "Categories of Creativity in Whitehead and Neo-Confucianism." *Journal of Chinese Philosophy* 6 (1979): 251–274.

Chia, Lucille, and Hilde de Weerdt, eds. *Knowledge and Text Production in an Age of Print: China, 900–1400*. Leiden: Brill, 2010.

Chien, Cecilia Lee-fang. *Salt and State: An Annotated Translation of the Songshi Salt Monopoly Treatise*. Ann Arbor: Center for Chinese Studies at the University of Michigan, 2004.

Clark, Hugh R. "Overseas Trade and Social Change." In *The Emporium of the World, Maritime Quanzhou, 1000–1400*, edited by Angela Schottenhammer, 47–94. Leiden: Brill, 2001.

————. *Portrait of a Community: Society, Culture, and the Structures of Kinship in the Mulan River Valley (Fujian) from the Late Tang through the Song*. Hong Kong: Chinese University Press, 2007.

Conti, Alessandro D. "Realism." In *The Cambridge History of Medieval Philosophy*, edited by Robert Pasnau, 647–660. Cambridge: Cambridge University Press, 2009.

Crisciani, Chiara. "Histories, Stories, Exempla, and Anecdotes: Michele Savonarola from Latin to Vernacular." In *Historia: Empiricism and Erudition in Early Modern Europe*, edited by Gianna Pomata and Nancy G. Siraisi, 295–324. Cambridge, MA: MIT Press, 2005.

Cua, Antonio S. "Ti and Yong: Substance and Function." In *Encyclopedia of Chinese Philosophy*, edited by Antonio S. Cua, 718–726. London: Routledge, 2013.

Cullen, Christopher. *Astronomy and Mathematics in Ancient China: The Zhou bi suan jing*. Cambridge: Cambridge University Press, 2006.

————. *The Foundations of Celestial Reckoning: Three Ancient Chinese Astronomical Systems*. Oxford: Taylor and Francis, 2016.

Daston, Lorraine. "The Factual Sensibility." *Isis* 79 (1988): 452–467.

Daston, Lorraine, and Peter Galison. *Objectivity*. Brooklyn: Zone Books, 2007.

De Bary, Wm. Theodore. *Neo-Confucian Orthodoxy and the Learning of the Mind-and-Heart*. New York: Columbia University Press, 1981.

De Weerdt, Hilde. *Competition over Content: Negotiating Standards for the Civil Service Examinations in Imperial China (1127–1279)*. Cambridge, MA: Harvard University Asia Center, 2007.

———. "The Encyclopedia as Textbook: Selling Private Chinese Encyclopedias in the Twelfth and Thirteenth Centuries." In *Qu'était-ce qu'écrire une encyclopédie en Chine*, edited by Florence Bretelle-Establet and Karine Chemla, 77–101. Paris: Presses Universitaires de Vincennes, 2007.

———. *Information, Territory, and Networks: The Crisis and Maintenance of Empire in Song China*. Cambridge, MA: Harvard University Asia Center, 2016.

Despeux, Cathrine. "The System of the Five Circulatory Phases and the Six Seasonal Influences (wuyun liuqi), A Source of Innovation in Medicine under the Song (960–1279)," translated by Janet Lloyd. In *Innovation in Chinese Medicine*, edited by Elisabeth Hsu. 121–166. Cambridge: Cambridge University Press, 2001.

Dicker, Georges. *Descartes: An Analytic and Historical Introduction*. Oxford: Oxford University Press, 2013.

Diény, Colette. "On Some Trends in Contemporary Critiques of Shen Gua and His Works." In *Historical Perspectives on East Asian Science, Technology and Medicine*, edited by Alan K. L. Chan, Gregory K. Clancey, and Hui-Chieh Loy, 560–69. Singapore: Singapore University Press, 2002.

Drège, Jean-Pierre. "Des Ouvrages Classés par Catégories: Les Encyclopédies Chinoises." In *Qu'était-ce qu'écrire une encyclopédie en Chine*, edited by Florence Bretelle-Establet and Karine Chemla, 19–38. Paris: Presses

Universitaires de Vincennes, 2007.

Dunnel, Ruth W. "The Hsi Hsia." In *The Cambridge History of China Vol. 6: Alien Regimes and Border States, 907–1368*, edited by Herbert Franke and Denis C. Twichett, 154–214. Cambridge: Cambridge University Press, 1994.

Ebrey, Patricia B. *The Aristocratic Families of Early Imperial China: A Case Study of the Po-ling Ts'ui Family*. Cambridge: Cambridge University Press, 1978.

———. "The Dynamics of Elite Domination in Song China." *Harvard Journal of Asiatic Studies* 48.2 (1988): 493–519.

———. *The Inner Quarters: Marriage and the Lives of Chinese Women in the Sung Period*. Berkeley: University of California Press, 1993.

Ebrey, Patricia, Anne Walthall, and James Palais. *East Asia: A Cultural, Social, and Political History*. Wadsworth: Cengage Learning, 2009.

Egan, Ronald C. *The Problem of Beauty: Aesthetic Thought and Pursuits in Northern Song Dynasty China*. Cambridge, MA: Harvard University Asia Center, 2006.

———. "Shen Kuo Chats with Ink Stone and Writing Brush." In *Idle Talk: Gossip and Anecdote in Traditional China*, edited by Jack W. Chen and David Schaberg, 132–153. Berkeley: University of California Press, 2014.

———. *Word, Image, and Deed in the Life of Su Shi*. Cambridge, MA: Harvard University Asia Center, 1994.

Elman, Benjamin A. *From Philosophy to Philology: Intellectual and Social Aspects of Change in Late Imperial China*. Second edition. Los Angeles: UCLA Asian Pacific Monograph Series, Asia-Pacific Institute, 2001.

———. "The Investigation of Things (*Gewu* 格物): Natural Studies (*Ge-zhixue* 格致学), and Evidential Studies (*Kaozhengxue* 考证学) in Late Imperial China, 1600–1800." In *Concepts of Nature: A Chinese-European Cross-Cultural Perspective*, edited by Hans Ulrich Vogel, Guenter Dux, and Mark Elvin, 368–399. Leiden: Brill, 2010.

———. *On Their Own Terms: Science in China, 1550–1900*. Cambridge, MA: Harvard University Press, 2005.

Fantl, Jeremy. "Knowing How." *The Stanford Encyclopedia of Philosophy*, Spring 2016 edition, edited by Edward N. Zalta, http://plato.stanford.edu/archives/spr2016/entries/knowledge-how/ (accessed January 8, 2018).

Farquhar, Judith. *Knowing Practice: The Clinical Encounter of Chinese Medicine*. Boulder, CO: Westview Press, 1996.

Fish, William. *Philosophy of Perception*. London: Routledge, 2010.

Forage, Paul Christopher. "Science, Technology, and War in Song China: Reflections in the *Brush Talks from the Dream Creek* by Shen Kuo (1031–1095)." PhD diss., University of Toronto, 1991.

———. "The Sino-Tangut War of 1081–1085." *Journal of Asian History* 25 (1991): 1–28.

Franke, Herbert. "Some Aspects of Chinese Private Historiography in the Thirteenth and Fourteenth Centuries." In *Historian of China and Japan*, edited by W. G. Beasley and E. G. Pulleyblank, 115–134. Oxford: Oxford University Press, 1961.

Fraser, Chris. "Knowledge and Error in Early Chinese Thought." *Dao: A Journal of Comparative Philosophy* 10 (2011): 127–148.

Fu Daiwie. "A Contextual and Taxonomic Study of the 'Divine Marvels' and 'Strange Occurrences' in the *Mengxi Bitan.*" *Chinese Science* 11 (1993–1994): 3–35.

―――. "On *Mengxi bitan*'s World of Marginalities and 'South-Pointing Needles': Fragment Translation vs. Contextual Translation." In *Current Perspectives in the History of Science in East Asia*, edited by Kim Yung Sik and Francesca Bray, 52–66. Seoul: Seoul National University Press, 1999.

―――. "The Flourishing of *Biji* or Pen-Notes Texts and Its Relations to History of Knowledge in Song China (960–1279)." *hors série, Extrême-Orient Extrême-Occident* 27 (2007): 103–130.

―――. "When Shen Gua Encountered the 'Natural World': A Preliminary Discussion on the *Mengxi bitan* and the Concept of Nature." In *Concepts of Nature: A Chinese-European Cross-Cultural Perspective*, edited by Hans Ulrich Vogel, Guenter Dux, and Mark Elvin, 285–309. Leiden: Brill, 2010.

―――. "World Knowledge and Local Administrative Techniques: Literati's *Biji* Experience in Some Song *Biji.*" In *Songdai guojia wenhua zhong de kexue* 宋代国家文化中的科学, edited by Sun Xiaochun 孙小淳 and Zeng Xiongsheng 曾雄生, 253–267. Beijing: Zhongguo kexue jishu chubanshe, 2007.

Furth, Charlotte. *A Flourishing Yin: Gender in China's Medical History, 960–1665.* Berkeley: University of California Press.

Gardner, Daniel K. *Chu Hsi and the Ta-hsueh: Neo-Confucian Reflection on the Confucian Canon.* Cambridge, MA: Harvard University Council on East Asian Studies, 1986.

Geaney, Jane. *On the Epistemology of the Senses in Early Chinese Thought.*

Honolulu: University of Hawai'i Press, 2002.

Gill, Mary Louise. "Problems for Forms." In *A Companion to Plato*, edited by Hugh H. Benson, 184–198. Oxford: Blackwell, 2006.

Golas, Peter. "Rural China in the Song." *Journal of Asian Studies* 39.2 (1980): 291–325.

Goldman, Alvin I. "Epistemic Folkways and Scientific Epistemology." *Philosophical Issues* 3 (1993): 271–285.

———. "Reliabilism." In Alvin I. Goldman, *Reliabilism and Contemporary Epistemology: Essays*, 68–94. Oxford: Oxford University Press, 2012.

———. "Toward a Synthesis of Reliabilism and Evidentialism." In Alvin I. Goldman, *Reliabilism and Contemporary Epistemology: Essays*, 123–150. Oxford: Oxford University Press, 2012.

Goldschmidt, Asaf. *The Evolution of Chinese Medicine: Song Dynasty, 960–1200*. London: Routledge, 2009.

Graham, Angus C. *Disputers of the Tao: Philosophical Argument in Ancient China*. La Salle, IL: Open Court, 1989.

———. *Studies in Chinese Philosophy and Philosophical Literature*. Albany: State University of New York Press, 1986.

———. *Two Chinese Philosophers*. Second edition. La Salle, IL: Open Court, 1992.

———. *Yin-Yang and the Nature of Correlative Thinking*. Singapore: Institute of East Asian Philosophies, 1986.Graham, Angus C., and Nathan Sivin. "A Systematic Approach to the Mohist Optics (ca. 300 B.C.)." In *Chinese Science: Explorations of an Ancient Tradition*, edited by Shigeru Nakayama and Nathan

Sivin, 105–152. Cambridge, MA: MIT Press, 1973.

Guan, Yuzhen. "A New Interpretation of Shen Kuo's Ying Biao Yi." *Archive for History of Exact Sciences* 64.6 (2010): 707–719.

Hall, David L., and Roger T. Ames. *Thinking from the Han: Self, Truth, and Transcendence in Chinese and Western Culture.* Albany: State University of New York Press, 1998.

Halperin, Mark. *Out of the Cloister: Literati Perspectives on Buddhism in Sung China, 960–1279.* Cambridge, MA: Harvard University Asia Center, 2006.

Harbsmeier, Christoph. "Conceptions of Knowledge in Ancient China." In *Epistemological Issues in Classical Chinese Philosophy*, edited by Hans Lenk and Paul Gregor, 11–30. Albany: State University of New York Press, 1993.

———. "Towards a Conceptual History of Some Concepts of Nature in Classical Chinese: *Ziran* 自然 and *Ziran zhi li* 自然之理." In *Concepts of Nature: A Chinese-European Cross-Cultural Perspective*, edited by Hans Ulrich Vogel, Guenter Dux, and Mark Elvin, 220–254. Leiden: Brill, 2010.

Hart, Roger. "Beyond Science and Civilization: A Post-Needham Critique." *East Asian Science, Technology, and Medicine*, 16 (1999): 88–114.

Hartman, Charles. *Han Yü and the T'ang Search for Unity.* Princeton, NJ: Princeton University Press, 1986.

———. "Poetry and Politics in 1079: The Crow Terrace Poetry Case of Su Shih." *Chinese Literature: Essays, Articles, Reviews (CLEAR)* 12 (1990): 15–44.

Hartwell, Robert. "Demographic, Political, and Social Transformations of China, 750–1550." *Harvard Journal of Asiatic Studies* 42.2 (1982): 365–442.

Heidegger, Martin. *The Question Concerning Technology and Other Essays,* translated and introduction by William Lovitt. New York: Harper Perennial, 2013.

Henderson, John B. "Cosmology and Concepts of Nature in Traditional China." In *Concepts of Nature: A Chinese-European Cross-Cultural Perspective*, edited by Hans Ulrich Vogel, Guenter Dux, and Mark Elvin, 181–197. Leiden: Brill, 2010.

————. *The Development and Decline of Chinese Cosmology*. Taipei: Windstone Press, 2011.

Heng, Chye Kiang. *Cities of Aristocrats and Bureaucrats: The Development of Medieval Chinese Citiescapes*. Honolulu: University of Hawai'i Press, 1999.

Herrmann, Konrad. *Pinsel-Unterhaltungen am Traumbach: Das gesamte Wissen des alten China*. Munich: Eugen Diederichs, 1997.

Hinrichs, T. J. "The Song and Jin Periods." In *Chinese Medicine and Healing*, edited by T. J. Hinrichs and Linda L. Barnes, 97–127. Cambridge, MA: Belknap Press of Harvard University Press, 2013.

Holzman, Donald. "Shen Kua and His Meng-ch'i pi-t'an." *T'oung Pao*, second series 46.3 (1958): 260–292.

Hon, Tze-ki. "Redefining the Civil Governance: The *Yichuan Yizhuan* of Cheng Yi." *Monumenta Serica* 52 (2004): 199–219.

Huang, Yong. *Why Be Moral: Learning from the Neo-Confucian Cheng Brothers*. Albany: State University of New York Press, 2015.

Hucker, Charles O. *A Dictionary of Official Titles in Imperial China*. Stanford: Stanford University Press, 1985.

Hymes, Robert P. *Statesmen and Gentlemen: The Elite of Fu-chou, Chiang-hsi, in Northern Song and Southern Song*. Cambridge: Cambridge University

Press, 1986.

Inglis, Alister David. *Hong Mai's Record of the Listener and Its Song Dynasty Context.* Albany: State University of New York Press, 2006.

Ivanhoe, Philip J. *Confucian Moral Self Cultivation.* Indianapolis: Hackett, 2000.

Jami, Catherine. " 'European Science in China' or 'Western Learning' ? Representations of Cross-Cultural Transmission, 1600–1800." *Science in Context* 12.3 (1999): 413–434.

Ji, Xiao-bin. *Politics and Conservatism in Northern Song China: The Career and Thought of Sima Guang (A.D. 1019–1086).* Hong Kong: Chinese University Press, 2005.

Kaptchuk, Ted. *The Web That Has No Weaver: Understanding Chinese Medicine.* New York: Rosetta Books, 2010.

Kasoff, Ira. *The Thought of Chang Tsai (1020–1077).* Cambridge: Cambridge University Press, 2002.

Kelly, David. "Between System and History." In *Historia: Empiricism and Erudition in Early Modern Europe*, edited by Gianna Pomata and Nancy G. Siraisi, 211–240. Cambridge, MA: MIT Press, 2005.

Kim, Yung Sik. *The Natural Philosophy of Chu Hsi (1130–1200).* Philadelphia: American Philosophical Society, 2000.

Kuriyama, Shigehisa. *The Expressiveness of the Body and the Divergence of Greek and Chinese Medicine.* Brooklyn, NY: Zone Books, 2002.

Kurz, Johannes L. "The Compilation and Publication of the *Taiping yulan* and the *Cefu yuangui*." In *Qu'était-ce qu'écrire une encyclopédie en Chine*, edited by Florence Bretelle-Establet and Karine Chemla, 39–76. Paris: Presses Universitaires de Vincennes, 2007.

————. "The Politics of Collecting Knowledge: Song Taizong's Compilation Projects." *T'oung Pao* 87 (2001): 289–316.

Lam, Joseph S. C. "Huizong's Dashengyue, a Musical Performance of Emperorship and Officialdom." In *Emperor Huizong and Late Northern Song China: The Politics of Culture and the Culture of Politics*, edited by Patricia Buckley Ebrey and Maggie Bickford, 418–427. Cambridge, MA: Harvard University Asia Center, 2006.

Lamouroux, Christian. "Geography and Politics: The Song-Liao Border Dispute of 1074/75." In *China and Her Neighbours: Borders, Visions of the Other, Foreign Policy 10th to 19th Century*, edited by Sabine Dabringhaus and Roderich Ptak, 1–28. Wiesbaden: Harrassowitz, 1997.

Lei, Sean Hsiang-lin. "How Did Chinese Medicine Become Experiential? The Political Epistemology of *Jingyan*." *Positions* 10.2 (2002): 333–364.

————. *Neither Donkey Nor Horse: Medicine in the Struggle over China's Modernity*. Chicago: University of Chicago Press, 2014.

Lenk, Hans. "Introduction: If Aristotle Had Spoken and Wittgenstein Known Chinese: Remarks Regarding Logic and Epistemology, A Comparison Between Classical Chinese and Some Western Approaches." In *Epistemological Issues in Classical Chinese Philosophy*, edited by Hans Lenk and Paul Gregor, 1–11. Albany: State University of New York Press, 1993.

Levine, Ari Daniel. *Divided by a Common Language: Factional Conflict in Late Northern Song China*. Honolulu: University of Hawai'i Press, 2008.

Li, Xiaobing. *China at War: An Encyclopedia*. Santa Barbara, CA: ABC-CLIO, 2012.

Liu Tzu-Chien (James T. C. Liu). *China Turning Inward: Intellectual-Political Changes in the Early Twelfth Century*. Cambridge, MA: Harvard University Council on East Asian Studies, 1989.

―――. *Reform in Sung China: Wang An-shih (1021–1086) and His New Policies*. Cambridge, MA: Harvard University Press, 1959.

―――. "The Sung Views on the Control of Government Clerks." *Journal of Economic and Social History of the Orient* 10 (1967): 317–344.

Liu, William Guanglin. *The Chinese Market Economy 1000–1500*. Albany: State University of New York Press, 2015.

Lo, Winston W. *An Introduction to the Civil Service of Sung China*. Honolulu: University of Hawai'i Press, 1987.

Locke, John. *An Essay Concerning Human Understanding*, edited by Peter H. Nidditch. Oxford: Clarendon Press, 1975.

Lorge, Peter. "The Great Ditch of China and the Song-Liao Border." In *Battlefronts Real and Imagined: War, Border, and Identity in the Chinese Middle Period*, edited by Don J. Wyatt, 59–74. New York: Palgrave Macmillan, 2008.

Makeham, John. *Name and Actuality in Early Chinese Thought*. Albany: State University of New York Press, 1994.

Martzloff, Jean-Claude. "French Research in to the *Mengxi bitan*: Its Past, Present, and Predictable Future." In *Current Perspectives in the History of Science in East Asia*, edited by Kim Yung Sik and Francesca Bray, 42–51. Seoul: Seoul National University Press, 1999.

————. *A History of Chinese Mathematics*. New York: Springer, 1987.

McRae, John R. *Seeing through Zen: Encounter, Transformatoin, and Genealogy in Chinese Chan Buddhism*. Berkely: University of California Press, 2004.

Metzger, Thomas. *A Cloud across the Pacific: Essays on the Clash Between China and Western Political Theory Today*. Hong Kong: Chinese University of Hong Kong Press, 2005.

Mihelich, Mira Ann. "Polders and the Politics of Land Reclamation in Southeast China during the Northern Sung Dynasty (960–1126)." PhD diss., Cornell University, 1979.

Morgan, Daniel Patrick. *Astral Sciences in Early Imperial China: Observation, Sagehood and Society*. Cambridge: Cambridge University Press, 2017.

Munro, Donald J. "Unequal Human Worth." In *The Philosophical Challenge from China*, edited by Brian Bruya, 121–158. Cambridge, MA: MIT Press, 2015.

Narens, Louis. *Theories of Meaningfulness*. Mahwah, NJ: Lawrence Erlbaum Associates, 2014.

Needham, Joseph. *The Grand Titration: Science and Society in East and West*. Toronto: University of Toronto Press, 1969.

Needham, Joseph, Ho Ping-yü, Lu Gwei-djen, and Wang Ling. *Science and Civlisation in China, Volume 5: Chemistry and Chemical Technology, Part 7: Military Technology; The Gunpowder Epic*. Cambridge: Cambridge University Press, 1986.

Needham, Joseph and Wang Ling. *Science and Civilisation in China,*

Volume 2: History of Scientific Thought. Cambridge: Cambridge University Press, 1956.

————. *Science and Civilisation in China, Volume 3: Mathematics and the Sciences of the Heavens and the Earth.* Cambridge: Cambridge University Press, 1995.

Needham, Joseph, Wang Ling, and Derek J. de Solla Price. *Heavenly Clockwork: The Great Astronomical Clocks of Medieval China.* Second edition, with supplement by John H. Combridge. Cambridge: Cambridge University Press, 1986.

Needham, Joseph, Wang Ling, and Kenneth Girdwood Robinson. *Science and Civilisation in China, Volume 4: Physics and Physical Technology, Part 1: Physics.* Cambridge: Cambridge University Press, 1962.

Nylan, Michael. "Yin-yang, Five Phases, and *qi.*" In *China's Early Empires: A Re-appraisal,* edited by Michael Nylan and Michael Loewe, 398–414. Cambridge: Cambridge University Press, 2010.

Ong, Chang Woei. *Men of Letters within the Passes: Guanzhong Literati in Chinese History, 907–1911.* Cambridge, MA: Harvard University Asia Center, 2008.

Owen, Stephen. "Postface: Believe It or Not." In *Idle Talk: Gossip and Anecdote in Traditional China,* edited by Jack W. Chen and David Schaberg, 217–223. Berkeley: University of California Press, 2014.

Pelliot, Paul. *Les Débuts de l'Imprimerie en Chine.* Paris: Imprimerie nationale Librairie d'Amérique et d'Orient, 1953.

Perkins, Franklin. "What Is a Thing (wu)?" In *Chinese Metaphysics and*

Its Problems, edited by Chenyang Li and Franklin Perkins, 54–68. Cambridge: Cambridge University Press, 2015.

Peterson, Willard J. "Another Look at Li." *Bulletin of Sung-Yuan Studies* 18 (1986): 13–31.

————. "Confucian Learning in Late Ming Thought." In *The Cambridge History of China Volume 8: The Ming Dynasty, Part 2: 1388–1644*, edited by Denis C. Twichett and Frederick W. Mote, 708–788. Cambridge: Cambridge University Press, 1998.

————. "Fang I-chih: Western Learning and the 'Investigation of Things.'" In *The Unfolding of Neo-Confucianism*, edited by Wm. Theodore de Bary, 369–411. New York: Columbia University Press, 1975.

————. "What Causes This?" In *Interpreting Culture Through Translation: A Festschrift for D. C. Lau*, edited by Roger T. Ames, Chan Sin-wai, and Mau-sang Ng, 185–205. Hong Kong: Chinese University Press, 1991.

Pomata, Gianna, and Nancy G. Siraisi. "Introduction," in *Historia: Empiricism and Erudition in Early Modern Europe*, edited by Gianna Pomata and Nancy G. Siraisi, 1–38. Cambridge, MA: MIT Press, 2005.

Poovey, Mary. *A History of the Modern Fact: Problems of Knowledge in the Sciences of Wealth and Society*. Chicago: University of Chicago Press, 1998.

Puett, Michael J. *The Ambivalence of Creation: Debates Concerning Innovation and Artifice in Early China*. Stanford, CA: Stanford University Press, 2001.

————. "The Haunted World of Humanity: Ritual Theory from Early China." In *Rethinking the Human*, edited by J. Michelle Molina and Donald K.

Swearer, 95–111. Cambridge, MA: Center for the Study of World Religions and Harvard University Press, 2010.

Reardon-Anderson, James. *The Study of Change: Chemistry in China, 1840–1949.* Cambridge: Cambridge University Press, 1991.

Rheinberger, Hans-Jörg. *On Historicizing Epistemology: An Essay.* Translated by David Fernbach. Stanford, CA: Stanford University Press, 2010.

Rorty, Amelie Oksenberg. "The Vanishing Subject: The Many Faces of Subjectivity." In *Subjectivity: Ethnographic Investigations,* edited by João Biehl, Byron Good, and Arthur Kleinman, 34–51. Berkeley: University of California Press, 2007.

Rošker, Jana S. *Searching for the Way.* Hong Kong: Chinese University Press, 2008.

Rossi, Paolo. *Francis Bacon: From Magic to Science.* Translated by Sacha Rabinovitch. Chicago: University of Chicago, 1968.

Ryle, Gilbert. *The Concept of Mind.* Chicago: University of Chicago Press, 1949.

———. "Knowing How and Knowing That." *Proceedings of the Aristotelian Society New Series* 46 (1945–1946): 1–16.

Sivin, Nathan. *Granting the Seasons: The Chinese Astronomical Reform of 1280, with a Study of Its Many Dimensions and an Annotated Translation of Its Records.* New York: Springer, 2008.

———. *Health Care in Eleventh-Century China.* New York: Springer, 2015.

———. "A Multi-Dimensional Approach to Research on Ancient Science."

East Asian Science, Technology, and Medicine 23 (2005): 10–25.

————. "On the Limits of Empirical Knowledge in the Traditional Chinese Sciences." In *Time, Science, and Society in China and the West*, edited by J. T. Fraser, N. Lawrence, and F. C. Haber, 151–169. Amherst: University of Massachusetts Press, 1995.

————. "Recent Publications on Shen Kuo's *Mengxi bitan* (Brush Talks from Dream Brook)." *East Asian Science, Technology, and Medicine* 42 (2015): 93–102.

————. "Science and Medicine in Imperial China: The State of the Field." *Journal of Asian Studies* 47.1 (1988): 41–90.

————. "Shen Kua." In *Dictionary of Scientific Biography*, edited by Charles Coulston Gillispie, vol. 12, 369–393. New York: Scribner's, 1975. Reprinted as "Shen Kua: A Preliminary Assessment of his Scientific Thought and Achievements," *Sung Studies Newsletter* 13 (1977): 31–56. Reprinted and revised in *Science in Ancient China: Researches and Reflections*, 1–55. Aldershot, UK: Variorum, 1995.

————. "Text and Experience in Classical Chinese Medicine." In *Knowledge and the Scholarly Medical Traditions*, edited by Don Bates, 177–204. Cambridge: Cambridge University Press, 1995.

————. *Traditional Medicine in Contemporary China: A Partial Translation of Revised Outline of Chinese Medicine (1972): With an Introductory Study on Change in Present Day and Early Medicine.* Ann Arbor: Center for Chinese Studies, University of Michigan, 1987.

————. "Why the Scientific Revolution Did Not Take Place in China—Or

Didn't it?" *Chinese Science* 5 (1982): 45–66.

Skonicki, Douglas E. "Cosmos, State, and Society: Song Dynasty Arguments Concerning the Creation of Political Order." PhD diss., Harvard University, 2007.

Smith, Kidder. "Sung Literati Thought and the *I Ching*." In Kidder Smith et al., *Song Dynasty Uses of the I Ching*, 206–235. Princeton, NJ: Princeton University Press, 1990.

Smith, Kidder, and Don Wyatt. "Shao Yung and Number." In Kidder Smith et al., *Song Dynasty Uses of the I Ching*, 100–135. Princeton, NJ: Princeton University Press, 1990.

Smith, Paul J. "Shen-tsung's Reign." In *The Cambridge History of China. Volume 5, Part 1, The Sung Dynasty and its Precursors, 907–1279*, edited by Denis Twichett and Paul J. Smith, 348–483. Cambridge: Cambridge University Press, 2008.

———. "State Power and Economic Activism during the New Policies, 1068–1085: The Tea and Horse Trade and the 'Green Sprouts' Loan Policy." In *Ordering the World: Approaches to State and Society in Sung Dynasty China*, edited by Robert P. Hymes and Conrad Schirokauer, 76–127. Berkeley: University of California Press, 1993.

———. *Taxing Heaven's Storehouse: Horses, Bureaucrats, and the Destruction of the Sichuan Tea Industry 1071–1244*. Cambridge, MA: Harvard University Council on East Asian Studies, 1991.

Song, Jaeyoon. *Traces of Grand Peace: Classics and State Activism in Imperial China*. Cambridge, MA: Harvard University Asia Center, 2015.

Sun, Xiaochun. "State and Science: Scientific Innovations in Northern Song China, 960–1127." PhD diss., University of Pennsylvania, 2007.

Sun, Xiaochun, and Han Yi. "The Northern Song State's Financial Support for Astronomy." *East Asian Science, Technology and Medicine* 38 (2013): 17–53.

Swidler, Ann. *Talk of Love: How Culture Matters.* Chicago: University of Chicago Press, 2001.

Tackett, Nicolas. *The Destruction of the Medieval Chinese Aristocracy.* Cambridge, MA: Harvard University Asia Center, 2014.

———. "The Great Wall and Conceptualizations of the Border under the Northern Song." *Journal of Song-Yuan Studies* 38 (2008): 99–138.

Tao, Jing-shen. *Two Sons of Heaven: Studies in Sung-Liao Relations.* Tucson: University of Arizona Press, 1988.

Tian, Miao. "The Westernization of Chinese Mathematics: A Case Study of the *duoji* Method and Its Development." *East Asian Science, Technology, and Medicine* 20 (2003): 45–72.

Tillman, Hoyt Cleveland. "The Idea and The Reality of the 'Thing' during the Sung: Philosophical Attitudes toward *Wu*." *Bulletin of Sung and Yuan Studies* 14 (1978): 68–82.

Tsu, Jing, and Benjamin A. Elman. "Introduction." In *Science and Technology in Modern China, 1880s–1940s,* edited by Jing Tsu and Benjamin A. Elman, 1–14. Leiden: Brill, 2014.

Twichett, Denis, and Paul J. Smith, eds. *The Cambridge History of China. Volume 5, Pt. 1, The Sung Dynasty and Its Precursors, 907–1279.* Cambridge: Cambridge University Press, 2008.

Unschuld, Paul. *Essential Subtleties on the Silver Sea: The Yin-Hai Jing-Wei: A Chinese Classic on Ophthalmology*. Translated by Jürgen Kovacs. Berkeley: University of California Press, 1999.

―――. *Huang Di nei jing su wen: Nature, Knowledge, Imagery in an Ancient Chinese Medical Text*. Berkeley: University of California Press, 2003.

Valenstein, Suzanne G. *A Handbook of Chinese Ceramics*. New York: Metropolitan Museum of Art, 1988.

Van Fraassen, Bas. *The Empirical Stance*. New Haven, CT: Yale University Press, 2008.

Von Glahn, Richard. "Community and Welfare: Chu Hsi's Community Granary in Theory and Practice." In *Ordering the World: Approaches to State and Society in Sung Dynasty China*, edited by Robert P. Hymes and Conrad Schirokauer, 221–254. Berkeley: University of California Press, 1993.

―――. "Revisiting the Song Monetary Revolution: A Review Essay." *International Journal of Asian Studies* 1.1 (2004), 159–178.

Wang Hong and Zhao Zheng. *Shen Kuo: Brush Talks from Dream Brook*. Reading: Path International, and Chengdu: Sichuan rennin chubanshe, 2011.

Wang Ling. "On the Invention and Use of Gunpowder and Firearms in China." In *Science and Technology in East Asia*, edited by Nathan Sivin, 140–158. New York: Science History Publications, 1977.

Wang, Robin R. *Yinyang: The Way of Heaven and Earth in Chinese Thought and Culture*. Cambridge: Cambridge University Press, 2012.

Will, Pierre-Etienne, et al. "Translation of the *Mengxi bitan* (in French)." Manuscript.

Wright, David C. *From War to Diplomatic Parity in Eleventh-Century China*. Leiden: Brill, 2005.

Wyatt, Don J. *The Recluse of Loyang: Shao Yung and the Moral Evolution of Early Sung Thought*. Honolulu: University of Hawai'i Press, 1996.

———. "Shao Yong's Numerological-Cosmological System." In *Dao Companions to Chinese Philosophy*, edited by Yong Huang, 17–37. New York: Springer, 2010.

———. "The Transcendence of the Past: Objectivity, Relativism, and Moralism in the Historical Thought of Shao Yong." *Monumenta Serica* 61 (2013): 203–226.

Yü, Ying-shih. "Intellectual Breakthroughs in the T'ang-Sung Transition." In *The Power of Culture: Studies in Chinese Cultural History*, edited by Willard J. Peterson, Andrew H. Plaks, and Ying-shih Yü, 158–170. Hong Kong: Chinese University Press, 1994.

Zagzebski, Linda T. *Epistemic Authority: A Theory of Trust, Authority, and Autonomy in Belief*. Oxford: Oxford University Press, 2012.

Zhang, Ellen Cong. "To Be 'Erudite in Miscellaneous Knowledge': A Study of Song (960–1279) *Biji* Writing." *Asia Major Third Series* 25.2 (2012): 43–77.

Ziporyn, Brook. *Beyond Oneness and Difference: Li and Coherence in Chinese Buddhist Thought and Its Antecedents*. Albany: State University of New York Press, 2014.

———. "Form, Principle, Pattern, or Coherence? Li 理 in Chinese Philosophy." *Philosophy Compass* 3 (2008): 1–50.

————. *Ironies of Oneness and Difference: Coherence in Early Chinese Thought; Prolegomena to the Study of Li.* Albany: State University of New York Press, 2013.

Zuo, Ya. "Keeping Your Ear to the Cosmos: Coherence as the Standard of Good Music in the Northern Song (960–1127) Music Reforms." In *Powerful Arguments: Standards of Validity in Late Imperial China*, ed. Ari D. Levine, Joachim Kurtz, and Martin Hofmann.Leiden: Brill Academic Publishing, 2020, 277–309.

————. "*Ru* versus *Li*: The Divergence between the Generalist and the Specialist in the Northern Song (960–1127)." *Journal of Song-Yuan Studies* 44 (2014): 83–137.

中文版后记

　　《沈括的知识世界：一种闻见主义的实践》是 2018 年笔者在哈佛大学出版的 *Shen Gua's Empiricism* 的中译本；英文版本身又是从我的普林斯顿大学博士论文扩展而来的。回首这本书在不同时段以及不同形态之间的演进，深感时光荏苒而为学之路漫漫，唯有精进不止才是对白驹过隙应有的敬意。

　　首先当然是要感谢中华书局的孟庆媛编辑，在她高效有序的组织之下本书得以顺利完成。在英文版面世和提笔自译中文版的数年间，我曾为如何翻译、请哪位译者的事情反复考虑。最终决心自己动手之后，我在写作过程中愈发觉得这是一个对的决定。一方面我因此充分享受了用母语写作的愉悦，这是赴美近 20 年来大规模用中文思考的难得机会。另一方面，著译一身让我能够更精确地实现对中文版的愿景。我的一个中心目标，是想让这本了使用大量中西哲学抽象概念的著作在语言风格上实现真正的无碍融合。换句话说，我希望本书读起来没有翻译腔。这点请读者为我检验。

　　在实现文风自然流畅的背后一个更深层的考量是对中西哲学之间高度抽象概念的整合。本书在翻译每一个西方哲学概念时都考虑过同一个问题：这个概念是否能用自然的汉语、特别是古汉语信达雅地表达出来？在翻译完结之际，对我来说这个答案是肯定的。这个自我要求让整个写作过程充满了愉悦的挑战。不少西方分析哲学的概念最后是用儒释道或者诸子的词汇实现的。这是我同时着力义理与辞章所做的跨文化写作实验，还望读者给我建议和指正。

除了中文版的特殊考虑之外，本书自英文版开始的一个重要目标就是重新定位沈括研究。初读本书读者可能对我把沈括带出科学史又带入哲学史的选择有所讶异。这当然不是一个基于现代学派非此即彼的选择，恰恰相反，这是出于对沈括以及他的思想世界的历史性尊重所做出的力图兼顾彼此、不起差别的选择。沈括基于科学的盛名只是二十世纪的产物，而格物烛理、天道人心以及阴阳五行才是他本人身临其境的历史世界。选择哲学思想这个角度，是从深度上尊重这个历史世界的完整性，也是揭示沈括和王安石、司马光、以及邵雍、张载、二程这些看似很不相干的北宋思想家们共通之处的方法，毕竟他们是同一个历史时刻的产物。

本书以认识论为切入点也是向知识史的致敬和探索。对认知立场特别是隐藏在立场之下的认知假设是我至始至终最感兴趣的，也是本书的方法论立足点所在。所以，我的分析角度始终是纵深而行的。知识是一个极其包容的概念，它可以是任何一种语境中的信息，这个包容性要审慎处理才能使知识史不流于变成其它已有研究的肤浅外衣。从另一个角度来说，认识论本身也是无处不在的深层结构，任何一种信息求索都有其认知结构特色。它所揭示的思辨深度应是全球知识史研究共享的视角和方法。

除了语言上的考量之外，本书的中译本在观点和结构上基本与英文原本一致。从博士论文到英文著作成书的过程里，我受到了很多师友的帮助和关怀，在英文版中已一一致谢，就不再赘述。中文版出版在际，我要特别感谢学友陈昊的支持，他不仅对译稿多有建议，还拨冗慷慨作序。这份友谊我铭记在心。同时要感谢我在加州大学的同事郑小威，她在整个翻译的过程中给了我很多鼓励和启发。

我是在白雪皑皑的缅因写就的英文稿，新英格兰北部的冬天长达半年，天高地广，有时候唯一可见的变化仅仅是日夜轮转之间的光影消长。那个静默的世界大概是最适合思考宇宙深处的地方。两年前我开始中文翻译时，已移居到阳光明媚的南加，而于此同时，世界又被笼罩在新冠疫情的不确定性里。身为游子，过去几年里对故土、故人牵挂之心尤其殷切。我的奶奶和外公新近去世，这本微薄小书献给他们，以寄托我无尽的思念。

左娅

圣芭芭拉，2023 年 6 月 30 日